한국과 가까우면서도 먼

중국·미국·일본의 민간신앙

한국과 가까우면서도 먼

중국·미국·일본의 민간신앙

공봉진 김혜진 이해수

지음

경진
출판

중국, 미국, 일본! 이 3개의 국가는 한국에게 있어 가까우면서도 먼 나라이다. 한국의 우방인 듯하면서도 항상 약간은 아쉬움이 있는 나라이다. 특히 중국과 일본은 동아시아에서 문화를 교류하던 나라이지만, 근현대에 오면서 한국에게 커다란 아픔을 준 나라이다. 반면, 미국은 한국에게 병을 주고 약을 주는 나라이다.

중요한 것은 한국이 중국·미국·일본을 잘 아는 듯하지만 잘 모르고 있다는 점이다. 중국에 대해서는 당연히 잘 알고 있다는 생각이 많다. 이는 한국의 역사와 문화와 밀접한 관련이 있고, 초·중·고등학교 수업시간에서 많이 접하였기 때문이다. 미국에 대해서는 영어 학습과 할리우드 영화를 통해 많이 알고 있다는 착각을 하기도 한다. 일본에 대해서는 한국의 역사와 문화와 밀접한 관련이 있기는 하지만, 일본에 대해서 배울 기회가 많이 없다는 생각이 든다. 그런데 일본의 역사와 문화를 공부하다 보면 한국의 역사와 문화와 밀접한 관련이 있다는 것을 알게 된다.

이처럼, 한국에서는 중국·미국·일본에 대한 선입관과 편견을 갖고 있다 보니, 이들 나라에 대해서 제대로 잘 알지 못한다는 생각이 든다. 그래서 이 책에서는 중국·미국·일본 3개국의 주요 특징 중의 하나인 민간신앙에 대해서 정리하였고, 이 책을 통해 독자들이 3개 국가의 역사와 문화를 알 수 있는 민간신앙을 이해하는 데 도움이 되도록 하였다.

민간신앙은 인간의 역사가 시작되면서부터 시작되었다고 할 수 있다. 자연환경을 극복하기 위해서라든가, 자신과 가족 및 사회구성원의 건강과 안녕 등을 기원하기 위해서 행해졌고, 이러한 민간신앙은 다양한 형태로 변화되고 전승되었다.

민간신앙에는 그 나라의 신화, 전설, 역사, 문화, 색채, 숫자 등과 관련된 내용이 녹여져 있다. 그러다 보니 민간신앙을 알다 보면 그 나라의 역사와 문화까지도 알 수 있다.

중국·미국·일본 3개국은 세계에 영향력을 많이 미쳤거나 현재에도 미치고 있는 나라이다. 이러한 나라들이 한국을 둘러싸고 있다. 한국은 3개국에 대해 정치와 외교 및 통상 등에 대해서도 잘 알아야 하지만, 3개국의 철학과 사상 및 문학 등에서도 잘 알아야 한다. 특히 3개국의 정신을 지배하고 있는 부분에 대해 알거나 민간신앙과 종교에 대해 잘 알면, 3개국에 대해 갖고 있던 선입관과 편견을 제거할 수 있는 기회를 얻게 될 것이라는 생각이 든다.

3개국은 자국의 이익을 위해 한국을 압박하기도 하고, 때로는 가까운 우방이기도 하고, 때로는 한국에 아픔을 주기도 한다. 그렇기 때문에 3국이 싫든 좋든 관계없이, 이들 나라에 대해서 하나에서 열까지 잘 알고 있어야 한다. 그래야만 한국이 더 이상 주변 국가들에게 휘둘리지 않고, 한국이 나아갈 길을 갈 수 있을 것이다. 무능력한 위정자들 때문에 힘없는 민초들이 힘들었을 때도, 국난을 극복할 수 있었던 것은 민초들의 무한한 힘 때문이었다. 이는 오랜 역사에서도 알 수 있다. 그런 민초들이 지탱할 수 있었던 것은 무엇이었을까? 이를 민간신앙과 종교에서 조금이나마 알 수 있을 것이라는 생각이 든다.

끝으로 출판을 할 수 있게 도움을 주신 경진출판 양정섭 대표님께 감사드린다.

2022. 4. 11.

저자 일동

차례

중국의 역사와 문화를 품은 민간신앙

공봉진

1. 중국 민간신앙과 종교

중국에는 "유학의 관모를 쓰고, 도교의 옷을 입고, 한 켤레의 불교 신발을 신는다."라는 말이 있다. 정확한 출처는 알 수 없으나, 이 말을 통해 중국에서는 유학과 도교 및 불교가 중국인들의 삶 속에 깊이 관여되어 있음을 알 수 있다.

중국은 56개 민족으로 구성되어진 다민족 국가이기에 민족마다 독특한 민간신앙을 갖고 있다. 그리고 서로 다른 소수민족이라 하더라도 동일한 민간신앙을 갖고 있는 경우도 많다. 중국 건국 이전에는 소수민족만의 독특한 민간신앙들이 많이 존재하였지만, 중국 건국 후 사회 변동으로 인해 소수민족의 전통적인 민간신앙은 조금씩 사라지고 있다.

중국에는 "십리를 가면 말이 다르고, 백리를 가면 풍속이 다르다(十里不同音, 百里不同俗)"라는 말이 있고, "십리를 가면 삶의 방식이 다르고 백리를 가면 습속이 다르며 천리를 가면 사람의 정과 세상에 일어나는 일이 다르다(十里不同風, 百里不同俗, 千里不同情)"라는 말이 있다. 이러한 말처럼 중국의 민간신앙도 민족에 따라 지역에 따라 매우 독특한 특징을 갖고 있다.

중국의 민간신앙은 조왕신(竈王神), 문신(門神), 길신, 재신(財神), 불교와 도교와 관련된 민간신앙뿐만 아니라 역사나 신화적 인물을 믿는 등 매우 다양하다. 역사 인물과 관련된 민간신앙은 각 지역에 세워진 사당을 통해서 그 면모를 알 수 있다. 역사 인물 중 민간신앙으로 들어간 사람들로는 관우(關羽), 진숙보(秦叔寶), 울지공(尉遲恭), 종규(鍾馗), 악비(岳飛) 등이 있고, 신화에 나오는 인물로는 복희(伏羲)가 대표적이다.

또, 중국인들은 색채, 숫자, 동식물 등에도 의미를 부여하여 일상생활 속에서 중요하게 여긴다. 특히 중국인들에게 전승되어 오는 금기 사항에 대해서는 중국으로 진출하는 기업이나 유학 혹은 여행을 가는 사람들이 세심하게 알아두어야 하는 중요한 부분이다.

한편, 중국에서 유학(유교), 불교, 도교를 아울러 가리키는 용어가 있는데, 유불도(儒佛道) 또는 유불선(儒佛仙)이라고 한다. 중국정부가 인정하는 종교는 불교, 도교, 기독교, 이슬람교와 바티칸으로부터 직위를 받은 천주교이다. 그 외의 종교에 대해서는 중국정부의 보이지 않는 규제가 이루어지고 있다. 심지어 '애국' 종교로 불리며 허가를 받은 기타 종교들도 중국 정부의 정책에 따라야만 한다.

중국 헌법에서는 "중화인민공화국의 공민은 종교 신앙의 자유를 갖고 있다. 그 어떤 국가 기관 사회단체, 개인이든지 공민이 종교를 신앙하거나 신앙하지 않도록 강요하지 못하며 종교를 신앙하는 공민이나 종교를 신앙하지 않는 공민을 차별 대우하지 못한다. 국가는 정상적 종교 활동을 보호한다. 어떠한 사람이든지 종교를 이용하여 사회 질서를 파괴하며 공민의 신체 건강을 해치며 국가의 교육제도를 방해하는 활동을 하지 못한다. 종교단체와 종교 사무는 외국세력의 지배를 받지 않는다."라고 규정하고 있다.

시진핑(習近平)은 2016년 봄 연설에서 "종교를 통한 외세의 침투에 결연하게 맞서야 한다."고 강조하였다. 2016년 4월 전국종교공작회의에서 시진핑은 "8천만 공산당원들에게 무신론자가 되어야 한다."고 강조하였고, "공산당원은 굳건한 마르크스주의 무신론자가 돼야 하며 절대 종교에서 자신의 가치관과 신념을 추구해서는 안 된다."고 강조하였다. 종교가 중국공산당의 근간을 흔들 수 있다고 판단한 것이었다. 그래서 중국 특색의 사회주의 종교 이론을 발전시켜야 한다고 강조한 것이었다.

그런데 2017년 8월 26일 리커창(李克强) 총리가 발표한 수정 조례안인 〈종교사무조례〉는 6월 14일 국무원 제176차 상무회의에서 통과되었다. 수정 조례는 총 9개 장 77개 조로 이루어져 있으며 각각 "총칙, 종교단체, 종교기관, 활동 장소, 종교 교직 종사자, 종교 활동, 종교재산, 법적 책임, 부칙 등"으로 구성됐다. 수정 조례의 핵심은 종교에 대한 '관리'와 '통제'이다. 조례안은 1장 1조에서 "공민의 종교 신앙 자유를 보장하고 종교적 화목과 사회적 조화를 유지하기 위해, 종교 사무 관리를 규범화하고 종교 업무의 법치화 수준을 높이며 헌법과 관련 법률에 의거하여 조례를 제정한다."고 하며 중국 공민의 자유를 명시적으로 인정함을 밝혔다.

이 수정 조례는 2018년 2월 1일부터 시행되었는데, 정식명칭은 〈중화인민공화국 국무령 제686호〉다. 제4조에서는 "국가는 법에 따라 정상적인 종교 활동을 보호해야 하고, 종교와 사회주의 사회가 서로 적응하도록 이끌어야 하며, 종교 단체와 종교 학교 및 종교 활동 장소와 종교를 믿는 공민의 합법적인 권익을 보호해야 한다. 종교단체와 학교 및 종교 활동 장소와 종교를 믿는 공민은 헌법과 법률 및 법규와 규칙을 준수해야 하고, 사회주의 핵심가치관(社會主義核心價値觀)[1]을 실천하여 국가통일과 민족단결 및 종교 조화와 사회 안정을 유지해야 한다"고 밝혔다. 여기서 종교가 사회주의 핵심가치관을 실행해야 한다는 것을 강조하고 있다는 것을 알 수 있다. 또 국가안전이나 이익을 해치는 모든 종교와 종교 활동을 불법으로 간주하고 있음을 알 수 있다.

2021년 중국에서는 '시진핑 사상'을 강조하면서, 여러 종교들을 탄압하고 있다. 특히 위구르족이나 티베트인들의 종교에 대한 탄압은 매우 심각한 수준이다. 2021년 12월 3일부터 이틀간 개최되었던 전국 종교공작회의에서 시진핑은 "종교의 중국화를 견지하고, 종교와 사회주의 상호 적응을 적극 유도해야 한다."라고 강조하였다. 시진핑은 "중국의 종교의 중국화를 심도 있게 추진해 종교가 사회주의 핵심가치관을 선도하고 종교계 인사와 신도가 위대한 조국, 중화민족, 중화문화, 중국공산당, 중국 특색 사회주의에 대한 동질감을 증진토록 해야 한다."고 말하였다. 그러면서, "대중의 종교·신앙을 존중하며, 법에 의거하여 종교사무를 관리하며, 독립·자주적 일처리 원칙을 견지하고 종교와 사회주의 사회의 상호 적응을 적극 유도해야 한다."며

---

1) 사회주의핵심가치관은 2012년 제18차 전국대표대회에서 채택되었다. 이때, 시진핑은 "13억 인민과 8,200만 공산당원 그리고 해외에 사는 중국인들이 합의를 이룰 수 있으면 강력한 힘을 구축할 것이다."라고 하였다. 국가 가치관은 "부강, 민주, 문명, 화해(富強, 民主, 文明, 和諧)"이고, 사회가치관은 "자유, 평등, 공정, 법치(自由, 平等, 公正, 法治)"이며, 개인 가치관은 "애국, 직업정신, 성실과 신용, 우호(愛國, 敬業, 誠信, 友善)"이다.

종교의 중국화란 명목으로 사회주의 틀 안에서 종교를 보장할 것을
강조하였다.

2. 일상생활 속의 민간신앙

1) 조군(竈君, 조왕신)

조군은 대한민국의 '조왕신(竈王神)'에
해당한다. '부뚜막신'이라 불리는 조군은
'조야(竈爺)', '조신(竈神)', '조군노야(竈君老
爺)', '로조야(老竈爺)' 등으로도 불린다. 민
간에서는 음력 12월 23일 혹은 24일에 집
집마다 조왕신에게 제사를 지낸다. 이날
밤, 사람들은 자신의 부엌에 있는 부뚜막
을 깨끗하게 청소를 하고, 물건들을 잘 정
돈한 후, 촛불에 불을 붙인다. 이를 "조왕
신을 제사하여 하늘로 올려보내다(送竈)"
라고 부른다.

조왕신

고대신화에서는 음식을 주관하는 신이다. 옛 민간에서 조왕 신앙은
광범위하게 퍼져 있었으며, 부뚜막에 조왕상을 모셔 두었다.

조왕신을 '사명보살(司命菩薩)' 혹은 '조군사명(竈君司命)'이라고 한
다. 전설에 따르면, 조왕신은 옥황상제로부터 가정의 부엌을 관장하
는 '구천동주사명조왕부군(九天東廚司命竈王府君)'으로 삼아 각 가정의
부뚜막의 불을 관리하게 하였다. 이때부터 그는 집안의 수호신이 되

었고 사람들로부터 섬김을 받았다.

부뚜막의 신상에는 한 해의 달력이 인쇄되어 있으며, 위에는 '동주사명주(東廚司命主), 인간감찰신(人間監察神), 일가지주(一家之主)' 등의 글귀가 새겨져 있다. 양쪽에는 "상천언호사(上天言好事), 하계보평안(下界保平安)" 혹은 "상천언호사(上天言好事), 하계강길상(下界降吉祥)"이라는 대련(對聯)이 붙어 있다. 이 말의 의미는 전자는 "하늘에 올라 좋은 일만 말하고, 내려

위에는 일가일주, 양옆에는 상천언호사, 하계강길상

와서는 평안을 지켜주소서"이고 후자는 "하늘에 올라가 좋은 일만 말하고 내려와서는 좋은 일만 내려주소서"이다. 모두 온 가족의 평안을 기원하는 문구이다.

『장자(莊子)』에 "조신(竈神)은 붉은 옷을 입었고 모습이 미녀와 같았다"라고 적혀 있다. 그리고 청대 의사인 왕급(汪汲)이 지은 『사물원회(事物原會)』에서 "황제는 부엌(竈)을 만들었고, 죽어서 조신(竈神)이 되었다"라고 하였다. 또 전한(前漢) 회남왕(淮南王) 유안(劉安)이 편찬한 『회남자(淮南子)』[2] 「범론편(氾論篇)」에서는 "염제가 화관을 만들었고, 죽어서 조왕신이 되었다."라고 하였다. 후한 허신(許愼)이 지은 『오경이의(五經異義)』[3]에서는 "전욱씨에게 아들이 있었는데 '려(黎)'라고 부

---

2) 일종의 백과사전으로, 회남왕 유안이 그의 빈객들과 함께 지었다. 『한서』 「회남왕전(淮南王傳)」에는 「내서(內書)」 21편, 「외서(外書)」 다수, 「중편(中篇)」 8권을 제작했다고 했는데 현재는 이 중 「내서」 21권만이 전하고 있다.

3) 『오경이의』는 5경의 해석을 기술하였다. 그리고 책에는 신령스러운 동물을 방위와 연관지어 설명하고 있다. 책에는 "용은 동쪽, 범은 서쪽, 봉황은 남쪽, 거북은 북쪽, 기린은 중앙"이라고 적혀 있다.

른다. 축융은 화정(火正, 불을 관리하는 벼슬)인데, 조신으로 제사 지냈다"라고 하였다.

조군(竈君)에 대해서는 민간에 여러 설이 있다. 그 중의 하나가 조신(竈神)이 한 집안의 생사화복(生死禍福)을 관장하는데, 하늘과 사람 간의 소통을 책임지는 일을 한다는 것이다. 부뚜막에서 조왕신에게 제사를 지낸다. 그리고 명절이나 결혼이나 장례를 치를 때, 심지어는 초하루나 보름에 모두 향불을 피운다. 매년 음력 섣달 23일이 되면, 오래된 것을 거두고 제석(除夕)날에 새로운 '조야(竈爺)'로 바꾼다. 그리고 정월 초하루 일찍부터 16일까지 매일 공양을 한다.

2) 토지(土地)신

중국에도 한국처럼 토지신이 있다. 특히 산시(陝西) 지역은 옛부터 농업이 주를 이루다 보니, 토지신앙이 많이 성행하였다. 토지신을 '사공(社公)'이라 일컫는데, 후에는 '토지야(土地爺)' 등으로 불렀다.

마을마다 거의 토지사당(土地廟)을 세워 두었고, 집집마다 신감(神龕)을 설치해 두었다. 토지당(土地堂)에는 토지상(土地像)이 있고, 심지어는 토지신의 부인(土地奶奶)을 두기도 한다.

조벽(照壁)[4]을 둔 집의 한 면에 신감을

토지야

---

4) 조벽은 대문 밖에서 집안이 보이지 않도록 대문의 안쪽에 다양한 무늬를 새겨서 꾸민

음력 2월 초이튿날 '용대두(龍擡頭)'

설치해 두었고, 대련을 붙여 놓았다. 농민들은 '토지야'를 숭상하다 보니 마음대로 땅을 파지 않는 습속이 있다. 특히 춘절 기간에는 땅을 파지 않는다. 그리고 집을 짓거나 묘를 팔 때, 반드시 먼저 잘 보살펴 달라고 토지에게 공양을 한다.

한편, 남부 푸젠(福建) 지역에는 '두아(頭牙)'라는 명절을 보낸다. 매년 2월 2일과 16일에 대지의 신에게 제사는 지낸다. 음력 2월 2일[5]은 해마다 처음으로 제사를 지내는 날이기에 '두아'로 일컬어지게 되었다. 푸젠 지역에서는 봄이 실질적으로 음력 2월부터 시작되어, 파종과 모내기 등의 농사 활동이 이때부터 시작된다. 한족들은 2월 2일을 토지신의 탄신일로 여겨 봄철에 토지신에게 제사를 지낸다.

한편, 중국 민간에 "2월 초이튿날 용이 머리를 든다(龍擡頭)"는 속담이 있다. 이는 봄이 오면 만물이 소생하고 '칩룡(蟄龍, 엎드려 있던 용)'이 활동을 시작해 1년 농사가 막 시작됨을 표현하는 것이다. 또 민간에는

벽을 일컫는다.

5) 중국 북방에서는 음력 2월 2일을 '춘룡절(春龍節)'이라 하고 남방에서는 '답청절(踏靑節)'이라고 하고 있다. 옛날에는 '도채절(挑菜節)'이라고도 하였다.

음력 2월 초이틀에 머리를 자르면 1년간 행운이 깃든다고 여긴다. 그래서 오랫동안 다듬지 않았던 머리를 이 날에 이발을 한다.[6]

3) 우물신(井神)

중국의 일부 지역에서는 용을 '우물신'으로 여겨 숭상한다. 서부 산시(陝西) 사람들은 춘절 때에 우물가에서 용왕(龍王)에게 제사를 지내기도 하고, 우물가에 신감을 설치하여 우물신인 용왕에게 제사를 지내기도 한다. 옛날에는 비가 오기 전에 항상 큰 구렁이가 나와 활동을 하였는데, 이후, 사람들은 용을 비와 연관시키기 시작하였다.

용왕전

당송 이후에 해룡왕(海龍王)의 주장이 성행하였고, 용왕사당(龍王廟)이 생겨나기 시작하였다. 사람들이 용왕을 믿는 습속은 급속하게 확산되었다. 현재까지 사람들은 물과 용왕을 관련짓고 있으며, 춘절이 되면 집에서 제사를 지낸다.

한편, 우 임금을 도와 치수사업을 성공으로 이끌었다는 백익(伯益)[7]

---

6) 민간에서 "정월에 이발하면 외삼촌 죽는다"는 말이 전해져 왔다. 때문에 음력 정월에 머리를 다듬지 않는 것은 많은 중국인들이 지켜온 전통이다. 이러한 풍속은 젊은이들에 의해 사라져가고 있다. 그런데 이 말은 "정월에 이발하며 외삼촌을 그린다"는 말이 잘못 전해진 것이다. 그리워 할 '사(思)'자와 죽을 '사(死)'자는 중국어로 발음이 비슷했기에 세월이 흐름에 따라 "외삼촌을 그린다"는 뜻은 "외삼촌이 죽는다"로 와전되었다.

7) 백익은 백예(伯翳, 柏翳, 伯鷖), 대비(大費) 등의 이름으로 불린다. 백익은 『산해경』을 지었다고 전해지는데, 새들과 이야기한다고 하여 백충장군(百蟲將軍)이라고도 불린다.

은 우물 파는 기술을 개발하였다고 해서
'우물신(井神)'으로도 불린다. 중국에는 "백
익이 우물을 만들었다(伯益作井)"라는 말
이 있다. 백익의 대왕릉(大王陵)이 산둥성
르자오시(日照市) 천태산(天台山)에 있고,
백익을 상징하는 '익정(益井)'이라는 우물
도 있다.

백익

4) 측신(厠神)

측신은 '뒷간(변소, 화장실)의
신'이다. 중국에서 측신은 '자고
(紫姑)', '갱삼고낭(坑三姑娘)', '척
고(戚姑)' 등으로 불린다. 문헌에
서는 '의의(倚衣)', '곽등(郭登)',
'후제(后帝)' 등으로 불리기도 한
다. 민간에서 숭상하는 양대 측

갱삼고낭(坑三姑娘)으로 봉해진 삼소낭랑(三霄娘娘)

신은 곽등과 후제라고 할 수 있다. 남조 시기의 책으로 알려진『잡오
행서(雜五行書)』에서는 "측신의 이름은 후제(后帝)이다"라고 되어 있고,
당 대 우승유(牛僧孺)가 지은『유괴록(幽怪錄)』에서는 "측신의 이름은
곽등(郭登)이다."라고 되어 있다. 육조 때에는 측신에 관한 주장이 일
치하지 않았다. 이후, 민간에서는 자고를 믿는 신앙이 유행하였고,
점차적으로 자고를 측신으로 여기기 시작하였다.

중국에서는 본처의 질투로 죽임을 당한 첩을 천제(天帝)가 불쌍히
여겨 뒷간을 지키게 하였기 때문에 성질 나쁜 귀신으로 여겨지지 않

고 농사의 풍흉(豊凶)과 가정의 길흉화복을 알려주는 존재로 인식되어 왔다.

중국에서 말하는 '사측여신(司厠女神)'은 '측신'이다. 이름 그대로 천하의 '변소(茅厠)'를 관장하는 신이다. 그런데 그들의 진정한 직책은 사람들의 변소를 관장하는 것이 아니라 사람들의 길흉을 점치는 일을 많이 한다. 측신의 공통된 특징은 불행으로 인해 죽임을 당한 여인이라는 점이다.

남조(南朝) 시기 정월 보름날 뒷간에서 자고를 영접하여 양잠의 풍흉을 점치는 것에서 시작된 자고 신앙은 고대 중국사회에 성행하였다. 특히 당송대에 매우 성행하였고, 청대에 이르러서도 여전히 성행하였다.

중국에서는 정월 보름 저녁에 측간 귀신에게 1년간 집안의 태평을 기원하는 치성을 드린다. 이 귀신의 좌정에는 두 가지 전설이 있다. 하나는 '자고의 전설'이고, 다른 하나는 '척고의 전설'이다.

측신, 자고측신지위(紫姑厠神之位)

자고의 전설은 당대 측천무후 때 산둥 지역의 차이양(萊陽)에 하미(河媚)라는 영민하고 예의 바른 처녀가 살았다. 하미는 연극하는 사람에게 시집을 갔다. 그런데 수양(壽陽)의 자사(刺史) 이경(李景)이 하미를 탐을 내었고, 하미의 남편을 죽인 뒤 하미를 첩으로 삼았다. 이경의 본처는 성품이 악독하였고, 질투심이 강하였는데, 하미를 질투하여 정월 보름날에 변소에서 하미를 죽여 버렸다. 그 뒤 하미의 원혼은 변소에 머물면서 자신의 억울한 죽음을 이경에게 하소연하였고, 이경은 이 사실을 측천무후에게 알렸다. 측천무후는 하미를 불쌍히 여겨 측신으로 봉하고자 천제에게 아뢰었다. 천제도 하미를 가엽게 여겨 측신으로 명하였다.

척고의 전설은 한 고조(高祖) 유방(劉邦)의 총애를 받던 척부인(戚夫人)과 관련이 있다. 척부인은 아들 여의(如意)를 태자로 세우려 하다가 여태후(呂太后)의 미움을 받았다. 유방이 죽은 뒤 여태후는 척부인을 잡아 변소에 가두고는 손발을 자르고 눈을 불로 지져 멀게 하고 약을 먹여 벙어리로 만들었다. 척부인을 '사람돼지(인체(人彘))'라 불렀다. 척부인이 죽자 사람들은 척부인을 불쌍히 여겨 측신으로 좌정시켰다고 전해진다.

5) 마왕야(馬王爺)

사람들은 '마왕야'가 "가축이 잘 자랄 수 있게 보호하는 신"이라고 여긴다. 가축을 기르는 집에는 마왕 사당(馬王廟)이 설치되어 있고, 마왕야에게 제사를 지낸다. 혹은 집에 있는 '가축의 구유(槽頭)'에 신감을 설치하여 제사를 지내기도 한다. 중국 속담에 "마왕은 세 개의 눈을 갖고 있다(馬王爺三隻眼)"라는 말이 있는데, "남보다 뛰어난 사람"을 가리킨다.

중국 민간에서는 도교를 신봉하는데, 사람들은 도교신선의 형상을 선명하게 만들었다. 예를 들면, '삼청사어(三淸四御)'가 있다. 여기서 '3청'은 원시천존(元始天尊, 또는 玉淸大帝, 天寶君

마왕(馬王), 옆에 보이는 한자는 마도성공(馬到成功)

등), 영보천존(靈寶天尊, 또는 太上大道君, 上淸大帝 등), 도덕천존(道德天尊, 또는 太上老君, 混元老君, 降生大帝, 太淸大帝 등)이다. '4어'는 옥황(玉皇)을 보좌하는 3명의 존신(尊神)인데, "북극자미대제(北極紫微大帝), 남극장생대제(南極長生大帝), 구진상궁천황대제(勾陳上宮天皇大帝), 승천효법토황지기(承天效法土皇地祇)"를 가리킨다. 이들은 직위가 높은 상층 신선이다. 이들을 제외하고 중하층 신선들에게도 사람들은 형상을 명확하게 하였는데, 대표적인 신선이 '마왕야'이다.

마왕은 민간에서 믿는 신으로, 유래는 매우 오래되었다. 『주례(周禮)·하관(夏官)』의 주에 "마조천사야(馬祖天駟也)"라는 말이 있다. 이는 "마조는 말의 수호신인 이십팔수 중의 천사성(天駟星)이다"라는 의미이다. 민간에서는 '마왕야'라고 부른다. 민간에는 마왕야 전설이 전해 내려온다.

눈이 세 개인 마원수(馬元帥)는 과거가 화려하였다. 귀신의 무덤을 불태운 죄로, 마씨 집안에서 태어났다. 후에 동해용왕을 죽이고 자미대제(紫薇大帝)의 금창을 훔치고 달아나다가 자미대제에게 죽임을 당하였다. 그 후 화마왕 공주의 아들로 다시 태어나 묘락천존(妙樂天尊)을 스승으로 모셨고, 오룡대왕을 굴복시키고 장강의 용을 베어버렸다. 날뛰는 마원수를 구슬리기 위해 옥황상제는 남쪽 하늘의 여러 일을

관장토록 하였다. 그런데 천계에서 벌어지는 연회에서 금룡(金龍)태자
와 다툼이 생겨 천계의 남천문을 태우고 천장들을 대패시켰다. 그
후 귀자모의 자식으로 태어나 귀자모를 구하려고 지옥에도 들어갔다
고 한다. 옥황상제는 그를 진무대제(眞武大帝)의 부장으로 삼았다.

일설에는 전한 시기의 김일제(金日磾)를 마왕야, 즉 마신(馬神)이라고
부르기도 한다. 김일제는 흉노족으로 한나라에 투항하였다가 김씨
성을 하사받았다고 전해진다. 이후 무제는 김일제를 마감(馬監)으로
임명하였는데, 마감은 말을 기르는 관리였다. 말을 잘 관리하였기에
한 무제는 김일제를 중용하였다. 결국 '시중부마도위광록대부(侍中駙
馬都尉光祿大夫)'까지 승진하였다.

6) 문신(門神)

중국에서 문신으로는 신다(神
荼)와 울루(鬱壘)가 대표적이다.
신다와 울루에 대해서는 후한
(後漢)의 왕충(王充)이 지은 『논
형(論衡)』[8]이 인용한 『산해경(山
海經)』에 보이는데, 현재의 『산
해경』에는 없다. 그 내용을 살
펴보면 다음과 같다.

울루(왼쪽), 신다(오른쪽)

---

8) 『논형』은 허위 지식 일체를 검토하고 비판하여 공정한 진리를 끌어내는 데에 있었다.
『논형』 「길험편(吉驗篇)」에 부여의 건국 신화인 '동명신화'가 소개되어 있는데, 동명신화
가 현전하는 자료 중에서는 가장 오래되었다. 『논형』에 따르면, 동명왕은 탁리국(橐離國)
왕의 시비의 몸에서 태어나 남쪽으로 도망하여 부여에 도읍을 정하고 왕이 되었다고
기록되어 있다.

"창해(滄海)에 도삭(度朔)이라는 산이 있고 그 산 위에는 큰 복숭아나무가 자라는데 그 가지는 3천리를 뻗친다. 그 가지 동북쪽을 귀문(鬼門)이라 하는데, 온갖 귀신이 출입하는 데다. 거기에 두 사람이 있어 한 사람은 신다(神荼)라 하고 다른 사람은 울루(鬱壘)라 하니 이들이 온갖 귀신을 감시한다. 해악을 끼치는 귀신은 붙잡아서 줄로 묶어 범(虎)한테 먹이로 던져준다. 이에 황제(黃帝)가 이를 법도로 만들어 때마다 그들을 좇아버리니 큰 복숭아나무를 세우고 문에는 신다와 울루 그림을 범 그림과 함께 붙이고 새끼줄을 매달아 흉악한 귀신들을 감시한다."

여기에서, 범 역시 문신으로 여겼다는 것을 알 수 있다. 그리고 신다와 울루 형상이나 늙은 범을 문에 붙이는 부적이 등장하는 배경이 된다. 복숭아나무는 예부터 귀신을 물리치는 힘이 있다고 여겼는데, 이는 『산해경』에서 알 수 있다. 복숭아나무로 방망이를 만들거나 사람 형상을 만들어 세우기도 한다.

이러한 이야기는 동진(東晋)시대 곽박(郭璞, 276~324)이 지은 『현중기(玄中記)』라든가 북제(北齊) 두태경(杜台卿)이 찬한 『옥촉보전(玉燭寶典)』[9]에도 보인다. 하지만, 내용은 조금씩 다르다.

후한 때 학자 채옹(蔡邕)이 쓴 『독단(獨斷)』이란 책에 "바다 가운데 도삭산이 있고 그 산 위에 복숭아나무 하나가 있다. 그 나무가 삼천리 근방까지 서리어 구불구불하고 낮은 가지의 동북쪽으로 귀신 다니는 문이 있어 온갖 귀신이 드나든다. 신다와 울루 두 신이 이 문의 양쪽에 버티고 서서 모든 귀신들을 검열한다. 그리고 남을 해치는 귀신이

---

9) 『옥촉보전』에는 "정월 대보름에 콩죽을 쑤어 그 위에 기름을 붓고 대문에다 제사하여 액막이를 한다(作豆糜 加油膏其上 以祠門戶)"라고 적혀 있다.

있으면 갈대로 꼰 새끼로 묶어다가 범에게 먹인다. 그러므로 연말이 되면 신다와 울루를 그리고 갈대 새끼와 함께 문 위에 걸어 흉악한 귀신을 막는다."라고 하였다.

문신은 축사(祝祀)의 대상에서 한대 이후 인격화(人格化)되었다. 한대 문신으로는 성경(成慶)과 신다와 울루가 있다. 특히 당대에는 진숙보(秦叔寶, 秦琼)와 울지공(蔚遲恭, 敬德)이라는 실제 인물들이 문신으로 등장하였다. 그리고 종규(鍾馗)도 문신으로 숭상을 받기 시작하였다.

청대 담징(談徵)이 인용한 『풍속통(風俗通)』에 따르면, 당 태종 시기에 이르러 화공한테 진숙보와 울지공 형상을 그리게 하고는 궁에 걸어 오래도록 문신으로 삼았다. 송대와 원대 이후에는 문신이 증가하였다. 그리고 손빈(孫臏), 조운(趙雲), 한세충(韓世忠),[10] 악비(岳飛) 등의 충신과 명장들이 새롭게 추가되었다. 명대와 청대에는 재신, 문신, 무장(武將),

한세충(왼쪽), 악비(오른쪽)

여신(女神), 선동(仙童) 등의 희곡 등장인물들이 문신으로 등장하였다.

한편, 허난성 노씨(盧氏)에서 제작된 문신은 당나라 설인귀(薛仁貴)와 고구려의 연개소문(淵蓋蘇文)이다. 당 태종에게 패배를 안겨 준 연개소문과 그 전투에서 당 태종을 구해준 설인귀를 신으로 모셨다. 설인귀는 말을 타고 오른손에 신비의 화살인 신전(神箭)을 들고 있고, 연개소

---

10) 송 휘종 때 방랍의 난이 일어나자 진압하였다. 고종 황제에 퇴위를 강요한 '명수(明受)의 난' 때도 황제를 구출하여 명성을 떨친다. 악비가 진회(秦檜)에 의해 투옥되자, 진회에게 격렬하게 항의하며 악비를 처형한 이유를 물었으나, 진회는 "막수유(莫須有, 그런 일이 있었을지도 모른다)"라고 답하였고, 한세충은 "그런 세 글자(말)로는 천하를 납득시킬 수 없다(莫須有三字, 何以服天下)."라고 하면서 물러났다.

문은 말을 타고 삼파비도(三把飛刀)를 들고 서로 달려들고 있는 형상으로 그려졌다.

일반적으로는 당나라 사람인 진경(진숙보)과 경덕(울지공)을 문신으로 여긴다. 민간에서는 두 명의 그림을 덧문에 붙였고, 춘절에 제사를 지냈다. 이러한 습속은 현재까지 이어오고 있다.

진경(왼쪽), 경덕(오른쪽)

전설에 의하면 어느 날 태종이 불편한 몸을 이끌고 신하들에게 말하기를, "밤이 되면 침실 문밖에서 벽돌과 기왓장을 던지는 소리가 나고 귀신이 우는 소리도 나니, 대낮부터 밤이 오는 게 두렵다."고 하였다. 이 말을 전해 들은 진숙보는 울지공과 함께 그날 저녁 금과(金瓜)와 월부(鉞斧)를 들고 갑옷투구를 갖추고 궁궐 문밖에서 보초를 섰다. 그날 밤 다시는 악귀의 침입이 없었고, 태종은 모처럼 평안하게 잠을 잤다. 다음 날 왕은 화공에 명하여 보석이 장식된 전투용 도끼를 들고 채찍과 사슬, 활과 화살을 허리에 둘러 완전무장한 그들 모습을 두 장 그리도록 하였다. 이 그림을 궁성의 오른쪽 문과 왼쪽 문에 걸어 놓았더니 더 이상 악귀가 나타나지 않았다고 한다.

후대에 사람들은 이 두 장군을 문신으로 삼았는데, 진숙보는 얼굴을 하얗게, 울지공은 얼굴을 검게 표현하였다. 두 장군에 대해서 조선 순조 때 학자인 홍석모(洪錫謨)[11]는 다른 견해를 밝혔다. 홍석모는 두

___

11) 홍석모는 『동국세시기』를 지었는데, 연중행사·세시풍속에 관하여 유래부터 자세하게 설명하였다.

사람이 촉한의 모사(謀士) 제갈량(諸葛亮)과 오(吳)의 주유(周瑜)일 것이라고 하였다.

홍석모는 송나라 학자 송민구(宋敏求)가 지은 『춘명퇴조록(春明退朝錄)』의 내용을 근거로 하여 이렇게 주장하였다. 책에서 "도가에 상소하여 황금빛 갑옷을 입은 두 사람의 천문(天門) 수위(守衛)를 그렸는데, 갈(葛) 장군은 깃발을 들고, 주(周) 장군은 절월(節鉞)을 들었다"고 하였는데, 이때 갈 장군과 주 장군이 『삼국지』에 등장하는 제갈량과 주유를 가리킨다는 것이다.

종규문신

한편, 민간에서는 집에 종규상(鐘馗像)을 붙여 놓기도 한다.

꿈속에 허모(虛耗)라고 하는 작은 귀신이 나타나 평소 현종이 소중하게 간직하고 있는 향주머니를 훔치기도 하고 옥피리를 불기도 하며 법석을 떨었다. 이에 현종이 큰 소리로 신하를 부르자 한 큰 귀신이 나타나서 그 작은 귀신을 붙잡아 손가락으로 눈알을 파먹고 죽여버렸다. 현종이 놀라서 누구냐고 물으니 답하기를 종남산(終南山) 진사(進士) 종규라고 하는데, 관리 채용시험에서 낙제하여 자살한 자로서 만일 정중하게 장례를 치러준다면 천하의 해악(害惡)을 없애주겠다고 하였다.

현종이 꿈에서 깨어났을 때 병은 깨끗이 나아 있었다. 현종은 꿈에서 본 대로 검은 의관을 걸치고 눈이 크고 수염이 많은 무서운 얼굴에

칼을 차고 있는 종규의 모습을 화
공 오도자(吳道子)[12]에게 명하여
그리게 하였다. 이때부터 종규의
그림을 대문에 붙여 사악한 귀신
과 고치기 힘든 병을 쫓는 풍습이
생겼다고 한다. 처음에는 세시의
풍습이었으나 후에 5월 5일로 옮
겨졌고, 사람들은 종규가 칼을 들

종규

어 박쥐를 쳐서 떨어뜨리는 그림을 선호하였다. 이것은 박쥐를 의미하
는 한자 '편복(蝙蝠)'의 '복(蝠)'자가 복을 의미하는 '복(福)'자와 비슷하였
기에, 이것을 통해 복을 얻고자 하는 마음을 표현한 것이다.

이와 같은 풍습은 대한민
국에도 전해져 종규가 악귀
를 잡는 그림을 그려 벽이나
문에 붙이고 귀신의 머리를
그려 문설주에 붙이기도 하
였다. 오늘날 대한민국 문화
재청 궁능 유적본부가 광화
문에 만들어 붙인다고 한 금

2021년 설날 광화문 중문에 붙여진 금갑장군 문배도

갑장군(金甲將軍) 문배도(門排圖)[13]는 신다와 울루라고 하는 사람이 있
고, 사천왕(四天王) 신상이라고 하는 사람도 있다. 또, 진숙보와 울지공

---

12) 당대 화가인 오도현(吳道玄, 680~759)을 말한다. 그림의 성인인 화성(畵聖)으로 불린다.
13) 문배는 정월 초하루 궁궐 정문에 나쁜 기운을 물리치고 복을 구하는 의미로 그림을 붙이
  는 풍속이다. 이때 붙이는 그림을 문배도라고 한다. 문배도의 제작은 도화서에서 담당하
  였고, 조선 후기 이후에 민간으로도 퍼져나갔다.

이라는 사람이 있고, 또는 갈장군(제갈공명)과 주장군(주유)이라고 보는 사람도 있다.

7) 길신(路神)

중국인들은 제석(除夕), 청명(淸明), 10월 1일이 되면, 네거리 입구에서 종이돈을 태워 길신에게 제사를 지낸다. 그리고 원소절(元宵節)이 되면 네거리 입구에 등잔(灯盞)을 둔다. 이는 길을 다니는 사람들이 안전하게 다니도록 제사를 지내는 것이다.

길신은 남방 오(吳, 오늘날 장쑤) 지역 민간에 전해 내려오는 재신(財神)이다. 정월 초닷새는 '로두신(路頭神)'의 생일로, '로두신'은 오 지역 민간에서 믿는 재신이다. '로두(路頭)'는 '오로신(五路神)'이라 부른다. 전하는 바에 따르면, 원 말에 하오로(何五路)가 있었는데, 외적과 싸우다가 죽었다. 사람들은 그를 신으로 여겼고, '오로신(五路神)'이라 불렀다. '오로신'은 재신에서 말하는 '오로신(五路神)'과는 관련이 없다.

또 오로신을 '오성신(五聖神)' 혹은 '오통신(五通神)'이라고 불렀다. 청대 강희(康熙) 년간에 탕빈(湯斌)이 오통사(五通寺)에 간 이후, 민간에서는 '오통신'에게 제사를 지내지 않았고, 이름을 바꾸어 '로두(路頭)'라 하며 제사를 지냈다.

옛사람들은 외출을 하거나 길을 떠날 때, 길신에게 평안하게 다녀오도록 길신에게 제사를 지냈다. 이것이 '조도(祖道)'의 습속이다. 오

(吳)의 습속에는 길에 제사를 지냈는데, 길신이 되었고, 이 길신은 재신으로 바뀌었다. 상업이 발전하면서 재화의 유통은 활발해졌고, 이로 인해 사람들은 길이 재화를 주관한다고 여기기 시작하였다.

사람들은 정월 초닷새 날에 로두신에게 제사를 지냈고, 이로써 그의 생일이 되었다. 이에 오로신(五路神)의 '오(五)'는 초닷새의 '오'와 관련이 있다.

쑤저우(蘇州)에는 헐후어(歇後語)14)인 "로두 보살――죄를 지을 수 없다(路頭菩薩――得罪不起!)"라는 말이 있다. 쑤저우 사람들은 '로두(路頭)'를 매우 중요한 신으로 여긴다. 쑤저우에는 또 다른 헐후어 "누구든 로두 보살에게 죄를 지으면, 누구든 앞길이 막막해진다(誰得罪了路頭菩薩, 誰就走投無路窮一世)"라는 말도 있다. 이 말에는 경솔한 태도로 사람이나 일을 대해서는 안 된다는 교훈을 담고 있다.

8) 온신(瘟神: 전염병 신)

정월 초닷새는 중국 전통 민속 재신의 날이다. 그런데 도가에서 화하(華夏) 제일의 정재신(正財神)으로 일컬어지는 조공명(趙公明)의 최초 형상은 온신의 하나였다.

동진(東晋) 간보(干寶)의 『수신기(搜神記)』15)에 조공명에 대해 "상제가 세 장군인 조공명과 종사계(鐘土季) 등으로 각자 수만 명의 귀신들

---

14) 헐후어는 중국어 숙어의 일종이다. 헐후어 대부분은 주로 해학적이고 형상적인 어구로 되어 있다. 보통 A-B 구조로 나누어져 있다. A 앞부분은 수수께끼 문체처럼 비유하고, B 뒷부분은 수수께끼 답안처럼 비유를 설명한다.

15) 동진 때의 중국 전 지역에 떠도는 귀신 이야기를 수집하여 지은 책으로 "신괴(神怪)한 것을 찾다"와 같이 "귀신을 수색한다"의 뜻이다. 신선, 도사, 기인, 괴물, 귀신 등의 이야기로 이루어져 있다.

을 감독하여, 세상에 내려와 사람들을 잡아가도록 하였다. 그러나 귀신들이 있는 곳을 아는 사람이 없었다. 왕우(王祐)가 병이 모두 낫고 나서, 이 요서를 보니, 귀신이 말했던 바의 조공명과 부합하였다."라고 적혀 있다. 이때의 조공명은 귀왕(鬼王)이었다.

원대에 출간되고, 명대에 완전히 갖추어진 『삼교원류수신대전(三敎源流搜神大全)』에 다음과 같이 기록되어 있다.

수(隋) 문제(文帝) 개황 6월, 다섯 명의 역사(力士)가 하늘에 나타났다. 지면으로부터 약 3장~5장(10~15m) 정도 떨어져 있었으며, 몸에는 5가지 색깔의 두루마기를 걸쳤고, 손에는 각자 한 가지 물건을 쥐고 있었다. 한 사람은 손에 숟가락과 항아리, 한 사람은 가죽 주머니와 검, 한 사람은 부채, 다른 한 사람은 망치, 또 한 사람은 손에 불 주전자를 들고 있었다.

수 문제는 태사공(太史公) 장거인(張居仁)에게 "이들은 무슨 신입니까? 화를 의미합니까? 복을 의미합니까?"라고 다급히 물었다.

이에 장거인은 "그들은 오방 역사입니다. 천상에서는 '5귀(五鬼)'라고 부르고, 지상에서는 '5온(五蘊)'이라 부릅니다. 춘온(春瘟) 장원백(張元伯), 하온(夏瘟) 류원달(劉元達), 추온(秋瘟) 조공명, 동온(冬瘟) 종인귀(鐘仁貴), 총온중온(總瘟中瘟) 사문업(史文業)입니다. 지금 하늘이 질병 재난을 내리려 하시니 피할 방법이 없습니다."라고 대답하였다.

여기에 기록된 조공명은 추계온신(秋季瘟神)의 형상이었다. 그 해, 수나라에는 대역병이 발생하였고, 역병에 걸려 죽은 사람이 매우 많았다. 문제는 자신의 잘못을 바로잡고 사당을 세워 오온신(五瘟神)에게 제사를 올렸다. 당나라 시기에도 수나라 때부터 모신 오온신을 그대로 믿었다.

수당 시기에는 5월 5일 단오절에 오온 장군(五瘟將軍)에게 제사를 지내는 습속이 있었다. 흰 도포를 입은 온역신은 '추온신(秋瘟神)'이라 하였는데, 인간 세상에서 전염병을 전파하였다.

온신(瘟神)

송대 저장성 진윈(縉雲)의 동지추밀원사(同知樞密院事) 관사인(管師仁)도 공부를 할 때 행역사자(行疫使者), 즉 온신을 만난 적이 있다. 그들은 관사인에게 새해 첫날 인간 세상에 전염병을 퍼뜨릴 것이라고 알려주었다. 그러나 관사인의 가족은 감염되지 않을 거라면서 그 이유를 설명하였다. 관사인의 집은 삼대가 모두 선을 행하고 덕을 쌓았을 뿐만 아니라 나쁜 짓을 하는 것을 보면 제지하였고, 착한 일을 하는 것을 보면 찬양하였기에 역병에 걸리지 않을 것이라고 여겼다. 당송 시기, 사람들은 오온신이 하늘의 명을 받고 인간 세상에 와서 역병을 퍼뜨리는 것이라고 여겼다.

한편, 조공명이 '온신'에서 '재신'으로 진화한 것은 도가의 영향을 받았고, 명대 소설인 『봉신연의(封神演義)』[16]가 널리 읽혀진 것과 관련이 있다.

먼저, 원대 『신편련상수신광기(新編連相搜神廣記)』의 「수신광기(搜神廣記)」에 "장천사(張天師)가 단약을 만들 때, 용신(龍神) 주청옥제(奏請玉帝)가 신장(神將) 호법(護法)을 파견하였다. 그래서 조공명이 속세에 내

---

16) 『봉신방(封神榜)』 또는 『봉신전(封神傳)』이라고도 불린다. 저자는 육서성(陸西星)이라는 설도 있고 허중림(許仲琳)이라는 설도 있다. 상나라에서 주나라로 바뀌는 왕조 교체기를 다루고 있다. 전해 내려오던 「무왕벌주평화(武王伐紂平話)」가 그 원전이다.

려왔는데, '현단원수(玄坛元帅)'라 봉해졌다. 장천사가 수련에 성공하여 선경에 날아간 후, 조공명은 용호산(龍虎山)에 머물게 되었다. 이것이 바로, 도가의 '용호현단조원수(龍虎玄坛趙元帅)'의 유래이다."라고 적혀 있다.

그리고 『봉신연의』에 "강자아(姜子牙)는 원시천존(元始天尊)의 칙명(敕命)을 받들어, 여악(呂岳)을 온신으로 봉하고 그에게 온부(瘟部) 여섯 명의 정신(正神: 바른 신)을 거느리고 무릇 시증(時症)17)이 있으면 마음대로 시행하라고 명령하였다."라는 내용이 있다. 여악은 죽은 후 천하의 온역을 주관하는 신으로 봉해져, 온부(瘟部)의 6명의 정신(正神)을 거느리고, 돌림병을 집행하였으며, 온신의 비조가 되었다. 6명의 정신은 동방행온사자(東方行瘟使者) 주신(周信), 서방행온사자(西方行瘟使者) 주천린(朱天麟), 남방행온사자(南方行瘟使者) 이기, 북방행온사자(北方行瘟使者) 양문휘, 화온도사(和瘟道士) 이평(李平), 권선대사(勸善大師) 진기(陳奇)이다.

9) 재신(財神)

중국인들은 부자가 되도록 재신에게 기원한다. 사람들은 보통 명나라 때부터 재신이 있었다고 말하지만, 송나라 때 시장과 상업이 발전하여 벌써 전문 재리(財利)를 관할하는 신인 이시선관(利市仙官)이 나타났고 원나라 때에 또 할머니신인 이시파관(利市婆官)이 있었다.

중국 전통 민속 문화에는 재신이 매우 많다. 예를 들면, 정재신(正財神) 조공명, 문재신(文財神) 비간(比干), 범려(范蠡), 무재신(武財神) 관공

---

17) 시증이란 사시(四時)의 부정지기(不正之氣)를 받게 되어 생기는 병을 말한다.

(關公), 증복재신(增福財神, 財帛星君) 리궤조(李詭祖), 오로재신(五路財神)
과 포대화상(布袋和尙), 황재신(黃財神), 대흑천재신(大黑天財神) 및 류해
섬(劉海蟾), 초재동자(招財童子) 등이 있다.

　일반적으로 중국에서 재신과 관련하여 여러 가지 설이 있다. 보통
재신은 문무재신(文武財神)으로 구분되어지는데, 문(文)으로는 '비간',
무(武)로는 '관우'를 재신으로 삼는다. 1958년 이전에, 마을마다 모두
관우사당이 있는데, 속칭 '노야묘(老爺廟)'라고 한다.

　오로재신에는 두 가지 설이 있다. 하나는 조공명과 부하 4명(招寶,
納珍, 招財, 利市)를 지칭하는 설이다. 중로(中路) 무재신(武財神)을 제외하
고, 나머지 4로는 동로재신(東路財神) 초보천존(招寶天尊) 소승(蕭升), 서
로재신(西路財神) 납진천존(納珍天尊) 조보(曹寶), 남로재신(南路財神) 초
재사자(招財使者) 진구공(陳九公), 북로재신(北路財神) 이시선관(利市仙官)

동로재신 초보천존 소승, 남로재신 초재사자 진구공,
중로무재신 조공명, 서로재신 납진천존 조보, 북로재신 이시선관 요소사

요소사(姚少司)이다. 이 오로재신에 관한 이야기는 『봉신연의』에서 알수 있다. 『봉신연의』에서 오로재신은 "조공원수, 사보천존 소승, 납진 천존 조보, 사도 진구공, 이시의 선관 요소사"를 가리킨다.

이시(利市)에는 세 가지의 의미가 있다. 장사하여 얻는 이익이 있을 수 있고, 길함과 이로움 및 행운이라는 이익이 있으며, 경사스러운 날이나 명절에 주는 홍빠오(축하금)가 있다. 근대에는 새해가 되면 상인들은 이시선관의 도상을 문 위에 붙이고, 초재 동자를 배치하였다. "초재동자가 들어오고, 이시선관이 오신다(招財童子至, 利市仙官來)"라는 대련을 써 붙인다.

다른 하나는 5명의 재신을 숭상하는 설이다. 동로재신 비간, 남로재신 시왕야(柴王爺), 서로재신 관공, 북로재신 조공명, 중빈재신(中斌財神) 왕해(王亥)이다. 이 오로재신은 중국 민간에서 주로 숭상하는 5대 재신으로, 보통 '대오로재신(大五路財神)'이라 부른다.

그런데, 중국에서 일반적으로 재신이라고 하면, 조공명을 가리킨다.

초재동자가 들어오고, 이시선관이 오신다(招財童子至, 利市仙官來)

음력 1월 5일은 재물신인 조공명을 기리는 날이다. 민간에서 모시는 조공명의 외형적 특징은 모두 갑옷을 입고, 투구를 쓰며, 전포를 입고, 채찍을 들고 있다. 그리고 얼굴은 검고 수염은 짙어서, 조공명의 이미지는 매우 용맹스럽다. 조공명의 주위에는 통상적으로 취보분(聚寶盆), 대원보(大元寶), 보주(寶珠), 산호(珊瑚)류가 있는데, 이를 통하여 재물운과 큰 복을 기원하는 것이다.

재신 조공명

민간 전설에 따르면, 상(商)나라 장군 출신인 조공명은 죽은 후, 재신이 되었고, 민간에서 최고의 숭배 대상이 되었다고 전해진다. 재신인 조공명은 생일인 음력 정월 초닷새에 인간 세상으로 내려와 행운과 번영을 내려 준다는 것이다. 일반 백성들은 재신을 자기 집으로 맞이하기 위해 집을 깨끗이 청소하고 향을 태우며, 집 앞에 재신을 환영하는 그림과 문구를 붙인다.

명나라 때 조공명은 재물과 이익을 위해 반드시 모셔야 할 재신으로 되었다. 도교 전설 중에 보면 이 신은 진(秦)나라 시기에는 옥제(玉帝)의 위임에 의하여 하늘신의 부통수(副統帥) 신선으로 되었다. 한나라 시기에는 옥제의 위임에 의하여 조공원수(趙公元帥)라는 이름을 가지게 되었다.

사실, 조공명은 진(晋)나라 시기의 민간신앙 중 명계(冥界, 저승, 저세상) 귀리(鬼吏, 귀신의 졸개를 부리는 사람)를 거느리고 모집하는 명신(冥神) 장군으로 재리와는 관계가 없었다. 수, 당, 송, 원나라 각 조대의 조공명은 하늘에서 전염병을 관할하는 다섯 온역신의 하나였다.

3. 도교 관련 민간신앙

도교에서 모시는 신들은 신화나 전설 속에서 존재하는 인물보다 실존한 역사 인물인 경우가 많다. 그 중에서 대표적인 인물은 손사막(孫思邈)과 관우이다. 이들은 중국인들로부터 많은 숭상을 받고 있다. 도관의 벽에 '복수녹(福壽祿)'이라는 글씨가 있다. 심신을 닦아 수양하면 신선의 경지에 오를 수 있음을 보여주면서, 그렇지 못한 대다수에게 '복과 장수와 재물'이라는 근원적 소망과 만사여의한 현실세계로 이끌어주리라는 믿음을 부여한다.

도교에서 모셔지는 여러 인물 중, 많은 사람들로부터 신앙의 대상인 손사막, 노반(魯班), 마조(媽祖), 8신선(八神仙)을 살펴본다.

1) 손사막(孫思邈)

손사막(581~682)은 당나라 때의 명의로, 약사불에 해당하는 약왕(藥王)이다. 손사막은 141세까지 살다가 신선이 되었다고 전해진다.

『천금요방(千金要方)』과 『천금익방(千金翼方)』의 저자인 손사막은 의술이 뛰어나다 보니 '약신(藥神)' 혹은 '약왕'이라 불렸다. 후세 사람들은 두 저서를 합쳐 『천금방(千金方)』이라 부르고 있다. 또, 손사막은 당뇨병 환자의 소변이 달다는 것을 최초로 발견하였고, 당뇨병 환자에게는 침을 놓거나 뜸을 뜨지 말도록 경고하였다. 그밖에도 나병·결핵·콜레라·이질 등의 전염병에 관한 내용을 남겼다.

손사막은 질병의 예방과 치료에 관한 처방을 거의 1만여 첩(帖)이나 수집하여 중국 최초의 임상 백과전서를 만들었다. 손사막이 저술한 『비급천금요방(備急千金要方)』의 제1권이 『대의정성(大醫精誠)』이다. 여기서 '정(精)'이란 '훌륭한 의술'을 뜻하는 말이고, '성(誠)'이란 '의사로서의 높은 윤리'를 뜻하는 말이다. 손사막은 명의란 '정'과 '성'을 겸비하고 있지 않으면 안 된다고 가르쳤다.

『대의정성』에서 "무릇 큰 의사는 병을 치료할 때 반드시 정신을 안정시키고 의지를 굳게 하며 욕심이나 바라는 것이 없

손사막

어야 한다. 먼저 큰 자비와 측은지심을 낼 것이며, 인간의 고통을 널리 구하겠다는 서원을 가져야 한다. 빈부귀천, 나이와 외모, 원한과 친분, 민족과 지적 수준을 따지지 말고 똑같이 대하며, 모두 육친으로 여겨야 한다."라고 하였다. 또 "사람의 목숨은 천금만큼 귀하다. 한 사람을 도우면 덕이 그것을 능가한다."라고 하였다. 손사막은 자신의 저서에 모두 '천금(千金)'이라는 두 글자를 써넣었다.

손사막은 "대자대비와 측은지심으로 병자를 다 구원하겠다는 마음을 내라, 귀천과 빈부의 차이를 따지지 말고 환자를 모두 자신의 가족처럼 대하라, 환자와 고통을 함께하라, 오직 환자를 구할 뿐 성과를 내어서 공적을 남기려는 마음을 버리라."라고 하였다.

당 고종은 손사막에게 '진인(眞人)'이라는 호칭을 붙였다. 사람들은 그가 은거했던 산을 '약왕산(藥王山)'이라고 불렀다. 약왕산은 산시성(陝西省) 퉁촨(銅川)에 있다. 비정(碑亭) 안에 있는 석비에는 「천금보약(千金寶藥)」과 「해상방(海上方)」이라는 글이 새겨져 있는데, 병에 대한 처방이 적힌 의방비(醫方碑)이다. 그는 흔한 질병에 대한 처방을 비석

에 새기고 길에 세워 사람들이 스스로 처방에 따라 치료하게 했으며, 적은 돈도 받지 않았다. 사람들이 병에 걸리면 이곳에 와서 비석에 적힌 대로 약을 지어 먹었다고 한다. 그는 만병을 고친 존재였기에 건강을 바라는 최고의 신으로 좌정되었다.

2) 노반(魯班)

노반(B.C.507~?)은 춘추시대 말기 노(魯)나라 사람으로 행업신(行業神, 일하는 사람의 신)으로 숭상되고 있다. 즉 건축·조각과 각종 기술에 통달하여 장인과 직능인의 수호신으로 추앙받고 있다.

노반은 초나라를 위해 구름사다리, 구강 등의 무기를 제작하였고, 대패·곡척(나무나 쇠로 만든 'ㄱ'자 모양으로 굽은 자) 등의 공구를 발명하여 제조하였다고 전

노반 우표

해진다. 뿐만 아니라, 톱과 먹통도 노반이 발명한 것으로 전해진다. 이와 관련된 이야기가 전해진다.

춘추시대 제후들은 노반의 기예가 출중하다는 말을 듣고, 큰돈을 주며 자신을 위해 성을 공격할 강력한 무기를 만들어 줄 것을 부탁하였다. 이에 노반은 자신의 스승이 "네가 만든 모든 물건은 반드시 사람들에게 도움이 되는 것들이어야 한다."라는 말을 잊은 채 성을 공격하는 구름사다리를 발명하였다. 하지만, 묵자(墨子)의 설득으로 노반은 자신의 발명품이 백성들에게 큰 재난을 주었음을 깨닫게 되고, 이후 실용적인 공구와 기계만을 발명하였다.

노반은 뛰어난 재능과 고상한 품격으로 인해 목수들의 마음속에 위대한 스승으로 남게 되었다. 뿐만 아니라 노반은 신으로서 추앙받고 있다. 노반을 모시는 사당이 중국 여러 지역에 존재하는데, 톈진(天津)시의 노반 사당과 홍콩의 노반 고묘(古廟)가 널리 알려져 있다.

노반을 신으로 모시는 '노반전'은 '조사전'이라고도 불린다. 나무와 기와를 사용하는 공사에 대한 논의, 약조를 정하고 규정을 행하는 것, 공사의 가격 산정, 스승에게서 전해 받고 무리를 모으는 것 등을 조사전 안에서 행한다.

노반의 본명에 대해서는 공수반(公輸般)이라는 설과 노반과 공수는 다른 사람이라는 설이 있다. 노반은 『묵자』의 「공수편」으로도 유명한데, 노반은 '중국의 레오나르도 다빈치'라 불린다. 공수반은 인류 최초의 비행기라 부를 만한 목연(木鳶)이라는 것도 발명하였다.

'반문농부(班門弄斧)'라는 사자성어가 있다. "반 씨의 문 앞에서 도끼를 놀리다."라는 뜻인데, "자신의 실력은 헤아리지 않고 엉뚱하게 덤빈다"는 의미를 지닌다. 『한서』「서전상」에 "공수반은 도끼로 나무 기구를 만드는 데 가장 뛰어났다"고 적

반문농부

혀 있다. 그래서 자신의 능력을 고려하지 않고 전문가 앞에서 재주를 부린다는 뜻의 '반문농부'라는 성어가 생겨났다.

3) 마조(媽祖)

마조신앙은 연안 바다의 신앙으로 북으로는 랴오닝성 진저우(錦州)에서 대만·홍콩·마카오·해외 화교에 이르는 널리 퍼져 있다. 2009년 10월, 마조신앙은 유네스코의 인류무형문화유산으로 등재되었다. 마조사당은 5천여 개로 신도가 수천만에 이른다.

마조의 고향인 광둥성 난샤(南沙)에서는 마조문화절이 개최된다. 난샤의 모든 마을에는 마조 사당이 있었는데, 현재에는 3개만 완전하게 보존되어 있다.

마조(960~987)의 이름은 임묵(林默)이고 푸젠의 망족인 푸텐(莆田) 구목(九牧) 임씨의 후예이다. 송나라 때 푸젠성 취안저우(泉州)부 포텐현 미주도(湄洲嶼)에 태어났다. 태어났을 때는 울지 않았기 때문에 묵(黙, 잠잠할 묵)이란 이름을 지었다. 987년 음력 9월 9일 28세의 임묵은 바다에서 구조를 기다리는 사람을 구하려다 파도에 휩쓸려 죽었다. 어민들은 그녀를 기리기 위해 섬에 묘를 쓰고 해신으로 봉하였다. 마조는 천상성

영화 〈마조 돌아오다(馬祖回家)〉 포스터

모(天上聖母)·천비(天妃)·천비낭
랑(天妃娘娘)·천후(天后)·천후낭
랑(天后娘娘)·미주낭마(湄洲娘媽)
등의 별칭이 있다.

한편, 서진(西晉) 시기 중원 지
역의 사람이 전란을 피하기 위
해 푸젠성에 이주해 왔다. 그 중

미주 마조

주요 성씨는 임(林), 진(陳), 황(黃), 정(鄭), 첨(詹), 구(丘), 하(何), 호(胡)
8개이다. 이들 대부분은 푸젠성의 연해부에 정착하였다. 이들은 "의
관남도(衣冠南渡), 팔성입민(八姓入閩)"이라고 불린다. 푸젠성의 성도인
푸저우(福州)시에 임(林), 진(陳), 황(黃), 정(鄭) 4개 성씨가 반 이상을
차지한다. 이 때문에 "진씨와 임씨가 대부분이고, 황씨와 정씨가 거리
가 꽉 찼다(陳林蜀大半, 黃鄭滿街排)"란 속담이 있다. 또 대만에는 "진림
반천하, 황정배만가(陳林半天下, 黃鄭排滿街)"라는 속담이 있고, 푸젠에
는 "진림만천하, 황정배만산(陳林滿天下, 黃鄭排滿山)"라는 말이 있다.

1123년 노윤적(路允迪)은 고려에 사신으로 가다가 도중에 풍랑을
만나 마조의 도움으로 고려에 무사히 도착한다. 송 휘종은 편액을
내려 순제(順濟)라 하고 포전에 성돈묘(聖墩廟)를 세웠다. 이것이 최초
의 관방 마조신앙의 시작이다.

1150년 요붕비(廖鵬飛)가 지은『성돈조묘중건순제묘기(聖墩祖廟重建
順濟廟記)』에 임묵에 관한 최초의 기록이 나온다.

내용을 살펴보면, "세상에 전해진 전설에 의해, 하늘과 서로 통할
수 있는 신녀이다. 성씨는 임(림)이고, 미주섬 사람이다. 최초는 굿과
경축 행사를 종사하였다. 사람의 화와 복을 예지할 수 있었다. 이 기록
에 따르면, 마조는 원래 여무였다."라고 하였다. 또 "급사중(관명) 노윤

적이 외교사절로서 고려에 갔다. 동해를 경유할 때에 파도가 가하기 때문에 배 8척이 서로 충돌하며 그 속 7척이 침몰하였다. 유독 노윤적이 타는 배가 여신이 돛대에 올라 돌춤을 하듯이 있어서 잠깐 사이 무사하게 되었다. 미주 여신이 현령하였다고 선원들이 그렇게 말하였다. 따라서 노윤적이 귀국한 후, 조정에게 칙봉을 상주해서, 〈순제묘〉란 편액이 내려졌다."라고 적혀 있다.

4) 8신선(八神仙)

중국에서 8신선은 "이철괴(李鐵拐, 鐵拐李), 종리권(鐘離權), 여동빈(呂洞賓), 장과로(張果老), 조국구(曹國舅), 한상자(韓湘子), 하선고(何仙姑), 남채화(藍采和)"이다.[18]

그런데 중국에서 전해지던 8신선은 역사적 시기에 따라 형상화되는 것도 달랐고, 부르는 명칭도 달랐다. 그런데 명대 오원태(吳元泰)가 지은 소설 『팔선출처동유기(八仙出處東游記)』(『동유기』라 간칭)에서 비로

---

18) 김홍도의 〈군선도(群仙圖)〉: 호암미술관에서 소장하고 있는 〈군선도〉는 한국의 국보 제139호로, 김홍도가 32세인 1776년에 그렸다고 한다. 〈군선도〉는 신선과 신선화된 실존 인물을 그린 그림이다. 3천 년 만에 한번 꽃이 피고 다시 3천 년 만에 열매를 맺는 천도복숭아(蟠桃)가 곤륜산(崑崙山)에 있는 서왕모의 집에 천도복숭아가 익었다고 하자 신선들이 약수(弱水)의 파도를 건너 초대되어 가는 모습을 그린 그림이다. 그림에서 꽃바구니를 맨 남채화, 복숭아를 든 하선고, 흰 당나귀를 거꾸로 타고 있는 장과로, 딱따기를 치는 조국구, 악기를 든 한상자가 있다. 그리고 외뿔소를 타고 『도덕경』을 든 노자를 선두로, 복숭아를 든 동방삭, 두건을 쓴 종리권, 두루마리에 붓을 든 문창(文昌), 깎은 머리의 여동빈, 호리병을 든 신선을 그렸다.

소 8신선(이철괴, 종리권, 여동빈, 장과로, 조국구, 한상자, 하선고, 남채화)이 정형화되었다.

8선 바다를 건너다(八仙過海)

도교사원에는 8신선을 모시는 장소 또는 팔선궁(八仙宮)이 있다. 일상생활에서는 연화(年畵), 자수(刺繡), 자기(瓷器), 화등(花燈) 및 희극(戲劇) 등에 등장하고 있다. 그리고 '팔선축수(八仙祝壽, 8신선이 서왕모의 생일을 축하)'라는 용어는 장수를 기원하는 소재로 전해 왔다. 8신선은 항상 같이 지내며 8신선이 동해를 건너며 용왕과 충돌하는 '팔선과해(八仙過海)'라는 이야기가 회자되고 있다. 오늘날 〈취팔선(醉八仙)〉 또는 〈팔선축수〉 등이 상연되고 있다.

(1) 이철괴(李鐵拐)

이철괴는 성은 '이'이고, 이름은 '현(玄)'이라고 알려졌다. 또 이응양(李凝陽) 혹은 이홍수(李洪水)라고도 부른다. 다리를 절어 쇠지팡이(철괴, 鐵拐)를 갖고 다녔기 때문에 이철괴라고 부른다.

그는 본래 키가 매우 컸고, 용모도 당당하였다. 탕산동(碭山洞)에서 수행을 하였는데, 이후 노군(老君)의 화산선회(華山仙會)에 참가하였기 때문에 갑자기 금빛이 났다. 하지만 용모가 추해졌고, 검은 얼굴에 흐트러진 머리, 말려든 수염에 커다란 눈, 오른쪽 다리는 절게 되었다.

이철괴는 곡기를 끊고 잠을 자지 않는 고행을 40년 동안 계속했는데, 마침내 스승 노자는 그가 지상으로 돌아가 같은 문중 사람들에게 세속의 덧없음을 가르쳐도 좋다고 하였다. 어느 날 하늘의 스승을 방문하고 지상으로 돌아온 이철괴는 그의 육신을 맡았던 제자가 그 육신을 불태워버린 것을 알았다.

세속의 육신을 잃어버린 그는 굶어 죽은 거지의 몸속으로 들어감으로써 새로운 몸을 갖게 되었다. 새로 몸을 빌린 사람이 절름발이라서 쇠지팡이를 늘 갖고 다녔다. 이철괴는 장춘(長春)이라는 영약을 호리병에 담아서 갖고 다니면서 약값이 없는 가난한 사람들을 치료하였다고 한다. 그는 밤이면 호리병에 들어가 잠을 잤다고 전해진다.

(2) 종리권(鐘離權)

종리권은 성이 '종리(鐘離)'이고 이름이 '권(權)'이다. 『속문헌통고』와 『전당사』에 따르면 당나라 함양 사람으로 자는 운방(雲房), 도호는 화곡자(和谷子), 정양자(正陽子)로 공동산에 들어가 수도하였다고 한다.

그런데 이외에도 연나라 지방 사람으로 한나라 때 대장군이나 중랑장이었다는 설이 있다. 그래서 한종리(漢鐘離)라고도 부른다.

종리권이 토번을 공격하러 갈 때 상사의 질투를 받아 노약자로 구성된 3만을 이끌고 토번을 공격하러 갔다. 하지만 그 전에 군사의 태반이 도주했기 때문에 산 속으로 피하다가 길을 잃었다. 그때 노인을 만나 도를 전수받아 신선이 되었다는 얘기가 전해진다.

그리고 또 다른 설로는 종리권이 주(周)나라 때에 살았고 불로장생 선약의 비밀과 연금술에서의 변성하는 분가루를 얻었다고 한다.

종리권은 보통 배를 드러내 놓고 있는 뚱뚱보나 때로는 손에 복숭아를 들고 있는 것으로 묘사되고 있다. 배가 불룩 나오고 턱수염이 달렸으며, 말총으로 된 술이 달린 부채를 쥐고 있는 노인으로 묘사된다. 언제나 부채를 쥐고 있으며 그 부채로 죽은 자의 영혼을 소생시킨다고 믿어지고 있다. 때로는 무사이면서 연금술에 관한 비범한 지식을 가지고 있는 존재로 묘사되기도 한다.

(3) 여동빈(呂洞賓)

여동빈은 당나라 797년 4월 14일에 출생하였다. 본시 당나라 왕족으로 성은 이(李)이며, 이름은 경(瓊)이고 자는 백옥(伯玉)인데 측천무후의 화를 피하여 자기 부인인 김씨와 함께 숭산의 깊은 계곡에 숨어 살게 되면서 성을 여(呂)로 바꾸었다고도 한다.

여동빈은 태어나면서부터 관상이 보통 사람과는 달랐다고 한다. 양쪽 눈썹이 길고 비스듬히 구레나룻과 이어졌고, 봉황의 눈매에 광채가 나며, 코는 높고 단정하며 왼쪽 눈썹과 왼쪽 눈 아래 검은 점이 있었다고 한다.

여동빈은 스승 고죽진군으로부터 도가의 비전인 『일월교병지법』을 전수받았다고 한다. 스승과 헤어진 여동빈은 여산으로 가서 화룡진인에게서 천둔검법(天遁劍法)을 배웠으며 이때부터 여동빈이 세상을 노닐 때 항상 몸에 보검을 차고 다녔다.

여동빈은 신선도에서 등에 칼을 지고 손에는 불자(佛子)를 가지고 있는 모습으로 그려진다. 그는 도교의 발상지라 알려진 종남산(終南山)에서 수도하였다고 한다.

여동빈은 200여 년 후 송나라 때 악양루에 나타났다고 한다. 이때의 파릉군 태수는 등자경이라는 사람이었다. 당시 악양루가 낡아 보수를 하였는데, 보수가 끝난 뒤 경축연에서 화주도사라는 사람이 시를 지었다. 시가 예사롭지 않아 등자경은 화주도사에게 이름을 물으니 화주도사는 성은 '여'요 이름은 '암'이라고 하고 작별을 고하고는 사라졌다.

등자경과 그 자리에 있던 문사들은 비로소 그 도사가 당나라 때의 여동빈이라는 것을 알았다고 한다. 이 일화를 기리기 위해 악양루 우측에 청나라 건륭 40(1775)년에 삼취정(三醉亭)을 지었다.

여동빈은 당시 사람들에게 반드시 소원을 이루어주는 신선으로 인정받았다. 사람들은 그의 탄생일에 사당인 복제관을 찾아 빌면 병마를 퇴치할 수 있다고 여겨, 사당으로 가서 간절하게 빌었다. 특히, 여동빈은 속세의

삼취정

사람들을 구제하고자 노력하였던 인물이었으며, 마음씨 바르고 착한 사람을 골라 선계로 인도하고 싶었다고 한다.

이와 관련된 설화가 『동유기』에 있다. "악양에 신(辛)씨 성을 가진 사람이 술집을 시작하였는데, 여동빈이 갈 때마다 외상을 하여도 술값을 요구하지 않고, 갚지 못한다고 하여도 괜찮다고 하니 여동빈이 술값 대신 귤껍질로 술집 벽에 한 마리의 학을 그려주고 떠났다. 그 학은 손뼉을 치면 벽에서 살아 나와 노랫가락에 맞춰 춤을 추었다. 이 소문을 듣고 찾아오는 이들로 술집 주인은 큰 부자가 되었다고 한다."

이 설화에는 물욕에 빠지지 않고 착한 마음으로 행하면 복이 온다는 것을 보여준다. 민중을 돕기 위해 승선하지 않고 공덕을 쌓는 여동빈은 명·청 시기의 민중들에게 중심인물로 등장하였다. 전진교(全眞敎)와 정명도(淨明道)는 여동빈을 조사(祖師)로 보고 계보에 올려놓았다. 이는 여동빈이 "유구필응(有求必應, 소원은 반드시 이루어준다)"의 영험(靈驗)을 지닌 신선으로 인정되었음을 의미한다.

(4) 장과로(張果老)

장과로의 이름은 장과(張果)라고도 한다. 뒤에 '로(老)'를 붙인 것은 존칭이다. 장과로의 형상은 그림을 통해 알 수 있는데, 그림에서 흰 당나귀를 거꾸로 타고 있는 모습으로 그려져 있다. 장과로는 산시성(산서성)의 중조산(中條山)서 살았으며, 태어난 곳

을 물어도 대답하지 않고 확실한 나이를 물어도 단지 "나는 상고 삼황 오제 시절 요임금 때인 병자년에 태어나서 요임금과 함께 정사를 보면서 시중의 벼슬을 지냈다."고 하였다.

장과로는 항상 흰 당나귀를 타고 다녔는데, 저녁에 쉬는 시간에는 당나귀를 접어서 바랑19)에 집어넣어 보관했는데 당나귀가 순식간에 얇은 종이로 변하였다. 다음 날 아침에 접어놓았던 종이 당나귀를 꺼내서 입에 맑은 물을 머금고 그 위에 뿜으면 곧 다시 하얀 당나귀로 변하였다고 한다. 또한 장과로가 항상 몸을 거꾸로 돌려서 등이 당나귀 머리를 향하도록 당나귀를 타고 다녔다.

장과로는 당나귀를 타고 어고(魚鼓)와 간판을 가지고 있다. 이는 중국 예술에서 불사조의 깃털과 불로장생의 복숭아를 가지고 있는 것으로 묘사된다.

당 현종(玄宗, 712~756 재위)이 재위할 무렵 장과로는 궁궐을 방문하여 요술을 보여주었다고 한다. 후에 그의 그림은 신방(新房)에 장식되었는데, 그 이유는 그가 신혼부부에게 아이를 선사한다고 믿어졌기 때문이다.

현종은 "항저우에 사는 장과로 선생은 방외지사이다. 행위는 고상하고, 지식은 깊고도 현묘하다. 세상을 피해 은거한지 오래인데 조정에서 불러 장안에 왔다. 그 나이를 아는 사람이 없고, 단지 오랜 세월을 누렸음을 추측할 뿐이다. 황제가 도를 물으면 그 지극한 이치까지 대답하였다. 장과로 선생에게 은청광록대부(銀靑光祿大夫) 관직과 아울러 통현(通玄) 선생이라는 호를 내린다."라는 조서를 내렸다.

---

19) 물건을 담아서 등에 질 수 있도록 만든 주머니이다.

(5) 조국구(曹國舅)

조국구는 송나라 때 사람으로 이름은 일(佾) 또는 우(友)라고 하며, 자는 경휴(景休)라고 한다. 송나라 조황후(曹皇后)의 아우로서 1134년에 신선이 되었다고 한다.

조국구는 환경을 정화시킨다는 운양판(雲陽板)을 가지고 있으며, 관복과 관모를 쓰고 있다. 또 조국구는 갈건을 쓰고 시골 사람의 차림을 한 은사(隱士)의 복색으로 등장하기도 하고, 때로는 몸에 붉은 관포(官袍)를 두르고 머리에는 사모(紗帽)를 쓰고 손에는 그의 관직을 나타내는 홀을 들고 있으며 뺨에는 두부괴(豆腐塊)를 칠한 관리의 모습으로 등장하기도 한다. 뺨에 칠을 한 것은 그를 다소 희화시켜 그린 것이다.

집안의 재물을 털어서 가난한 사람에게 나눠주다가 깊은 산속으로 들어가 수도에 전념하였다. 전설에 의하면, 종리권과 여동빈이 산 속에 있는 그의 은신처를 찾은 후, 그를 자신들의 동료로 받아들였다고 한다.

(6) 한상자(韓湘子)

한상자는 한상의 존칭으로 당나라 때 사람이다. 그는 한유(韓愈)의 조카이다. 대개 꽃다발이나 꽃바구니, 괭이, 먹으면 죽지 않는다는 버섯을 들고 있거나 피리를 불고 있는 모습으로 자주 표현된다. 그는 한순간에 꽃이 피게 하고 곡식을 사용하지 않고도 맛 좋은 술을 빚을 수 있기를 원하였다.

20살 때 시골에 있는 친척을 방문하러 갔다가 산천경치에 매혹되어 다시 돌아오지 않았고, 20여 년 동안 어디로 잠적했는지 소식을 알 수 없었다. 그때 도인을 만나 득도해서 신선의 반열에 들어가게 되었다고 한다. 전해 오는 말에 의하면 그때 여동빈과 함께 도를 닦았다고 한다. 설에는 한상자가 여동빈을 만났을 때, 이미 500살이 넘는 신선이었고 여동빈을 도교로 인도하였다고 한다. 그리고 늘 음악을 좋아해서 통소를 잘 불었는데, 그가 통소를 불면 어디선가 학이 날라 와 그 곡조에 맞추어 춤을 추었다고 한다.

한상자는 공부하기를 싫어하고 생활이 방탕하며, 술을 좋아하고 하는 짓은 상식 밖의 일만 하였다. 이에 사람들은 그를 이상한 사람으로 여겼지만, 그는 자신이 도를 닦아 신선이 되었기 때문이라고 하였다. 한유가 그러한 생각을 비웃자 그는 한유가 보는 앞에서 이 불가능한 일을 실행해 보였다. 갑자기 흙덩어리에서 꽃이 만발했던 것이다. 게다가 잎사귀에는 14개의 황금문자로 이루어진 시 1수가 씌어 있었다. 이 시에 쓰인 예언의 내용은 후에 한유가 유배당하고 나서야 의미가 확실해졌다.

(7) 하선고(何仙姑)

하선고의 이름이 경(瓊)이며 당나라 때 사람이다. 팔선 가운데 남채화(藍采和)를 남성으로 볼 때 유일한 여성이고 손에 연꽃을 들고 있다.

하선고의 고향에 대해서는 여러 설이 있다. 광둥 증청설(增城說), 광시(廣西), 푸젠, 저장, 안후이(安徽), 후난 등 여러 설이 있다.

하선고가 후난의 용저우(永州) 사람이라는 생각은 송대 증조(曾慥)가 쓴 『집선전(集仙傳)』과 류공부(劉貢父, 1023~1089)가 쓴 『중산시화(中山詩話)』 및 위태(魏泰)의 『동헌필록(東軒筆錄)』 등에 보인다. 송대 구양수(歐陽脩, 1007~1072)가 고친 『집고록발미(集古錄跋尾)』와 증민행(曾敏行, 1118~1175)의 『독성잡지(獨醒雜志)』 등에서도 하선고의 흔적이 적혀 있다.

어떤 사람은 하선고가 송 인종(仁宗) 때 용저우 일반 백성의 딸이라 말한다. 어렸을 때 기인을 만났는데, 그녀에게 선도(仙桃) 혹은 운선조(雲仙棗)를 먹게 하였다. 이때부터 아무 것도 먹지 않았고, 화복(禍福)을 예견할 수 있었다고 한다. 고향 사람들은 신비롭게 여겨 묘각(廟閣)을 세웠다. 사대부로서 기이한 것을 좋아하는 이들이 묘각에 가서 하선고에게 길흉을 묻는 일이 많았다고 한다. 이리하여 하선고의 명성은 더욱 널리 알려지게 되었다. 증민행은 용저우 하선고각(何仙姑閣)에 가서 선고의 유상(遺像)을 본 적이 있다고 책에 적어 두었다.

『속통고(續通考)』에서는 "하선고는 광저우 증청(增城) 사람으로 하태

(何泰)의 딸이다."라고 적혀 있다. 중청에서 전해 내려오는 전설은 더욱 구체적이다. 그녀는 중청현 샤오루구(小樓區) 신꾸이향(新桂鄕) 사람으로 본래의 이름은 하수고(何秀姑)이고 당 측천무후 시기의 어느 해 음력 3월 7일에 태어나 중종(中宗) 재위 어느 해의 8월 8일에 신선이 되었다고 한다. 부친인 하태가 두부를 만들었기에 하선고는 '두부서시(豆腐西施)'라 불리고, 부친이 두부를 파는 일을 돕곤 하였다. 오늘날 신꾸이향에는 여전히 하태의 무덤이 있지만, 그 진위는 알 수 없다.

하선고의 출생에 대해서 『역대신선통감(歷代神仙通鑑)』에서는 "하선고가 태어날 때 자줏빛 구름이 산실을 휘감았으며, 정수리에는 여섯 가닥의 머리카락이 있었다."라고 적혀 있다. 여기서 "여섯 가닥의 머리카락(六毫)"의 '호(毫)'는 실제로 머리카락 한 올 혹은 긴 머리카락이 아니라 '원광(圓光)'을 가리키는 것이다. 하선고가 태어났을 때 자줏빛 구름이 산실을 휘감았을 뿐 아니라 머리 위에 육도(六道)의 원광이 나타났다.

하선고가 득도한 과정에 대해 『속통고』에서는 "(하선고의) 나이 15세 때, 꿈속에 나타난 신인이 운모(雲母)가루를 먹으면 몸이 가벼워진다고 가르쳤다. 이에 운모가루를 먹고는, 시집가지 않을 것을 맹세하였다. 산 정상을 왕복하는 모습이 마치 나는 것과도 같았다. 매일 아침 집을 나서, 저녁에는 산에서 나는 과일들을 가지고 와 어머니에게 드렸다. 후에 벽곡(辟穀)을 이루었고, 말이 평범하지 않았다. 측천무후가 사람을 보내어 궁궐로 오도록 불렀으나 중간에서 하선고를 잃어버리게 되었다. 경룡(景龍) 년간에 백일하에 하늘로 날아 올라갔다."라고 적고 있다.

『집선전』에서는 그녀가 13세 때에 산에 들어가 약초를 캐다가 순양선사(純陽先師) 여동빈을 만나 복숭아 하나를 받고는 "이것을 다 먹으면 다른 날에 날아오르게 될 것이다."라는 말을 들었다고 한다. 이때부터 배고픔과 목마름이 없어졌고 인사(人事)의 길흉에 통달했으며, 후에 시해(尸解)가 되었다고 한다.

『독성잡지』에서는 "하선고가 들판에서 방목을 하던 중에 선인(仙人)이 준 대추를 얻어, 이것을 먹자 곡식을 먹지 않게 되고 능히 인사를 알 수 있게 되었다"고 말한다. 결국 하선고는 소녀시절에 여동빈 등의 선인들에게서 선도(仙桃) 혹은 선조(仙棗)를 얻어, 이로부터 인사와 길흉에 통달하여 알게 되고, 화복을 미리 알 수 있게 되었다.

하선고가 누구의 제자인지에 관해서는 다양한 견해가 있다. 명나라 진인석(陳仁錫, 1581~1636)의 『잠확유서(潛確類書)』에서는 "하선고가 여암(呂巖)의 제자가 되었다"고 말하고, 『동유기』 제10회와 20회에서는 "하선고가 이철괴와 남채화 두 사람의 제자가 되었다."고 말한다.

하선고가 사람들을 위하여 길흉을 점치고 화복을 예측한 대표적인 몇 가지 일이 있다. 송대 이창령(李昌齡, 937~1008)의 『악선록(樂善錄)』에는 "하선고가 속세에 있을 때, 주부(主簿) 한 명이 홀연히 하늘의 책을 얻게 되었으나, 글자를 알아볼 수 없었다. 하선고에게 묻자 하선고는 '하늘의 책은 방정하니, 주부가 금 10냥을 받으면 5년의 녹이 깎이리라.'라고 말하였다. 이는 하선고가 좋은 일을 한 사례로, 하늘의 명을 내세워 관리가 뇌물 받은 것을 경고한 것이다."라는 내용이 실려 있다.

『독성잡지』에는 "적무양(狄武襄)이 남쪽 농(儂)을 정벌하러 용저우로 떠나며 (하선고에게) 군사의 일에 관해 물었다. 이에 "공께서는 반드시 적을 보기도 전에 적이 패하여 도주할 것입니다."라고 대답하였다. (적무양이) 처음에는 그 말을 믿지 않았다. 그가 읍의 경계에 이르러 선봉이 적과 전투를 벌이자 적이 대패하여, 지고(智高)는 패주하여 대리국(大理國)으로 도망쳐 들어갔다. 그 말이 증명됨이 이와 같았다. 누각 안에 초상이 있어, 일찍이 그곳에 가서 보았다."라는 내용이 실려 있다.

여기서 적무양은 북송의 명장이자 추밀사(樞密使)인 적청(狄靑, 1008~1057)이다. 적무양이 광원주(廣源州)의 만족(蠻族)인 농지고(儂智高)를 정벌하여 크게 사로잡고 전승을 거둔 것은 역사적 사실이지만, 하선고에게 점을 청했는지는 알 수 없다. 그러나 누각 안에 있는 초상을 직접 본 것은, 하선고가 누각 안에 매우 존귀하게 모셔지고 있음을 뜻한다. 역사에서는 적무양이 병법을 잘 알아, 그 용병술이 신과 같았다고 말한다.

증청 하선고 사당(何仙姑廟)

증청현 안에 세워진 하선고의 사당을 제외하고는, 그녀의 고향인 샤오루에 하선고의 가묘(家廟)가 세워져 있다. 이 사당은 현재도 있으며, 대문의 양 측면에는 다음과 같은 대련이 적혀 있다.

천년의 자취는 단정(丹井)에 남아 있고,
백대(百代)의 의관(衣冠)은 옛 사당에 절하네.

여기서 "자취는 단정에 남아 있다"라는 내용과 관련이 있는 전설이 남아 있다. 전설에 따르면 하선고의 부모가 그녀의 혼처를 물색하고 아울러 길일을 골랐다고 한다. 하선고는 시집가기를 꺼려하여 곧바로 은밀하게 집 앞의 우물 속으로부터 신선이 되는 일을 묻고 떠나갔다. 떠날 때에 한 짝의 신발만을 신고, 다른 한 짝의 꽃신은 우물의 둔덕

위에 남겨 두었다.

음력 3월 7일은 하선고의 탄생일로, 이때 향리에서는 큰 가극을 벌이는데, 작은 것은 보름 동안이고 큰 것은 몇 개월 동안 지속된다고 한다. 고향 인근의 산에는 돌비늘인 운모(雲母)가 많이 나왔는데, 어느 날 꿈을 꾸어 신선이 운모 가루를 항상 먹으면 몸이 가벼워지면서 수명이 연장될 거라고 하자 꿈속의 계시대로 행하였다. 신체가 가벼워지면서 젊음을 유지했으며, 이러한 소식을 안 사람들이 운모 가루를 먹었지만, 일부 사람에게만 효력이 있을 뿐 대부분은 효력이 없었다고 한다.

전설에 의하면 서왕모(西王母)의 생일잔치 중에 그녀와 다른 신선들은 주위의 아름다운 경치와 천주(天酒)에 취하였다고 한다. 하선고는 측천무후의 부름을 받은 후 사라져버렸지만, 50년 뒤 그녀가 구름을 타고 떠다니는 것을 본 사람이 있다고 한다.

(8) 남채화(藍采和)

남채화(615~760)는 당나라 사람으로, 자는 백통(伯通)이다. 탕허고진(塘河古鎭) 석룡문(石龍門)에서 태어났고, 안후이성 평양(鳳陽)현 린화이관진(臨淮關鎭)에서 득도하여 신선이 되었다고 전해진다.

남채화에 대해 최초의 기록은 남당(南唐)의 심분(沈汾)이 지은 『속선전(續仙傳)』이다. 그밖에 북송 시기에 송대 이전의 설화를 집대성한 『태평광기(太平廣記)』와 육유(陸游, 1125~1210)가 지은 『남당서(南唐書)』 등에도 기록되어 있다. 대체적으로 당 말에서 오대 시기의 사람으로 기록되어 있다. 남채화라는 이름의 유래도 그가 노래를 부를 때 후렴처럼 화음을 맞추는 의미 없는 단어에서 비롯되었다. 그는 항상 답가

(踏歌)를 불렀는데, 이는 발로 박 자를 맞추며 부르는 노래이다. 그가 노래를 시작할 때면 항상 먼저 "답답가(踏踏歌) 남채화(藍 采和)"라고 외치다 보니, 당시 사 람들이 그를 '남채화'라고 불렀 다고 한다. 『동유기』에는 남채 화가 부른 답가가 들어 있고 현 재에도 남아 있다.

원대 작자 미상의 잡극 『한종리도탈남채화(漢鐘離度脫藍采和)』에 나 오는 남채화는 예명(藝名)이다. 진짜 이름은 허견(許堅)이다. 중국 전통 극에서는 여자 옷을 입고 남자의 목소리를 내는 모습으로 나타난다.

한편, 『남당서』 중에는 당나라 말기의 은둔했던 선비로 기록하고 있다. 『남당서』의 기록에 따르면, 여름에는 솜옷을 입거나 겨울에는 얼음과 눈 위에 누워 잠을 잤다고 한다. 그는 누더기 적삼을 걸치고 한쪽 발에만 신발을 신었고, 손으로 목판을 두들기며 시정에서 구걸 하였다고 한다. 술을 마실 때는 항상 꽃을 들고, 취하면 노래를 부른다 고 한다. 돈이 생기면 궁핍한 사람들에게 나눠주었다고 한다. 그리고 주루(酒樓)에서 퉁소 소리를 듣고 승천하였다고 전해지는데, 이때 땅 에는 신발, 의삼, 요대, 박판만 남겨 둔 채 학을 타고 날아갔다고 한다.

북송 때에 신선들의 회합에서 이철괴가 남채화를 석순산(石筍山)으 로 초대하여 팔선 중의 일원이 되었다고 한다. 남채화는 술을 아무리 많이 마셔도 취하지 않고, 양주기예(釀酒技藝)에 정통하여 스스로 술을 빚고 마셨다. 남채화는 중국 양주계(釀酒界)에서는 가장 권위 있는 사 람이라고 전해진다.

4. 불교와 민간신앙

불교는 후한 명제 7(64)년에 중국으로 들어왔다. 위진남북조(魏晉南北朝) 시기는 매우 혼란한 시기였는데, 이때 중국불교의 틀이 만들어졌다. 중국인으로서 최초의 고승으로 평가되는 도안(道安, 312~384, 혹은 314~385)이 출현하였다. 구마라집(鳩摩羅什, 344~413)이 중국에 들어오면서 중국불교는 사상적으로 크게 변하였다고 평가하고 있다. 또 보리달마(菩提達磨, ?~536) 대사가 남조 양나라 때 인도에서 광저우(廣州)로 왔다고 전해진다. 달마는 불조 석가모니의 정법안장(正法眼藏)과 열반묘심(涅槃妙心), 직지인심(直指人心), 견성성불(見性成佛)을 중국에 전하였다. 이로부터 중국 선종의 황금기를 열어 놓았다고 평가할 수 있다.

고대중국인들의 불교 신앙은 석굴을 통해서도 알 수 있다. 중국 4대 석굴이라 불리는 "산시성(山西省)의 운강석굴(雲崗石窟), 허난성의 용문석굴(龍門石窟), 간쑤성의 맥적산 석굴(麥積山石窟)과 막고굴(莫高窟)", 그리고 중국 최대 마애석굴인 충칭(重慶)의 대족석각(大足石刻)을 통해서도 알 수 있다.

1) 관음신앙(觀音信仰)

관음신앙은 관세음보살을 신앙 대상으로 삼는 불교신앙이자 보살신앙이다. 중국에서는 255년 『법화삼매경(法華三昧經)』이 최초로 한역된 이후 관세음보살과 관계된 많은 불교 경전이 번역되었다. 경전들이 세간에 널리 유포됨과 함께 관음신앙이 널리 퍼져갔다. 관음신앙의 근본 경전이라 할 수 있는 것은 『법화경』「보문품(普門品)」이다.

하서왕(河西王) 저거몽손(沮渠蒙遜, 368~433)이
미파륵(彌把勒) 보살의 권유에 의하여 〈보문품〉
을 외우고 나니, 질병이 나았다. 이후 공덕은 널
리 퍼지기 시작하였다.

관세음보살

중국에서는 관음보살이 여성이었지만 중국
의 대승경전 초기에는 남성 명사로 표기되었고,
그림과 조각에서도 남성으로 표현되기도 하였
다. 그러다가 당대부터 관음보살을 여성으로 묘
사하기 시작하였다.

중국에서는 토속신앙 전설 신화의 영향을 받
아 관음보살이 '여성화'된다. 대표적이 것이 '마
랑부관음(馬郎婦觀音)'이다. 마랑부(馬郎婦)는 '마랑의 아내'이다. 마랑
부관음은 '마랑의 아내인 관세음보살'이란 뜻이다. 그녀는 독경을 잘
하는 마씨 집에 시집갔고, 33관음에 편입되었다.

저장성 보타낙가산(普陀洛迦山)은 '관음성지'라 불린다. 보타산(普陀
山)과 낙가산(洛迦山)으로 이루어졌기 때
문에 붙여진 이름이지만, 보통 보타산으
로 알려져 있다. 당나라 때 일본 출신 혜
악(慧鍔) 스님이 보타산에 처음으로 관세
음보살상을 모셨다고 전해진다. 현재 남
해를 바라보는 높이 33미터 무게 70톤의
'남해관음상(南海觀音像)'이 세워져 있다.

보타산 남해관음상

2) 미타신앙(彌陀信仰)

미타신앙은 극락세계의 아미타불을 신
앙 대상으로 삼는 불교신앙이다. 한위(漢
魏, 한(漢)나라, 위(魏)나라) 사이에 미타신앙
이 중국으로 들어왔다. 이와 관련된 주요
경전이 『무량수경(無量壽經)』이다. 미타신
앙에서 숭배하는 신은 무량수불(無量壽佛)
이고 아미타불이다. 미타신앙은 신도들
에게 해탈하는 방법을 비교적 간편하게
알려준다. 단지 입으로 '아미타불(阿彌陀
佛)' 네 글자가 끊임없이 읊기만 하면 죽

아미타불

은 후에 왕생정토(往生淨土)[20] 할 수 있다는 것이다. 이것인 미타신앙이
많은 신도들을 얻을 수 있었던 이유이기도 하다. 수많은 정토 가운데
아미타불이 계신 곳을 미타정토(彌陀淨土)라고 한다.

동진(東晋) 시기에, 미타를 믿는 고승인 혜원(慧遠, 334~416)은 장시성
여산(廬山)에 있는 동림사(東林寺)에서 백련결사(白蓮結社)를 하고 미타
염불을 주로 하는 연종(蓮宗)을 창립하였다.[21] 390년 7월 28일 동림사
반야대의 아미타불상 앞에서 유유민(劉遺民) 등의 123명과 아미타불상
앞에서 "죽은 후에 함께 왕생미타정토(往生彌陀淨土, 왕생아미정토)"하기
로 하였다. 이것이 유명한 백련결사인데, 이는 곧 불교의 정토종(淨土

---

20) 불교에서 정토(淨土)란 부처나 보살(菩薩)이 머무는 곳을 말한다.

21) 123명 중 18명이 가장 정업을 잘 닦았다 하여 백련사십팔현(白蓮社十八賢)이라 칭송한다.
혜원의 주요사상은 염불결사였지만 그 염불은 반주삼매(般舟三昧)를 목표로 하였다. 혜원
의 사상 가운데는 관음신앙이 포함되어 있다. 대한민국의 전남 강진 땅에 있는 백련사(白
蓮社)의 사찰 이름도 여기에서 유래한다.

혜원 법사의 여산 동림사에서의 백련결사 이야기를 묘사한 그림

宗)의 시작이었다.

사령운(謝靈運)이 동림사에 있는 두 곳의 연못에 연꽃을 심어 혜원에 대해 공경을 표하였다. 그래서 혜원이 창립한 불교 집단이 '백련사(白蓮社)'라 불리고, 정토종은 백련종(白蓮宗)이라고도 불린다.

수나라 때 정토종은 여러 고승들에 의해 널리 알려졌다. 당나라 시기에 정토종은 민간으로 퍼졌다. 게다가 사대부들 사이에서도 매우 유행하였다.

북송 시기에 이르러 정토종은 널리 전파되었고, 사대부와 민간에서는 결사염불(結社念佛)의 풍속이 성행하였다. 예를 들어, 고승 본여(本如)는 재상 장득상(章得象)과 함께 백련사를 결성하였다. 송 인종(宋仁)은 '백련(白蓮)'이라는 편액(扁額)을 하사하였다.

1126년 정강지변(靖康之變)22)이 발생한 이후 북방은 혼란에 빠졌고, 많은 사람들이 남쪽으로 이주하였다. 이주민들은 의지할 만한 곳에 가입하길 원하였다. 이러한 사회적 배경 속에서 정토종 승려인 모자

---

22) 북송 정강(靖康) 연간에 금나라의 공격을 받아 수도인 카이펑(開封)이 함락되어 린안(臨安)으로 도읍을 옮기게 된 사건을 말한다. 이때 휘종(徽宗)과 흠종(欽宗) 및 수많은 왕족들이 포로로 끌려갔다.

원(茅子元)이 남송 샤오싱(紹興) 3(1133)년에 백련교(白蓮敎)를 창시하였다. 이는 정강지변이 발생한 지 7년이 지났을 때였다.

한편, 남북조시대에는 북방 지역에 의읍(義邑)이라는 것이 성행하였다. 의읍은 남북조 시기부터 수·당·오대(五代)에 이르는 재가불교신자(在家佛敎信者)가 조직한 신앙단체로서 시기에 따라서 읍회(邑會)·법사(法社)·사읍(社邑) 등으로도 호칭되었다. 구성원이 협동해서 공덕을 쌓아가는 구체적인 행위로서 조상(造像)·조사(造寺)·수사(修寺) 등의 사업을 하였다.

일반 사람들은 모두 읍자(邑子)가 되고 스님 한 분이 읍사(邑師)가 되어 그 마을을 다스려 갔다. 사람들은 내세왕생을 위해서 미타신앙을 주로 하였다.

당나라 중기에는 사읍이라는 명칭이 일반적이었다. 당나라 후반 이후 특히 사읍에 대해서는 돈황문서(敦煌文書)에서 처음으로 구체적인 조직과 사원의 관계가 밝혀졌다.

3) 지장신앙(地藏信仰)

중국 불교에서 지장은 관음, 문수(文殊), 보현(普賢)과 함께 4대 보살이라 일컬어진다. 지장의 "중생을 모두 구제하면 보리를 얻으리라(衆生度盡, 方證菩提); 지옥이 비지 않으면 성불하지 않을지니(地獄不空, 誓不成佛)"의 광대한 결의는 스스로의 희생정신으로 유명하다. '유명교주(幽冥敎主)'의 신분과 신비의 사후세계와 연계되어 있다. 이러한 이유로 지장신앙은 숭상을 받았고, 민중의 신앙생활 속에서 중요한 역할을 하였으며, 중국 사회에 중대한 영향을 주었다.

'지장(地藏)'은 산스크리트어 '크시티가르바(Kisitigarbha)'를 한문으로 번역한 말이다. '크시티가르바'란 '대지(大地)의 태(胎)' 또는 '자궁(子宮)'이란 뜻을 가지고 있다. 즉 "땅을 감싸고 있는 보살"이란 뜻이다. 그래서 지장보살은 바로 '땅의 보살'이며 '대지(大地)의 보살'이다. 대지가 가진 덕성을 일곱 가지로 설명하고 있는데 이것을 '칠지의(七地義)'라고 한다. 칠지의는 지장보살의 위덕을 대지가 가진 위덕에 비유해서 설명하고 있다.

지장보살이 중국에 전래된 시기에 대해서는 명확하지 않다. 이러한 이유 때문에 아직까지 일치된 의견은 없다. 예를 들면, 어떤 학자는 당대의 『석가방지(釋家方志)』에 말하는 "진(晋), 송(宋), 양(梁), 진(陳), 위(魏), 연(燕), 진(秦), 조(趙) 때부터 나라가 16개로 나뉘어졌는데, 4백년이 지나 관음(觀音), 지장(地藏), 미륵(彌勒), 미타(彌陀), 염송(念誦)이라 이름으로 칭하고, 구하고자 하는 사람을 얻어 이루 다 적을 수 없었다"라는 내용을 근거로 하여, 지장신앙은 3세기 후반에 이미 중국에 전래되었던 것으로 여긴다.

다른 사람은 지장신앙의 『금강삼매경(金剛三昧經)』이 번역되어 소개되는 시대 및 번역자에 대해 추정하였을 때, 지장신앙이 중국에 생겨난 시기는 요진(姚秦)시대(384~417)[23]부터 시작되었다고 여긴다.

한편, 중국에서 지장보살 성지는 구화산이다. 중국 4대 성지 중의 하나이다. 김동리의 소설 『등신불』의 모티브가 되기도 하였다. 지장보살 설명문에 "신라왕자 김교각(金喬覺)은 당(唐) 때 구화산(九華山)으로 가 수행을 하였다."라고 되어 있다. 그리고 "99세라는 고령의 나이에 그곳에서 입적하였다. 김교각은 지장보살의 화신으로 여겨지며, 일반적으로 김교각의 음력 7월 30일을 지장보살의 탄생일로 본다."라

---

23) 요흥(姚興)이 건국한 진나라이기에 요진(姚秦)이라 한다.

되어 있다. 김교각 스님의 탄생일이 음력 7월 30일이기 때문에 이날을 기려 지장보살 탄생으로 기념하고 있다.

『대승대집지장십륜경』과 『지장보살본원경』을 중심으로 한 지장신앙이 대중적인 신앙으로 널리 신봉되기 시작한 곳은 바로 중국이다. 지장신앙이 발전할 당시 중국에서는 극심한 불교 탄압이 진행되고 있었다. 이에 따라 부처님의 법이 멸할지도 모른다는 법멸(法滅)의 위기의식 속에서 말법(末法)사상24)이 퍼져나갔다.

말법사상과 함께 지옥에 대한 두려움으로 인해 지장신앙은 재래의 명부시왕(冥府十王)25) 신앙과 습합하여 민간 대중신앙으로 널리 신봉되기 시작하였다. 명부시왕 신앙은 모든 중생이 선으로 돌려지기를 바라는 중생교화의 상징적 신앙으로 볼 수 있다.

지장보살의 도상 특징은 화려한 보관(寶冠) 대신 삭발한 스님의 머리를 하거나 때로는 두건을 쓰기도 한다.

지장보살은 부처님이 계시지 않는 '무불(無佛)시대26)의 교주'로 인식되고 있었다. 중국 역사상 불교를 억압한 4명의 황제가 있다, '삼무일종(三武一宗)', 즉 북위(北魏) 태무제(太武帝),27) 북주(北周) 무제(武帝),28) 당

---

24) 불교의 시간관 가운데 삼시(三時)사상이라는 것이 있다. 부처님이 입멸하신 후 정법(正法), 상법(像法), 말법(末法)시대로 흘러가면서 점차 정법이 쇠퇴해 간다는 사상이다. 이 가운데 말법시대란 부처님의 가르침은 존재하지만 이에 따라 수행하는 자도 없고 또 깨달음을 이루는 자도 없는 시대를 말한다. 이러한 말법사상은 시간이 지남에 따라 불법이 점점 쇠퇴해서 마침내 법이 없는 암흑기에 들어간다고 본다.

25) 명부전(冥府殿)이란 지옥에서 고통받는 중생을 구제해주는 지장보살을 명부(冥府), 즉 저승의 주존(主尊)으로 모신 것이다. 명부 세계의 재판을 담당하는 왕과 함께 봉안하면 명부전, 시왕전(十王殿)이라 한다.

26) 여기서 말하는 무불시대란 부처님의 가르침이 점차 없어져 가는 말법시대라는 인식을 낳았다. 그래서 지장삼부경의 내용에서도 말법의식이 바탕에 깔려 있다.

27) 438년, 북위의 태무제 탁발도(拓跋燾)는 조서를 내려 50세 이하의 승려를 환속시켜 병력 문제를 해결했고, 444년에 또다시 조서를 내렸다. "가짜 서쪽 오랑캐가 황당무계하여 요사스러운 짓을 일으킨다"는 이유로 승려를 쫓아냈다. 446년, 최호(崔浩)가 진언을 올려

나라 무종(武宗)[29]과 후주(後周) 세종(世宗)[30]이다.

4) 나한신앙(羅漢信仰)

'나한(羅漢)'은 '아라한(阿羅漢)'의 줄임말이다. 아라한은 범어 아르한 (arhan)의 음역이다. 아라한을 응공 (應供)이라고 한다. 이는 '공양 받을 자격이 있는 사람', '존경 받을 만한 사람'을 의미한다. 이외 살적(殺賊)·불생(不生)·응진(應眞)·진인(眞人)·성자(聖子) 등으로 의역한다. '최고

나한신앙

의 경지에 도달한 성자' '번뇌를 끊고 불생(不生)의 경지에 도달한 성자' '진리에 상응하는 이'로 모두 "최고의 깨달음을 얻은 사람"이라는 뜻이다.

처음에 아라한은 부처님을 가리키는 명칭이었다. 부처님을 부르는

승려를 모두 죽이고, 불경과 불상을 불태우라고 하였다. 탁발도는 조서를 내려 불상과 불경을 불태우고, 사원을 허물고, 승려를 생매장하였다.

28) 건덕(建德) 3(574)년, 북주의 무제는 불교와 도교 두 종교를 금지하는 조서를 내려 경서와 조각상을 모두 파괴하고, 승려와 도사를 폐지해 백성으로 환속하게 하였다.

29) 당나라 회창(會昌) 5(845)년 8월, 무종 이염(李炎)은 많은 절을 파괴했고, 조서를 내려 사원 4,600여 개, 작은 절 4만여 개를 허물게 했으며, 대량의 불경을 불태우고, 불상을 녹여 돈을 찍고, 승려와 비구니 26만여 명을 강제로 환속시켰다. 외국에서 온 인도와 일본 승려도 화를 피할 수 없었다. 역사는 이를 '회창멸불'이라 칭한다.

30) 955년, 후주의 세종 시영(柴榮)은 조서를 내려 마음대로 출가하는 것을 금지했으며, 황제가 내린 글이 있는 사원 외에는 각 현(縣)에 하나의 절만 남기고 나머지는 모두 파괴하였다. 전국의 절 3만 360곳을 철거하고, 불상을 부수어 돈을 찍고, 약 백만 명의 승려와 비구니를 강제 환속시켰다.

'열 가지 명칭(十號)' 중의 하나가 '응공', 즉 아라한인 것을 볼 때도 아라한은 부처님에 대한 별칭이었다. 그 뒤 부처님과 아라한이 구별돼, 부처님의 제자가 도달하는 최고 깨달음의 경지를 의미하게 됐다.

나한은 중국으로 건너가면서 신앙의 대상으로 바뀌었다. 나한은 그 수가 16, 18, 500, 1200 등 다양하지만 보통 16나한과 500나한을 말한다. 16나한 신앙은 당 현장 스님이 645년에 번역한『대아나한난제밀다라소설법주기(大阿羅漢難提蜜多羅所說法住記)』에 기초한다.『법주기』는 부처님 열반 후 800년 경에 난제밀다라(難提蜜多羅) 아라한이 쓴 것이라고 한다.[31]

중국 식당에 16나한 중에서 첫머리에 들어가는 빈두로(賓頭盧) 존자상을 모셔놓은 곳이 많다. 빈두로에게는 음식과 관련된 이야기가 많다. 빈두로는 한 재상의 아들로 태어난 미남자였다. 총명하고 지혜가 있으며 박식한 학문으로 널리 알려져 있다. 또한 인자하고 사랑을 많이 베풀어 이웃의 아픔과 고통도 구원해주었다. 그는 십선(十善)을 수행하고 삼보(三寶)를 믿

빈두로 존자

으며 출가하여 마침내 아라한과(Arahanthood, 아라한뜨후드)를 얻었다.

『십송률(十誦律)』에는 한 거사가 그에게 밥을 가득 내밀었더니 얼른 다 먹었다는 내용이 나온다. 그를 식탐가로 묘사하는 이유는 음식에

---

31)『법주기』에 따르면 석가모니 부처님은 16인의 나한에게 불멸(佛滅) 이후에도 영원히 이 세상에 머물며 각지에서 불법을 수호하며 중생을 제도하라는 부촉을 내린다. 이들은 모두 3명(三明), 6통(六通), 8해탈(八解脫)의 무량한 공덕을 갖추고 있어서 삼계의 오탁(五濁)에 물들지 않는다.

대한 욕심을 버리라는 경책으로 보인다. 이처럼 중국 한국 등에서 음식과 관련된 나한은 대개 빈두로 존자다. 그의 외모는 백발에 눈썹이 길다.[32]

5) 미륵신앙(彌勒信仰)

1세기 경 중국에 불교가 들어온 후 미륵신도(彌勒信徒)가 생겨났다. 동진(東晉) 시기에 불교학자 도안(道安)의 인도 하에, 미륵신앙이 민간에 신속하게 전파되었다. 남조 시기에는 더욱더 많이 보급되었다.

동일한 시기에 북방 지역에는 소수민족 정권이 출현하였는데, 중원문화에 대한 적대감이 나타났다. 하지만 미륵이라는 다른 민족의 신앙에 대해서는 우호적이었다. 북조 시기에 미륵신앙은 북방 지역에서 매우 유행하였다.

오대 후량(後梁)의 고승인 포대 화상은 탁발한 물건을 아이들에게 나눠주기도 하고 길흉

포대화상을 본뜬 미륵불상

화복을 예견하였다. 포대화상이 입적한 뒤 사람들은 '미륵불의 화신'

---

32) 한국에서는 삼성각(三聖閣)은 칠성(七星)과 산신(山神), 독성(獨聖, 나반존자) 등 삼성(三 聖) 세 분을 한 곳에 모셔놓았다. 이들을 따로 모셨을 때는 칠성각, 산신각, 독성각이라 부른다. 삼성각에 모시는 나반존자가 빈두로 존자라는 설이 많다.

이라 여겼다. 고대 중국인들은 포대화상의 생전모습을 본뜬 미륵불상을 만들어 모셨다.

5. 불교와 도교의 상호 습합(習合)

1) 포대화상(布袋和尙)

포대화상은 오대 후량의 고승인 계차(契此) 스님이다. 때로는 당말 선승이라고도 한다. 중국 자료에서는 당나라 말 오대 승려라고 소개하고 있다. 늘 커다란 포대자루를 메고 다니며 기행을 일삼아 아이들은 '포대화상'이라 부르며 그 뒤를 따라

포대화상

다녔다. 당시의 사람들은 '장정자(長汀子)' 또는 '포대사'라 불렀다.

포대화상은 몸이 비만하고 눈썹이 길며 배가 불룩 튀어나왔다. 커다란 배를 드러낸 채 웃고 있는 모습인데, 일정한 거처가 없고, 항상 긴 막대기에 포대 하나를 걸치고 다니며 동냥을 한다. 어떤 때에는 어려운 중생을 돌봐주기도 했다.

당나라 말 오대 시기는 전란으로 인해 중생들의 삶은 파괴되었고 거리에는 부모를 잃은 고아들과 굶주린 사람들로 넘쳐났다. 포대화상은 여러 곳을 다니면서 탁발한 물건을 포대에 담아 배고픈 이들에게 나눠주고 꿈과 희망을 잃지 않도록 격려와 용기를 주었다.

중생의 모든 고통을 함께 아파하고 웃음을 주는 포대화상을 표현해, 북경의 담자사(潭柘寺) 천왕전(天王殿)의 주련에 "천하에 포용하기 어려운 일도 커다란 배로는 능히 담는다네. 늘 크게 웃으니 세상의 웃을 수 있는 이들을 모두 웃게 하네."라고 적혀 있다.

포대화상은 중국의 대표적인 재신(財神)으로 좌정되었는데, 사람들은 기도하면 재물 복이 생긴다고 여기는가 하면, 그의 배를 쓰다듬으면 병이 낫고 재앙이 없어진다는 믿음도 생겨났다. 넉넉한 모습과 포대를 이고 다니는 데서 재물과 연결시켰다.

저장성 닝뽀(寧波)시 평화구(奉化區) 씨커우진(溪口鎭) 서북에 위치하고 있는 설두산(雪竇山)은 중국 5대 불교 명산의 하나로 미륵도량(彌勒道場)이다. 설두산에 있는 설두사(雪竇寺)는 진(晉)대에 창건된 사찰로, 미륵보전에는 포대화상이 있는데, 포대화상을 중심으로 좌우에 관우와 위태천(韋馱天)33)이 있다.

'포대화상전설'은 2011년에 국가급비물질문화유산 대표성 항목명록에 선정되었다. 『경덕전등록(景德傳燈錄)』에 나오는 전설에는 눈 속에 누워 있어도 포대의 몸 위에는 눈이 쌓이지 않았다고 한다. 또

---

33) 위태천을 옛 인도인들은 카르티케야(Karttikeya)라고 불렀다. 이 이름은 산스크리트어로 "크리티카(Kṛttika)에 의해 낳은 자"라는 의미를 갖는다. 위태천의 형상이 인도에서 때로 6개의 머리와 12개의 팔로 그려진다. 위태천의 모습은 여전히 운강석굴 등에서도 볼 수 있다. 동진보살(童眞菩薩)이라고도 부른다. 위태천은 남방증장천왕의 8장군 중의 한 명이자 32장군의 우두머리이다. 부처님의 뜻을 받들어 출가자를 보호하고 불법을 수호하는 임무를 띠었다. 남송 이후 사경(경전)을 수호하는 천신으로 나오고, 원·명대에는 천왕전에 반드시 모셔졌다.

사람의 길흉을 알아맞혔다는 등의 유형의 일화도 전해진다.

2) 허원패(許願牌)

중국에 가면 나무판이나 붉
은색 천에 소원을 적은 허원패
를 볼 수 있다. 허원패란 소원을
들어줄 법한 대상을 향해 나무
판이나 붉은색 천에 바라는 내
용을 써서 걸어두는 표식이다.

허원패

장시성 용호산(龍虎山) 아랫마
을 입구에 있는 노거수(老巨樹)에는 붉은 허원패가 항상 매달려 있다.
용호산은 '도교의 본산'이라 불린다. '남장북공(南張北孔)'이라 하여
"남쪽엔 장천사(張天師), 북쪽엔 공자"라는 말이 있다. 용호산에서 후
한 장도릉(張道陵)이 노장사상을 종교로 개혁하였다. 장도릉과 후손들
이 일으킨 도교는 '민간신앙을 토대로, 불교를 모델삼아' 점차적으로
중국인들의 토착 종교가 되었다. 사람들은 불교의 사찰과 승단을 본
딴 도교사원 도관(道觀)과 사제단을 만들었다.

중국에서는 도교사원과 불교사원이 잘 구분되지 않는다. 건축양식
이 유사한 데다 도교사원에 관음보살과 미륵불 등 불보살(佛菩薩)을
모시고, 불교사찰에도 관우와 칠성신 같은 도교 신을 모시고 있기
때문이다.

3) 승관(昇棺)과 승관(升官)

용호산이 위치하고 있는 강 가의 암벽에는 수많은 동굴이 뚫려 있다. 이 지역에 살았던 고대 사람들은 동굴에 관을 모셔 놓은 애묘(崖墓) 풍습을 갖고 있었다. 오늘날 이곳에서는 전통 장례를 재현하는 공연을 펼친

다. 이러한 공연의 이름은 '승관발재(升官發財)'이다.

배에 관을 싣고 와서 밧줄로 엮은 다음, 도르래로 끌어올려 높은 암벽동굴에 안장하는 모습을 보여준다. 이러한 풍습을 '관(棺)을 올린다(昇)'고 하여 '승관'이라 부른다. 그런데 이 행위가 높은 벼슬을 얻는다는 상징성을 지니고 있다. 그래서 승관 공연을 보면 관직에 오르거나 부자가 된다고 사람들은 믿고 있다. 관을 올리는 '승관(昇棺)'과 벼슬이 높아지는 '승관(升官)'의 발음이 같기 때문이다. 이 지역의 고대 장례풍습인 애묘는 시신의 훼손을 막고 오래 보존하기 위한 풍습이지만, 하늘과 조금이라도 가깝기를 바라는 사람들의 마음을 담고 있다.

6. 신화전설과 민간신앙

1) 간쑤성 톈수이(天水) 복희 사당(伏羲廟)

복희 사당은 '삼황'에 속하는 복희를 모신 사당으로, '인조묘' 또는 '태호궁'이라고도 한다. 톈수이는 복희가 나서 자란 고장이다.

원나라를 세운 몽골족은 한 족 등을 통치하기 위한 수단으로 1299(대덕 3)년 각지에 삼황묘를 건설하라는 명령을 내렸다. 이 사당도 그 무렵에 조성되었다. 명나라 때인 1490년 낡은 사당을 보수한 뒤 명칭을 '복희

간쑤성 톈수이 복희 사당

묘'라고 바꾸었으며, 1524(가정 3)년에 증축하였다.

남향으로 지어진 복희 사당은 1만여m²에 패방·정문·문조전·의문·태극전·선천전 등의 건물이 남쪽에서 북쪽으로 중축선에 차례로 분포한다. 중축선 양측에는 조방·비방·낙정·낭무 등이 있다.

맨앞에 위치한 패방은 3칸으로, 한가운데 '개천명도(開天明道)'라는 네 글자가 쓰여 있다. 정문은 폭이 5칸, 안 길이는 2칸, 총길이는 17.6m다. 중축선의 맨 끝에 있는 선천전은 폭이 5칸, 안 길이는 4칸, 총길이 14.9m이며, 신농씨에게 제사를 올리는 곳이다.

복희씨의 사당은 톈수이에만 있는 것은 아니다. 복희씨가 처음으로 근거했던 곳이 톈수이라

고 알려져 있어서 사당도 텐수이에 있는 것이다.

『역경』에는 복희가 팔괘(八卦)를 처음 만들고, 그물을 발명하여 어획·수렵의 방법을 가르쳤다는 기록이 있다.

중국 민간에서는 나무에 붙어 있는 붉은색 종이 사람에 불로 일부분을 지지는 풍습이 있다. 즉 뜸을 뜨고 있는 것이다. 이 풍습은 지인구병(紙人灸病)이라고 하며 이곳 복희 사당에서만 유일하게 볼 수 있다. 사람 종이에 뜸을 떠서 병을 치료한다는 것이다.

사람들은 향을 피우고 종이 인형에 자신이 아픈 곳에 뜸을 뜬다. 불기운이 남아 있는 향 끝으로 종이의 아픈 부분을 지진다. 이를 통해 몸에 아픈 부분이 치료된다는 풍습이다.

지인구병

초창기에는 사람들이 손수 집에서 종이 사람을 만들어 왔다. 크기가 모두 다르고 관리하기가 어려워지면서 복희 사당에서 통일적으로 만들어서 1위안에 판다. 방문자는 사람 종이를 나무에 붙이고 불편한 부분을 향 끝으로 지지면서 몸이 회복되기를 기도한다.

이곳에 '지인구병'으로 유명해진 이유는 삼황에서 으뜸가는 복희를 모신 곳이기 때문이다. 원시시대에 질병에 걸린 사람이 불을 가까이 하자 증상이 사라지거나 약해지는 것을 경험한 데서 뜸이 생겨났다. 즉 뜸은 복희와 관계가 있는 것이다. 『황제내경(黃帝內經)』에는 침과 함께 질병을 치료하는 선행 요법으로 뜸의 중요성이 나와 있다.

2) 서왕모(西王母)

곤륜산(상상 속의 산)에 살고
있는 서왕모는 모든 신들의 어
머니로 최고의 여신이다. 서왕
모는 인간들에게 불로불사를
주는 여신으로서 절대적인 인

기를 누렸다. 서왕모는 30세 정도의 절세 미녀로 결코 나이를 먹지
않는다고 한다. 서왕모가 장수와 길상의 신으로 여겨지는 것은 '불사
약'을 갖고 있을 뿐만 아니라 반도원(蟠桃園)의 복숭아를 먹으면 불로
장생한다는 신비의 선도 복숭아를 관리하고 있기 때문이다.

서왕모는 크게 틀어 올린 머리에 '화승(華勝)'이라는 관을 쓰고, 호화
로운 비단옷을 입고 있다. 곤륜산에 있는 서왕모의 궁전은 사방이
1천 리에 달할 만큼 넓으며, 황금을 비롯한 각종 보석으로 치장된
건물이 늘어서 있다.

서왕모가 관리한다는 선도 복숭아는 천상에 없는 것이었다.『현중
기』등에 따르면 동남쪽에 도도산(桃都山)이 있는데, 산 위에는 거대한
복숭아나무가 있어 얼마나 큰지 밑둥부터 가지까지가 삼천리라고 전
해지고 있다.

3) 천선낭랑(天仙娘娘)

중국 신화에서 태산을 다스리는 '여신' 혹은 '여선(女仙)', '벽하원군
(碧霞元君, 푸른 안개의 여선녀)', '천선옥녀(天仙玉女)'라고도 부르며, 한국
에서는 '태산낭랑(泰山娘娘)', '태산할미'라고도 부른다. 천선낭랑의 정

식 명칭은 '천선성모벽하원군(天仙聖母碧霞元君)'이며, 동악대제(東岳大帝)의 딸이다.

천선낭랑이 아버지인 태산부군을 뛰어넘는 인기를 누린 것에는, 인간의 수명을 관장하는 태산부군이 길흉화복 모두를 담당하는 엄하고 무서운 인상인 것에 비해 천선낭랑은 화를 쫓고 복을 불러들이는, 사람에게 이로운 면을 부각한 것이 이유라고 추측되고 있다.

천선낭랑은 중국 고유의 여신 신앙인 낭랑 신앙에 속한다. 낭랑은 도교 여신의 총칭이다.

여성들의 일반적인 일을 담당하는 낭랑에는 여러 종류가 있다. 서왕모의 왕모낭랑, 벽하원군의 태산낭랑, 천비의 천후낭랑이다. 그 외에 자식을 주는 송자낭랑, 자손을 번영하게 하는 자손낭랑, 천연두를 고쳐주는 두진낭랑, 출산을 촉진시켜 주는 최생낭랑, 눈병을 고쳐주는 안광낭랑, 모유를 잘 나오게 해주는 유모낭랑(乳母娘娘) 등이 있다.

천선낭랑은 산악 신앙과 결부되어 태어났다고 여겨지는 여신이다. 화북 지방에서는 서왕모를 능가하는 것으로 대우받고 있으며, 마조낭랑과 함께 낭랑신 가운데에서 가장 높은 지위를 차지하고 있다.

천선낭랑의 유래에 대해서는 여러 설이 있다. 첫 번째는, 태산(泰山)의 신인 동악대제(東岳大帝)의 딸 옥녀대선(玉女大仙)이라는 것이다. 사람들은 옥녀대선의 석상을 만들어 옥녀지(玉女池) 주변에 세워두었는데, 언젠가 갑자기 사라지고 말았다. 그러다가 송 진종(眞宗, 968~1022)이 태산을 찾았을 때, 돌연 옥녀지의 샘이 솟아올랐다. 이를 이상하게 생각한 사람들이 연못의 물을 빼보니 사라졌던 옥녀의 석상이 다시 모습을 드러냈다. 그래서 사람들은 석상을 대리석상으로 다시 만들고, 그곳에 화려한 사당을 지었다. 명대에 들어오면서 아버지인 동악대제를 능가하는 인기를 끌게 되었다고 한다.

두 번째 설은, 후한의 명제(明帝, 28~75) 시대에 석수도(石守道)라는 사람의 딸 옥엽(玉葉)으로 태어났다는 것이다. 그녀는 어릴 때부터 매우 총명했는데, 일곱 살에는 서왕모만큼이나 뛰어난 영(靈) 능력자로서의 재능을 보여주었다고 한다. 그 후 산 속에 은거하면서 수행을 한 후에 천공산(天空山=태산)의 황화동(黃花洞)에 들어가 벽하원군이라는 여신이 되었다고 한다.

그 밖에도 서곤진인(西崑眞人)이라는 신선이 신이 되었다는 설, 산둥에서 태어난 노내내(老奶奶)라 불리는 여성이 신이 되었다는 설, 관음보살이 현신(現身)하여 변신하였다는 설 등이 있다.

7. 역사 인물과 민간신앙

1) 관우사당(關廟, 관묘)

삼국시대 촉나라 장수 관우는 도교와 민간에서는 물론, 불교에서도 그 지위가 매우 높다. 중국에는 관우를 호법신으로 모신 사찰이 많다.

청나라 말에는 "관우 사당이 중국에 펼쳐져 있어 그에게 향을 올리지 않는 곳이 없다"는 기록이 있는데, 이처럼 관우 사당이 수만에 이르러 공자의 문묘 수를 압도하였다. 관우가 중국에서 기복신앙의 상징이 된 이유는 관우가 유불도(儒佛道) 그리고 인귀신(人鬼神)의 삼계에서 모두 지고무상한 신 중 하나로 모셔지게 되었기 때문이다. 그리고 관우의 덕목인 '충효와 의리'는 역대 봉건제왕들이 통치를 강화하는 데 적합하였고, 신의를 중시하는 상인들 또한 관우의 상징을 높이 사서 영험한 수호신으로 받들어왔다.

민간에서는 관우의 생일을 기념하면서, 이날 관우가 칼 한 자루만 들고 적장의 초대연에 갔다고 하여 집집마다 칼과 도마 사용이 금기 시되는 풍습도 생겨났다.

중국 사람들은 관우를 재신으로 여겼는데, 이른바 재신관공(財神關公)이다. 청나라 중엽부터 관우는 여러 업종의 보호신으로 모셔지게 되었다. 즉 기복신앙의 원천으로 인식되기 시작한 것이다. 예를 들면, 두부업계는, 관우가 일찍이 젊었을 때 두부 판매를 하였다는 이유로, 관우를 보호신으로 모셨고, 철장인은 관우가 일찍이 철장인으로 일한 적이 있다고 하여 보호신으로 모셨다.

향초나 등으로 장사하는 사람들도 관우가 촛불을 켜고 밤새워 춘추를 읽었다는 이유로 보호신으로 모셨으며, 그 외에 이발, 도살, 칼/가위 점포 등에서도 이들이 사용하는 도구가 칼(刀)인데, 관우의 병기가 바로 '청룡언월도(靑龍偃月刀)'이기 때문에 보호신으로 모셨다고 한다. 즉 관우가 기복을 주는 보호신이 된 이유는 다양하다. 다만, 유일하게 같은 점이라면, 그들은 관우가 그들에게 재물과 부를 가져다 줄 것이라고 신앙이 있었다는 것이다.

관우의 동향인 산시(山西) 사람들에게서도 이유를 찾을 수 있다. 청나라 당시, 산시상인(山西商人, 晉商)은 가장 부유한 상인집단이었다고 한다. 산시상인은 고향의 영웅인 관우를 고향을 떠나 외지로 갈 때의 '보호신'으로 삼았다고 한다.

전국에 흩어져 있던 산시 상인들의 산시회관(山西會館) 혹은 산시회관(山陜會館)은 산시상인들이 사업을 논의하는 곳인데, 그 안에 반드시 있어야 할 건물의 하나가 '관우사당(關廟)'이었다. 즉, 관우는 산시

상인들에게 사업을 평안하게 하도록 보호를 하였다. 산시상인들이 관우를 모시는 이유는 신의를 지키는 직업 도덕 때문이다.

산시회관

청나라 건륭제 때, 상인들이 공동으로 제정한 업계규정이 보존된 비석의 비문에 따르면, 고객을 속인 행위는 처벌이 가장 엄중하였다. 그런데 처벌방식은 바로 '벌희(罰戲)'이다. 즉 사기행위를 저지른 것으로 인정된 상인은 돈을 내서 극단을 불러서 연출해야 하는 것이다. 관묘의 건너편이 바로 희대(戲臺, 공연을 하던 곳)였다. 이런 처벌은 상인들이 고객들의 환심을 사는 데 매우 뛰어난 방식이었다. 공연으로 고객을 끌어 모으고, 산시 상인들의 회관은 사람들이 많이 오가는 번성한 시장으로 변모하였다.

산시상인들의 발자취는 중국 각지로 퍼져 갔고, 중국 각지마다 적어도 하나의 산시 사람들의 회관, 하나의 관제묘, 하나의 희대가 있게 되었다.

산시상인들이 상업상의 성공을 이루자 각지의 상인들은 모두 관우가 영험이 있는 재물신 혹은 보호신이라고 믿게 되었다. 그리하여 나중에 시장의 모든 업종에서, 대부분 관우를 보호신으로 모시게 된 것이다.

청나라 중엽 이후, 역대 황제들의 관우에 대한 숭상은 최고조에 달하였다. 청나라 건륭 33년, 관우는 "충의신무영우관성대제(忠義神武靈佑關聖大帝)"라는 10글자로 된 봉호를 받았다. 이후 100여 년 동안 역대 황제들이 계속 봉호를 추가하였는데, 광서5년에 마지막 봉호

추가가 시행되었다. 그리하여 그의 봉호는 아주 번잡하면서도 긴 28 글자가 되었다. 즉 "충의신무영우인용현위호국보민정성수정익찬선덕관성대제(忠義神武靈佑仁勇顯威護國保民精誠綏靖翊贊宣德關聖大帝)"가 된 것이다.

2) 악비사당(岳廟, 악묘)

남송의 영웅이라 불리는 악비(岳飛, 1103~1141)를 모신 사당이 '악비사당(岳飛廟)'이다. '악왕묘(岳王廟)', '악묘'라고도 부른다. 악비는 남송 시대에 금나라 여진족의 침입에 항거한 명장이나, 1142년 정적인 진회(秦檜, 1090~1155)의 모함을 받아 죽임을 당했다.

서호(西湖) 북서쪽의 서하령(栖霞岭) 남산 기슭에 있는 악묘는 1221년 창건된 사당으로 악비가 모셔져 있다. 악묘 내부에는 악비를 기리는 기념관과 가묘가 조성되어 있다. 악비 묘 앞에 진회 부부가 상반신이 벌거벗겨진 모습으로, 두 손을 뒤로 포박당한 채 무릎을 꿇고 있는 조각상이 있다. 또 진회를 비롯한 4명(진회, 그의 부인 王氏, 萬俟卨, 張俊)의 매국노상이 있는데, 대부분의 중국인들이 지나가면서 여기에 침을 뱉는다. 남송 효종(孝宗)은 악비의 충심을 기려 '무목(武穆)'이라는 시호를 추서하였다. 1914년 이후, 악비묘는 관우와 함께 무묘(武廟)에 합사(合祀)되었다.

중국의 음식인 여우타오(油條)의 유래를 보면, 진회와 관련이 있다. 매국노 진회에 대한 증오심을 담아 악비가 살해된 린안

여우타오

(臨安, 항저우)의 한 가게에서 밀가루를 반죽하여 진회 부부의 모양을 본뜨고 붙여서, 부부의 목을 비틀어 팔팔 끓는 기름 솥에 던져 튀긴 데서 유래하였다고 한다. 이후 풍파정(風波亭) 부근 가게 주인들이 팔기 시작하였다. 처음 만들어졌을 때 당시에는 문자 그대로 진회를 튀겨먹는다고 해서 '유작회(油炸檜, 여우자쿠이)'라는 이름으로 불렸다.[34] 하지만 병사들의 눈을 피하기 위해 귀신을 튀겼다는 뜻으로 '유작귀(油炸鬼, 여우자꾸이)'라 부르기도 하였다. 이후에는 진회가 '유작귀'라는 별명으로 불렸다고 한다. 지금도 중국인은 간사하고 나쁘다는 것을 종종 '진회와 같다'는 표현을 쓴다.

3) 청수조사묘(淸水朝師廟, 청수조사 사당)

청수조사[35]는 남송 말 승려이자 원나라에 대항해 싸운 민족 영웅인 진소응(陳昭應)을 일컫는다. 송 신종(神宗) 원풍(元豊) 6년에 청계(淸溪, 푸젠성 安溪)의 용춘(永春) 일대에 큰 한발이 들었다. 지역 사람들은 진소응을 청하여 기우제를 열게 하였다. 기우제를 열자마자 비가 내렸다고 한다. 이로 인하여 진소응을 '청수조사(淸水祖師)라 부르기 시작하였다.[36]

---

34) 사람들은 '회(檜)'라는 글자를 꺼려, 이름을 지을 때에 '회(檜)'를 사용하지 않는다고 한다.

35) 청수조사는 '마장상인(麻章上人)'이라 불리는데, 지역에 따라 달리 불린다. 민난(閩南) 일대에서는 '오면조사(烏面祖師)', 대만에서는 '조사공(祖師公)', '조사야(祖師爺)'라 부른다. 별칭으로는 '삼대조사(三代祖師)', '봉래조사(蓬萊祖師)', '현응조사(顯應祖師)', '조응조사(照應祖師)', '휘응조사(輝應祖師)', '보암조사(普庵祖師)'가 있다.

청나라 건륭 34년인 1767년에 건설되기 시작한 샨샤(三峽)의 청수조
사묘는 진소응을 모신 사원으로, 중국 전역에 약 100여 개가 있다.
이곳은 3차례의 재건축 역사를 가지고 있는데 최초에 지어진 사원은
지진으로 인해 붕괴되었다. 다시 지어진 사원은 시모노세키 조약으로
인해 일본인들이 들어오게 되자 싼샤의 주민들이 청수조사묘가 일본
에게 넘어가는 것을 원하지 않아 스스로 사원을 불태웠다. 지금의
사원은 세 번째 지어진 것으로 1947년 예술가 리메이수(李梅樹)의 설계
로 건축되었다.

청수조사묘는 일반적인 사당에는 볼 수 없는 아름다운 조각이 많이
있다. 특히 156개에 달하는 기둥 조각은 청수조사묘에서만 볼 수 있는
것이다. 이곳에서는 음력 1월 6일이 되면 성대한 축제가 열린다.

8. 풍속과 민간신앙

1) 세화(歲畵)

세화는 연화(年畵, new year paintings)이다. 세화는 중국의 특유한 민간
예술로 유구한 역사를 자랑하며 문신으로부터 기원되었다. 세화는
민간회화 형식으로 중국인의 아름다운 염원을 구현했기에 민간에서

---

36) 대만의 삼협조사묘(三峽祖師廟)에 있는 설명에 따르면, 청수조사는 북송 카이펑(開封府)
샹푸현(祥符縣) 사람으로, 승상이었던 문천상(文天祥)이 의거할 때, 항원활동을 하였던
민족 영웅으로 알려졌다. 청수조사 생전에는 푸젠성의 청수암에서 은거하였는데, 사후에
는 명 태조에 의하여 '호국공(護國公)'에 소명(昭命)되어 푸젠성 안시현(安溪縣)에 청수암
이 건립되었고, 사당에 숭사(崇祀)되었다. 안시 사람들은 그를 '조사공(祖師公)'이라 칭하
였고, '조사묘(祖師廟)'라 불렀다.

큰 사랑을 받고 있다. 특히 중국인들은 춘절이 되면 문에 새해의 길함
과 행복을 기원하는 세화를 붙이곤 한다.

설날에 붙이는 세화는 그 이듬해 설을 맞을 때에야 새로운 것으로
바뀐다. 이 또한 세화가 연화로 불리는 이유이기도 하다. 세화는 색채
가 뚜렷하고 경사스러운 느낌을 주며 대부분 길함과 즐거움, 기쁨과
아름다움은 주제를 표현한다.

세화에는 간단한 이야기가 담겨 있으며 장식성과 취미성이 크고
사람들의 주관적인 염원을 직접 보여준다.

혼히 볼 수 있는 세화에는 장수를 기원
하는 '수성도(壽星圖)', '송학연년(松鶴延年)',
풍작을 기원하는 '춘우도(春牛圖)', '오곡풍
등(五穀豊登)', 행복을 상징하는 '오복임문
(五福臨門)' 등이 있다.

세화의 역사는 문신에서 소개하였던,
신도와 욱루, 진숙보와 울지공과 관련이
있다.

오곡풍등(五穀豊登)

송대에 들어와 목판 인쇄술이 발달함에 따라, 세화 제작도 대량
생산이 가능해졌고, 판매량도 늘어났다. 14~19세기는 세화 예술이
절정을 누렸다고 할 수 있다.

주제가 다양해졌을 뿐만 아니라 장소에 따라 붙이는 세화를 세부적
으로 나누기까지 하였다. 그리고 지역적 특색을 갖춘 4대 민간 목판세
화 생산지까지 나타났다.

오랜 세월을 거쳐 세화는 형성 초기의 미신적 의미가 점차 줄어들
었다. 19세기 중엽부터 세화 예술가들은 현실 생활을 반영할 수 있는
세화창작에 더 많은 심혈을 기울였다.

세화는 춘절이 왔음을 알리는 장식품을 넘어서 문화전파, 도덕교육, 신앙전승의 중요한 도구가 되었으며, 중국 민간의 낭만적인 색채를 띤 예술품으로 수많은 중국인들의 사랑을 받고 있다.

2) 압세전(壓歲錢, 재앙을 막는 돈)

중국에서 아이들이 잠들었을 때 압세전을 아이들의 베갯머리에 놓기도 한다. 그러면 아이들은 그 이튿날 잠자리에서 일어나 이 돈을 발견하고는 매우 즐거워하게 된다.

압세전(세뱃돈)

'압세전'의 풍속은 중국 고대의 오래된 풍습에서 유래된 것이다. 옛날 사람들은 새해를 보낼 때에 아이들에게 주는 이러한 돈이, 귀신에게 뇌물로 바쳐서 아이들 대신 사악한 것을 물리쳐 아이들이 재난을 당하지 않게 한다고 생각했던 것이다.

사료에 의하면 이러한 풍속이 가장 처음 나타난 것은 당 현종 시기이다. 어느 해 양귀비가 아들을 낳았는데, 현종이 보러가서 그녀에게 '세아전(洗兒錢)'을 하사하였다. 이것은 아들을 낳은 것에 대한 축하의 뜻을 표시하는 것임은 물론, 어른이 신생아한테 주는 '진사거마(鎭邪去魔, 사악함을 누르고 악귀를 쫓다)하는 호신부(護身符)'의 의미도 있다.

이후에 이러한 풍습이 민간에 전해져 점차로 성행하게 되었다. 송나라 때에 이르러서는 '세아전'이 '압승전(壓勝錢)'으로 대체되었다. 매년 섣달 그믐날이 되면 어른들은 이 '압승전'을 붉은색 종이에 싸서 아이들이 잠들었을 때 가만히 그들의 베개 밑에 넣어주는 것이다. 청나라 때에는 이 풍속의 명칭이 다시 '압세전(壓歲錢)'으로 바뀌어 오늘에 이르게 된 것이다.

9. 중국의 상징문화

1) 동물

(1) 용(龍)

중국 민간에서는 용을 신령스러운 동물로 여긴다. 그리고 용을 '천룡(天龍), 신룡(神龍), 지룡(地龍), 호장룡(護藏龍)'으로 분류하며 상징성을 부여하였다. 첫째는 천룡으로 하늘의 재생력을 대표하고, 둘째는 신룡으로 구름을 일으키고 비를 내리게 하며, 셋째는 지룡으로 지상의 샘물과 수원을 장악하며, 넷째는 호장룡으로 보물을 지킨다고 생각하였다. 이 밖에 사람들은 또 사해용왕이 있어서 지구를 둘러싼 네 바다를 지배하고 있다고 믿었다.

민간 전설에서 해룡왕은 특히 중요한 지위에 있다고 말한다. 용왕은 수정궁에서 살며, 거기에는 가장 아름답고 값비싼 물건이 가득하다고 믿고 있었다.

북방에서는 춘절이 되면 용춤을 추며, 혼례식에서는 신혼부부가 손님들을 떠나서 신방으로 갈 때도 유사한 춤을 춘다. 때로는 춤추면서 입을 맞추는 시늉을 하기도 한다. 여자가 용을 한 마리, 또는 여러 마리를 낳을 수 있다는 것이 전래되어 온 신앙이다.

용의 모양과 크기는 가지각색이며, 흔히 뱀 몸에 발과 발톱이 있고, 가죽에는 비늘, 머리에는 사슴 같은 뿔을 그리며, 귀는 소귀와 비슷하게 그린다. 용선(龍船)은 길고 폭이 좁은 작은 배인데, 선체는 용을 주제로 장식한다. 중국 남방에서는 5월초 닷새 단오날이 되면 용주(龍舟) 경기를 벌인다.

용발톱은 상층 계급의 예복을 뜻한다. 발톱의 수를 세어 보면 어떤 벼슬인가를 알 수 있다. 황제 용포의 용은 발톱이 다섯이고, 왕자는 넷이며, 셋은 그 아래 벼슬이다.

(2) 박쥐(蝙蝠)

중국에서 박쥐는 운수와 행복을 상징한다. 왜냐하면 박쥐의 한자인 '편복(蝙蝠)'의 '복(蝠)'이 복의 '복(福)'과 음이 같기 때문이다.

다섯 마리의 박쥐를 그린 그림은 흔히 하늘이 준 다섯 가지 복, 즉 "장수, 부귀, 평안, 미덕, 무병"을 나타낸다. 천년 묵은 박쥐는 흰색인데, 사람들은 나무에 거꾸로 매달려 있는 박쥐를 잡아 요리하여 먹으면 장수를 한다고 여겼다.

특히 붉은 박쥐는 좋은 징조라고 생각하였다. 붉은 색이 액막이를 할 수 있는 색이라고 여기고 있는데다가, 중국에서 붉을 '홍(紅)'자는 '홍복(洪福)'의 넓을 '홍(洪)'자와 음이 같기 때문에, 사람들은 붉은 박쥐를 먹으면 액막이를 할 뿐만 아니라 복이 들어온다고 여겼다.

(3) 잉어(鯉)

중국 민간에서는 잉어를 '부귀어(富貴魚)'라고 부르기도 한다. 잉어는 장사에서의 수익 또는 이윤을 상징한다. 중국인들은 특히 황금잉어를 부의 상징으로 생각한다. 중국인들은 매년 새해(춘절)가 되면 "해마다 물고기가 있다(年年有魚)"라고 말한다. 이 말은 "한 해 동안 넉넉하게 여유로움을 갖기"를 기원하는 말이다. 이때 '물고기' '어(魚)'는 '여유롭다'의 '여(餘)'를 의미하는데, 물고기를 그릴 때 잉어를 많이 그린다.

중국인들은 학생이나 신혼부부에게 잉어를 선물하기도 한다. 잉어가 거슬러 올라가는 그림은 흔히 '장원급제'를 비유한다. 또 잉어는 다산의 상징을 갖고 있다.

일반적으로 물고기는 '부귀'를 상징한다. 물고기와 아이를 같이 그리며 '높은 벼슬을 한 부귀한 아들이 많기'를 축원하는 뜻이다.

년년유어(年年有魚)

(4) 닭

닭은 '길함'을 뜻한다. 중국의 많은 지역에서 닭을 혼인과 연관 짓기도 한다. 중국 동남 연해 지역에서는 '수탉배(公鷄拜)'라는 혼인 풍속이 성행하였다. 이는 신랑과 신부를 대신하여 수탉으로 혼인 대례를 하는 의식이었다. 해안이나 섬에 사는 어민들은 남녀 양가가 혼인 시기를 정하였다가, 혼인 당일에 신랑이 고기를 잡으러 나갔다가 폭풍우를 만나게 되어, 제때 도착할 수 없게 되면 수탉을 이용하여 혼례를 대신하게 하였다.

산둥성 남부 지역에는 입춘이 될 때마다 '봄맞이 수탉'을 차고 다니는 풍습이 있다. 이것은 일명 '춘계(春鷄, 봄 닭)'라고도 불린다. 이 지역 부녀자들이 입춘이 오기 전에 아이에게 천으로 짜서 만들어주는 장식물

봄맞이 수탉

이다. 꽃무늬 천에 면화로 삼각형의 봄 닭 형상을 만들고 한쪽 구석에 산초나무 속살을 수놓아 닭의 눈을 만들고 다른 한쪽 구석에 꽃무늬 천으로 닭의 꼬리를 만든 후에 봄 닭을 아이의 옷소매에 단다. 이는 봄을 맞이하여 모든 것이 상서롭기를 염원하는 의미를 지닌다. 산둥성 지닝(濟寧)시의 어느 농촌에서는 어린아이에게 '봄닭(春鷄)'을 머리에 올리는 풍습이 있다. 입춘이 되면 '봄닭'을 몸에 지니게 하는데, 어린아이가 새해에도 건강하게 성장하기를 바라고 항상 좋은 일만 생기기를 바라는 것이다. 이때 닭 '계(鷄)'자는 '길하다'는 '길(吉)'과 발음이 비슷하다.

저장성 진화(金華)에서는 단오절이 될 때마다 아이들이 이른바 닭 심장 주머니 혹은 단오주머니를 달고 다니는 풍습이 유행하였다. 오월 초닷새가 되면 사람들은 붉은 천으로 작은 주머니를 만드는데 그 형상이 마치 닭의 심장과 비슷하며 안에는 찻잎, 쌀, 석황 가루를 넣어 아이의 가슴에 달게 하는데 이는 악을 몰아내고 복을 부르는 의미를 지니고 있다. 닭의 심장을 뜻하는 '지신(鷄心)'은 기억력을 의미하는 '지싱(記性)'과 발음이 유사하여 민간에서는 단오절에 아이에게 닭 주머니를 가슴에 달게 하여 아이가 공부한 것을 잘 기억하여 장래에 잘 되기를 기원했다.

허난성 일부 지역에서는 음력 10월 1에 닭을 잡아 귀신을 쫓는 풍속이 있다. 전설에 따르면 염라대왕은 귀신을 풀어놓았다가 청명절이 되면 다시 귀신을 거둔다고 한다. 민간에서는 귀신이 닭의 피를 두려워해 닭의 피로 귀신을 쫓아낼 수 있다고 믿었다. 그리고 음력 10월 1일에 닭을 잡으면 귀신이 집안에 들어오지 못하게 할 수 있다고 여겼다. 그래서 "10월 1일 영계를 잡는다"는 말이 전해지는 것이다.

중국 사람들은 태양이 뜨고 지는 것을 닭과 연관 지었다. 수탉이 울면 태양이 연무를 몰아내기에 사람들은 닭이 사악한 기운을 쫓아내는 역할을 한다고 믿었다. 그리하여 예로부터 닭을 잡는 풍속이 있었는데 매년 칠월 초이레가 되면 사람들은 반드시 닭을 잡아야만 한다고 여겼다. 왜냐하면 견우와 직녀가 오작교에서 만날 때 수탉이 없으면 날이 밝지 않아 견우와 직녀가 영원히 헤어지지 않을 수 있다고 믿었기 때문이다.

2) 식물과 열매

중국인들은 복숭아나무와 복숭아는 귀신을 쫓는다고 믿어왔다. 따라서 집안에 복숭아나무를 심는 것을 금기하였으며, 제상에도 복숭아를 올리지 않았다. 이것은 조상신이 찾아와도 복숭아가 지닌 축귀의 힘 때문에 집안으로 들어오지 못하고 제사 올린 것도 응감(應感)하지 못한다고 생각하였기 때문이다.

복숭아가지 중 '동쪽으로 뻗은 가지(東桃枝, 동도지)'는 더욱 힘이 강한 것으로 믿었으며, 귀신뿐 아니라 부정한 것의 접근 또는 음식의 맛이 나빠지는 것도 막아 준다고 믿었다. 『규합총서(閨閤叢書)』의 「소국주방문(素麴酒方文)」에도 술을 담근 뒤 동도지로 저어 술맛이 나빠지는 것을 막고 있다. 한편, 복숭아는 〈서왕모와 천도복숭아〉라는 설화에 기인하여 장수를 의미하는 기복적 민화의 소재가 되기도 했으며 남자아이를 상징하기도 한다.

그 밖에 석류는 복숭아, 불수감 열매와 함께 3대 길상 과일의 하나로, '풍성'과 '충족'을 상징한다. 대추는 '빠르다' 혹은 '이르다'를 상징한다. 꿈에 대추나무가 나타나면 일찍 죽는다는 징조라고 하며, 익지 않은 대추를 먹으면 낙태할 위험이 있다고 여긴다.

국화는 장수를 의미한다. 중양절에는 높은 산에 올라 단풍을 즐기고 시를 지으며 하루를 노는 풍습이 있었는데, 이를 '등고(登高)'라고 한다. 국화술은 예로부터 음력 9월 9일 중양절(重陽節)에 꼭 마셔야 하는 술로, 예로부터 액막이와 복을 기원하는 '상서로운 술'로 여겨졌다.

중양절이 되면 높은 산에 올라가 산수유 열매를 따서 붉은색 주머니에 담은 뒤 국화주를 마시거나 국화전을 부쳐 먹거나 국화만두를 만들어 먹으면 나쁜 기운을 물리칠 수 있다는 풍습이 전해 내려왔다.

남조 양(梁)나라 오균(吳均)이 쓴 『속제해기(續齊諧記)』의 「중양등고(重陽登高)」에 산수유 열매와 국화주와 관련된 이야기가 실려 있다.

후한 때 환경(桓景)이 선인(仙人) 비장방(費長房)에게 가서 공

중양등고(重陽登高)

부를 하였다. 하루는 비장방이 환경에게 말하길, "9월 9일 너의 집에 재앙이 있을 것이니 급히 가서 사람들에게 각각 붉은 주머니에 수유(茱萸)를 담아서 팔뚝에 걸고 높은 산에 올라가서 국화주를 마시면 이 재앙을 면할 것이다."라고 하였다. 이에 환경은 가족을 거느리고 산에 올라갔다가 해가 저문 뒤 집으로 돌아갔는데, 가서 보니 집안의 소, 양, 개, 닭 등이 죽어 있었다. 비장방이 이 소식을 듣고 말하기를 "그것들이 우리를 대신해서 죽은 것이다."라고 하였다.

이 이야기에서 비롯되어 중양절에 수유 주머니를 차고 국화주를 마시며 높은 산에 올라가는 '등고(登高)' 풍속이 생겨났다. 중국인들은 국화주가 가정의 평안을 가져다주는 술이라고 여기기 시작하였다.[37]

---

37) 국화주에 대한 인식은 조선시대에도 있었다. 조선 후기의 문신이며 학자였던 황호(黃㦿 1604~1656)가 지은 『동사록(東槎錄)』의 「풍토기(風土記)」에도 나온다. 여기에 "9월 9일은 양수(陽數)여서 일월(日月)이 아울러 응하니 민간풍속이 그 이름을 사랑하여 장구(長久)하기에 마땅히 여기므로 이날에 성대히 잔치를 연다고 하여 민간에서는 예문에 따라서 선조의 사당에 잔을 올리며 높은 데 올라 국화주를 마시는 것이 옛일과 같이 한다고 나와 있으며 9월 9일 사당에 올리는 제사에 떡은 인절미를 올리고 술은 국화주를 올린다"고 하였다.

3) 숫자의 상징

(1) 좋아하는 숫자

중국 사람들은 숫자 중에서 가장 길한 숫자는 6과 8이라고 생각한다. 그리고 9도 좋아한다. 오늘날 중국에서는 많은 돈을 주더라도 '6'과 '8'이 들어간 전화번호 혹은 차번호를 산다.

숫자 6은 중국어로 '리우(六, liù)'라고 발음한다. 여기서 '리우'의 발음이 '순조롭다'라는 뜻을 가진 '리우(流, liu)'와 발음이 비슷하여 "모든 일이 순조롭다"는 의미가 담겨 있다. 숫자 '66(六六)'은 '리우리우다순(六六大順, 모든 일

六六大順(모든 일이 뜻대로 풀리다)

이 뜻대로 잘 풀리다)'의 의미가 연상되어 전화번호, 자동차번호, 결혼일자 등 중요한 숫자로 사용한다.

숫자 8은 중국어로 '빠(八, bā)'과 '파(發, fā)'의 비슷한 발음이기 때문에 "돈을 많이 벌고, 행운이 온다"는 의미가 담겨 있다. 그래서 사업의 흥성과 발전을 비는 숫자가 되었다.

중국 민간에는 "돈 많이 벌려면 8을 멀리하지 말라(要得發, 不離八)"는 속담이 있다. '팔(八)'은 중국인들이 매우 좋아하는 숫자다. 결혼을 하거나 개업일을 정할 때 등 경사로운 일이 있을 때에 '8'이 있는 날짜를 선택한다. 대표적인 사례가 2008년 베이징 올림픽 개최 날이다. 베이징 올림픽은 2008년 8월 8일 8시 8분 8초에 개막식이 진행되었다.

한편, 중국에는 "8(八)의 삐침 획을 아직 보지 못하였다(八字還没見一撇)."라는 말이 전해 내려온다. 고대 중국에는 사람이 태어났을 때,

한 사람의 완전히 잘 갖추어진 출생 '년월일시'는 8개의 글자로 정확하게 표현하였다. 고대 사람들은 '8(八)'이 인생의 모든 것을 결정한다고 여겼다. 그러므로 "8(八)의 한 획을 아직 보지 못하였다."라는 말의 뜻은 "사람의 운명이 정확히 계산이 안 된다"는 말이다. 여기에서 의미가 파생되어 "일이 시작됨에 있어서 그 일의 좋고 나쁨 그리고 성공과 실패는 아직 볼 수 없다"는 의미를 갖게 되었다.

『통속편(通俗編)』의 주자(朱子) 「유자와의 징서(與劉子澄書)」에서 "성현은 이미 팔자를 열어젖혔으나, 사람들은 스스로 깨닫지 못하였다"고 하였다. 『통속상언소증(通俗常言疏證)』에 "팔자환몰일별(八字還沒一撇)"이라는 말이 나온다. "팔자(八字)에서 한 필획인 삐침(丿)이 아직 그려지지

주희(朱熹)

않았다."라는 뜻으로, "(일이나 상황이) 앞으로 어떻게 될지 모르겠다. 아직은 잘 모르겠다."라는 의미이다. "무릇 일에 실마리가 없다"는 것을 "팔자가 일찍이 불견양별(不見兩撇)"이라고 일렀다.

숫자 9는 중국어로 '지우(九, jiǔ)'라는 발음이다. 지우의 발음이 "영원하다, 오래다"라는 뜻을 가진 '지우(久, jiǔ)'와 발음이 동일하다. 이러한 이유 때문에 중국 황제들의 옷인 구룡포에는 9마리의 용이 그려져 있었다.

장수를 기원하는 연회에 축의금을 보낼 때 보통 '10'을 즐겨 사용한다. 예를 들면 '10장 100위안' 등을 '십백(十百)'이라 한다. 혹은 '10장 1000위안'을 '십천(十千)'이라 한다. 예물을 보낼 때, 예물 종류는 '10'에 관한 것이어야 한다. 예를 들면, 10종류의 예물, 연회의 요리 색도 10개의 요리를 준비해야 한다.

(2) 기피하는 숫자

중국인의 습속 중에는 기피하는 숫자는 매우 많다. 그 중에서도 홀수를 기피한다. 왜냐하면 좋은 일은 쌍(짝)으로 이루어지기 때문이다. 그래서 선물을 할 때, 선물의 개수는 반드시 짝수로 하며 보통의 경우 동일한 종류를 쌍으로 하여 포장하는 것이 좋다.

중국 사람들은 숫자 1을 기피하는데, 특히 결혼과 좋은 일에서 1이 홀수이기 때문에 기피한다. 그래서 결혼 축의금도 홀수로 하지 않고 반드시 짝수로 한다.

그런데 숫자 '2'는 짝수임에도 불구하고 중국 사람들은 기피하는 경우도 있다. 특히 병든 사람이나 장례에서는 '2'를 기피한다. 왜냐하면 사람들은 나쁜 일은 쌍으로 일어나기를 원하지 않기 때문이다. 장례에서 조의금을 '바이빠오(白包)'라고 칭한다. 흰색은 상사(喪事)를 의미하기 때문에 '흰봉투(白包)'라는 의미를 지닌 단어를 사용한다. '바이빠오'는 짝수를 기피하기 때문에, 조의금은 홀수로 한다. 그런데 '바이빠오'는 통상적으로 무게가 나가도록 너무 많이 넣지 않는다. 병든 사람들은 축의금을 보내는 것을 매우 적다. 대부분 꽃을 보내거나 과일 등을 보낸다. 만약 돈을 보내야만 한다면, 기본적으로 짝수로는 하지 않는다.

중국 사람들은 장수를 기원하거나 좋은 일을 축원하거나 선물을 보낼 때에도 '3'이라는 숫자를 기피한다. '3(三)'의 해음(諧音)은 '산(散)' 이다. 결혼연회에서는 끝 숫자가 '3'이 되는 축의금을 보내지 않는다.

'4'의 해음이 '사(死)'이다. 그러다 보니 중국 사람들은 문패 호수, 자동차 번호, 전화번호, 휴대폰 번호 등에 '4'를 사용하지 않으려 한다. 차번호의 마지막 숫자에 '4'가 들어가는 것을 기피한다.

'5'의 해음은 '무(無)'이다. 이러한 이유 때문에 중국 사람들은 담판을 짓거나 예금 잔고를 얘기할 때는 '5'를 사용하지 않는다. 왜냐하면 일이 성사되지 않는 것을 피하기 위함이기 때문이다.

중국 사람들은 집을 떠나 길을 나설 때 '7'을 기피한다. 중국에는 "7일에 나가지 않고, 8일에 돌아오지 않으며, 9일과 10일엔 집으로 날아 온다(七不出, 八不歸, 初九一十往家飛)"라는 말이 있기 때문이다. "7(七)일에 나가지 않는다"는 것은 "숫자 7과 관련된 날짜"를 말하는 것으로 "매월의 7일, 17일, 27일에는 집 밖에 나가 일하지 않는다"라는 의미이다. 이날 집을 나서면 불길하다고 여기기 때문이다. 그리고 "8일에 돌아오지 않는다"는 것은 "숫자 8(八)과 관련된 날짜"를 말하는 것으로 이런 날에는 밖으로 떠돌던 사람이 집으로 돌아오기가 적절하지 않다고 여긴다. 왜냐하면 이날은 헤어지는 날이라고 여기기 때문이다. 이와 관련한 내용이 단옥재(段玉裁)의 『설문해자주(說文解字注)』에 나온다. 책에 "지금의 장시성, 절강성의 속담에 사물과 사람으로 팔이 되면 다른 것들과 이별하게 된다(今江浙俗語以物與人謂之八, 與人則分別矣)."라고 하였다. '8(八)'이 '헤어짐'의 뜻을 가지는 예가 문헌 중에서 거의 보여지지 않는다. 8(八)이 가차(假借)되어 수량을 나타내는 한자가 된 후 그 본뜻이 사라졌다. 많은 사람들은 8(八)의 숫자 의미만 알고 그 본뜻인 "나누다"와 "헤어지다"는 뜻을 모르게 되었다.

일부 중국 노인들은 '9'를 기피하기도 한다. 왜냐하면 의외의 사건이나 사망 사건의 비율이 보통 나이가 많게 나타나기 때문이다. 숫자 9는 나이가 9에 이르면 장수를 하지 않는다고 여겨, 1살을 더한다. 예를 들면, 59세면 1살을 더해 60세, 79세면 1살을 더해 80세 등이다. 중국인들은 9에 달하는 연령이면 결혼을 할 수 없다고도 여긴다. 만약 정말 결혼을 하고자 한다면 길일을 택해 결혼을 한다.

'13'을 기피하는 것은 서방의 풍속이다. 중국이 문호를 개방한 후, 고급 호텔에서는 서방 사람을 맞이하기 위해 '13'을 기피하여 '13호'를 설치하지 않는다.

중국인들은 나이에서 '73'과 '84'를 기피한다. 왜냐하면 공자가 73세에 죽었고, 맹자가 84세에 죽었기 때문이다. 민간에는 "73세와 84세에 염라대왕이 부르지 않아도 스스로 간다(七十三, 八十四, 閻王不請自己去)"라고 말한다.

또, 중국 사람들은 45세가 되면 자신의 나이를 45세라고 직접 말하지 않고, "작년에 44살이었다." 또는 "내년이면 46세이다."라고 말한다. 이는 송대 포증(포청천)과 관련이 있다. 포증이 45세 때에 부딪힌 어려운 사건을 해결하기 위하여 거짓으로 죽음을 위장하는 상황을 만든 적이 있었다. 이처럼 중국인들은 45세가 되면 포증도 감당하기 힘든 큰 어려움을 당할 수 있다는 생각을 하고 있어서 나이를 말할 때 '45세'라고 말하는 것을 꺼려한다.

어떤 지역에서는 '250'을 기피한다. 습관적으로 '250'을 바로, '백치'를 뜻한 대명사로 여긴다. 또 전화번호에는 '7086(七零八六)', '5354(五三五四)'라는 숫자를 기피한다. 왜냐하면 '칠영팔락(七零八落)', '오산오사(吾散吾死)'와 동음이기 때문이다.

4) 선물에서의 상징

중국 사람들은 개업식을 할 때 괘종시계를 선물하지 않는다. '괘종시계를 보낸다'는 말은 중국어로 '쏭종(送鐘: sòngzhōng)'이라 하는데, 여기서 '종(鐘)'의 발음이 '종(zhōng)'인데, 마지막을 뜻하는 '송종(送終: sòngzhōng)'과 발음이 같기 때문이다.

꼭 시계를 선물하고 싶으면, 손목시계를 선물하는 방법은 괜찮다고도 하지만, 여성에게 손목시계를 선물하는 것은 삼가야 한다. '손목시계(手表)'를 주는 것은 '송표(送表: sòngbiǎo)'가 되기 때문에 손목시계를 선물해도 된다는 의미이다. 하지만 '시계(表: biǎo)'는 '매춘부'를 뜻하는 '표자(婊子: biǎozi)'와 같은 발음이기 때문에, 여성에게 손목시계를 선물하는 것은 삼가야 한다.

중국에서는 부채를 선물하는 것도 금기시된다. '부채(扇子: shànzi)'가 헤어짐을 뜻하는 '산(散: sǎn)'과 발음이 비슷하기 때문이다. 부채는 여름에는 유용하지만, 가을이 되면 이용 가치가 없어 사라지게 되므로, "부채를 선물하면 다시 보지 못한다(送扇無相見)"는 속담도 있다.

'우산(雨傘)'도 중국에서는 선물하는 것이 금기시된다. 부채와 마찬가지로 헤어짐을 뜻하는 '산(散: sǎn)'과 같은 발음 때문이다. 중국어로 우산은 '위산(yǔsǎn)'으로 발음하는데, '헤어지다'를 뜻하는 '산(散: sǎn)'과 발음이 비슷하기 때문이다.

중국에서 선물로 배를 주거나, 병문안을 할 때 배를 가져가는 것은 피하는 것이 좋다. '배(梨子: lízi)'의 발음이 헤어짐을 뜻하는 '이(離: lí)'와 같기 때문이다. 특히 배를 쪼개는 것은 '이별(梨別: líbié)'이 되는데, 이는 헤어짐을 뜻하는 '이별(離別: líbié)'과 같은 발음이 된다.

반면 '사과(苹果: píngguǒ)'는 '평안(平安: píng'ān)'과 같은 발음으로, 건강과 안녕을 기원하는 과일이라고 하여 '평안과(平安果)'로 불리며 환영받는 선물이다. 중국에서는 크리스마스이브를 '평안야(平安夜)'라고 부르며, 다양한 로고가 들어 있는 사과인 평안과를 선물하기도 한다.

5) 색의 상징

중국인들이 선호하는 색상은, 지역별로 또 사람에 따라서 조금 다르기는 하지만, 대체로 노란색(黃色), 자색(紫色), 붉은색(紅色), 녹색(綠色), 청색(靑色), 흑색(黑色), 백색(白色)의 순서이다. 중국인들은 황제를 의미하는 금색(黃色), 장수(長壽)를 나타내는 은의 은색(銀色), 건강(健康)을 지켜주는 옥의 푸른색을 좋아한다.

빨간색은 예로부터 '길조'의 의미를 가지고 있다. 빨간색은 중국에서 '성공, 행운, 복, 다산' 등과 같은 모든 좋은 것들을 의미한다. 그래서 중국 문화 속의 행운이 필요한 모든 곳에는 빨간색이 들어가 있다. 실제로 춘절만 되면 중국의 거리는 붉게 물들고 '홍빠오(紅包)'라는 이름의 붉은 봉투에 세뱃돈을 담아준다. 한편 전통 혼례 때 신부가 빨간색 혼례복을 입는다든가 경사가 있을 때 터뜨리는 폭죽이 빨간색인 것 역시 이런 문화를 잘 나타내는 것이다.

노란색(黃色)은 중국에서 황제를 상징하는 매우 중요한 색이었다. 중국 사람들이 전통적으로 생각하는 황색은 황제를 뜻하는 '금빛으로 번쩍번쩍 빛나는 황금색'을 의미한다. 황제의 위엄을 과시하는 색깔이자 우아함, 온화함, 고귀함을 나타내는 따뜻한 색으로 여겨졌다. 특히 예전에는 황제를 비롯한 궁궐 귀족들이 아니면 사용할 수 없는 색이었다고 한다.

하지만 근현대로 들어오면서 황색의 의미는 조금 변질되었는데, 중국에서는 '성인물'을 표시할 때 바로 이 황색을 쓴다. 예를 들어 중국의 도색영화(桃色映畵)를 비롯한 애로소설 등은 '황색편(黃色片)'이라고 불린다.

청색(藍色)은 중국인들이 좋아하는 옥의 색깔을 띠기 때문에 건강을 상징한다. 중국인들이 옥으로 된 장식을 많이 하는 이유도 이런 의미 때문이기도 하다.

흰색이나 검은색은 중국인들이 흉색으로 간주하는데, 흰색이나 검은색은 장례식에서나 사용되는 색이라고 여기 때문이다. 흰색은 상사(喪事)를 의미하고, 검은색은 죽은 사람에게만 쓰는 색이라고 생각한다. 그래서 검은색이 들어간 단어 중, 나쁜 사람이나 범죄인을 헤이런(黑人, hēirén)이라 하고 호적에 오르지 못한 사람을 헤이하이즈(黑孩子, hēiháizi)라고 하는데, 이는 검정색을 부정적으로 생각하기 때문에 생겨난 것이다. 특히 선물을 포장할 때에는 흰색이나 검은색으로 된 포장지는 피하는 것이 좋다.

녹색(綠色)은 역사 속에서 녹색의 의미는 하급 관리들이 입던 옷이었기 때문에 하등계급이라는 의미가 내포되어 있다. 당나라 때부터 하급 관리들은 대체로 녹색 옷을 입었다고 한다. 또 부인이 몰래 바람을 피우는 남편을 일컫는 "따이뤼마오즈(戴綠帽子: 녹색 모자를 썼다)"라는 의미의 민간 일화도 있다

당나라 때만 하더라도 관리들의 복식을 보면, 3품 이상은 보라색, 4~5품은 담홍색, 6~7품은 녹색, 8~9품은 청색이다. 녹색이 하등 계급이라 인식하게 된 것은 당나라 복식에서 유래하였다고 볼 수 있다.

녹색을 싫어하게 된 유래는 원(元, 1271~1368)나라 때부터이다. 몽골족이 세운 원나라는 성적(性的)으로 개방적이었다. 그러나 중원으로 들어오면서 초원 지역에서의 생활처럼 살 수 없었다. 그래서 몽골족이 즐기기 위하여 기생집이 생겨나게 되었다. 원나라 때 기생은 반드시 보라색 옷을 입어야 했고, 기생집에 종사하는 남자들은 녹색 두건을 착용하도록 하였다. 명 태조 주원장(朱元璋)은 기생은 물론, 기생집에 종사하는 남자들이나 그 가족까지도 기생 문화를 만든 사람으로

규정하여 매우 싫어하였다. 그래서 이들에 대한 복장을 녹색 모자, 녹색 스카프 등으로 제한하고 길을 다닐 때도 한가운데로 다니지도 못하게 하였다.

6) 음식의 금기와 상징

중국에서는 생선을 뒤집어 먹지 않는다. 생선을 뜻하는 중국어 '어(魚, yú)'라는 발음이 중국어의 '부유함, 넉넉함'을 뜻하는 '여(餘, yú)와 발음이 같다. 생선을 뒤집는 것을 "복을 뒤집는다, 복이 뒤집힌다"라는 의미가 있어서, 생선을 뒤집어 먹지 않는다고 한다.

이와 같이 중국에는 음식과 관련된 상징이 있다. 이와 관련된 몇 가지를 살펴보면 다음과 같다.

(1) 장수면(長壽麵)

생일을 보낼 때 빠질 수 없는 것이 장수면이다. 장수면은 모양이 길고 장수면의 '면(麵, 面)'자와 이어질 '면(綿)'이 같은 발음을 내기에 사람들은 생일에 먹으면 건강하고 장수한다고

장수면

여겼다. 장수면을 먹는 습속은 북방 지역에서 많이 유행하고 있다.

장수면의 기원은 전한(前漢) 시기이다. 한나라 무제(武帝, BC 156~BC 87)는 미신 및 관상술을 믿었다. 어느 날 대신들과 담소를 가질 때 말하기를 "관상서(相書)에서는 사람의 얼굴이 길면 수명도 길다고

하는데 만약 사람의 얼굴이 일촌(一寸, 33cm)이면 100살까지 살 수 있다”고 하였다. 이에 동방삭(東方朔)은 웃으면서 “팽조(彭祖, 800살까지 살았다는 중국 전설 속의 인물)는 800살까지 살았는데 그러면 팽조의 얼굴은 8촌(寸, 2.4m)인데 얼마나 길까요?”라고 하였다.

중국어에 ‘검(臉)’과 ‘면(面)’은 모두 ‘얼굴’이라는 뜻이다. ‘얼굴이 긴 것’은 곧 ‘면이 길다’는 뜻이다. 즉 “긴 국수를 먹으면 장수한다”는 뜻을 담아 전한 시기부터 생일에 장수면을 먹는 것이 풍속으로 되어 민간에까지 널리 퍼졌다.

(2) 칠양채(七樣菜)

객가족의 음식에서 그들의 생활관과 가치관 등을 알 수 있다. 객가족은 춘절이 되면 일곱 가지 재료 즉 미나리, 마늘, 파, 고수풀, 부추, 육류, 물고기를 한 솥에 넣고 익혀서 먹는다. 객가어로 미나리 ‘근(芹)’은 부지런하다는 ‘근(勤)’과 발음이 같기 때문이다. 또 마늘 ‘산(蒜)’은 계산하다는 ‘산(算)’과, 파 ‘총(葱)’은 총명하다는 ‘총(聰)’, 고수풀 ‘원(芫)’은 인연의 ‘연(緣)’, 부추의 ‘구(韭)’는 오랜 세월의 ‘구(久)’, 육류의 ‘육(肉)’은 벼슬살이를 뜻하는 ‘녹(祿)’, 물고기의 ‘어(魚)’는 여유 있다는 ‘여(餘)’와 발음이 같기 때문이다. 이러한 일곱 종류의 음식을 먹으면, 사람들은 “부지런하고, 계산에 밝고, 총명하고, 인연이 있고, 영원하고, 벼슬을 하며, 여유가 있기”를 기원한다.

한편, 칠양채(七樣菜)는 칠양갱(七樣羹)이라 부르기도 한다.

정월 초이레 차오산 사람들이 먹는 칠양갱

광둥성 차오산(潮汕) 지역의 민간에 전해지는 특색 있는 습속이기도 하다.

정월 초이레 이 지역의 풍속에는 칠양채라 불리는 음식을 먹는 습속이 있다. 전설에 의하면 정월 초이레는 사람의 생일이다. 여와씨가 천지개벽을 할 때, 첫째 날에는 닭을 만들었고, 둘째 날에는 개를 만들었으며, 셋째 날에는 돼지를 만들었고, 넷째 날에는 양을 만들었으며, 다섯째 날에는 소를 만들었고, 여섯째 날에는 말을 만들었으며, 일곱째 날에는 사람을 만들었다. 이러한 이유로 초이레를 사람의 날로 삼았다. 사람의 날에는 반드시 일곱 종류의 야채를 사용한 떡 등을 만들어 먹었다. 이후에는 떡 종류로 만들어 먹지 않고 칠양채를 바로 먹었다.

차오산 지역에서는 칠양채를 한 솥에 넣어 끓인 후 낮에 먹었는데, '칠양갱'이라 불렀다. 칠양채는 일반적으로 무(夢卜), 후합(厚合菜), 파(葱), 마늘(大蒜), 부추(韭菜), 미나리(芹菜), 겨자(春菜)이다. 무는 '청백(淸白)', 부추는 '구채(久菜)'라고 하여, 갓과 함께 '오랜 세월 회춘(回春)'을 의미한다. 파는 '총명(聰明)'을 의미하고, 미나리는 '부지런함(勤勞)'을 의미한다. 마늘과 후합(厚合)은 '모든 일을 합리적으로 계산하다'의 의미를 지닌다. 먹기 전에 나이 든 사람이 모두가 "명백하고(淸淸白白), 새해 건강하고(新年回春), 총명하고 부지런하며, 모든 일을 합리적으로 계산하고, 모든 일이 거리낌 없이 잘 풀리기를 바란다"고 말한다.

전통적인 '사람의 날'의 음식을 '칠양채(七樣菜)'라고 부른다. 칠양채는 7종류의 야채이다. 그 중 5종류는 변하지 않는다. 5종류는 "미나리(芹菜), 마늘(蒜), 파(葱), 고수(芫荽, 香菜), 부추(韭菜)"이다. 미나리(芹菜)를 의미하는 '근(芹, qín)'의 해음이 '근(勤, qín)', 마늘을 의미하는 '산(蒜, suàn)'의 해음이 '산(算, suàn)', 파를 의미하는 '총(葱, cōng)'의 해음이

'총(聰, cōng)', 부추(芫荽)를 의미하는 '원(芫, yán)'의 해음이 '연(緣, yuán)', 부추(韭菜)를 의미하는 '구(韭, jiǔ)'의 해음이 '구(久, jiǔ)'이다. 나머지 2종류는 각 지역의 풍속과 맛에 따라 다르다.

어떤 지방에서는 물고기(魚)와 육고기(肉)로 대체하는데, 물고기는 "해마다 풍요롭길 바란다(年年有餘)"를 의미한다. 육고기를 먹는 것은 "생활이 부유해짐"을 의미한다. 심지어는 어떤 곳에서는 과일로 대체하는 경우도 있다. 칠양채를 먹으면, 그 해는 부자가 될 수 있다는 것이다.

칠양채의 7가지에 대해서는 구체적인 규정은 없다. 대체적으로 차오산에서 생산되는 겨자(春菜), 갓(芥藍), 후하(厚荷) 등을 위주로 하는데, 수량의 많고 적음도 제한이 없다.

칠양채에 들어가는 7가지 채소

정월 초이레에 칠양채를 먹는 것은 오래전부터 중원의 습속으로, 차오산 지역에서 전해져 내려왔다. 사람들이 칠양채를 먹음으로써, 부자가 되기를 기원하고, 길하고 상서로운 좋은 일들이 항상 일어나기를 기원하였다.

정월 초이레를 '사람의 날'이라 부르기 시작한 것은 한 대 말부터이다. '사람의 날'에 '칠양채'를 먹어야 하는데, 서로 다른 지역의 칠양채는 조금씩 다르기는 하지만 의미는 모두 해음을 통해 이익과 평안함을 도모하기 위함이다.

메이저우(梅州)의 객가 지역에서의 '칠양채'는 주로 5가지의 야채 '미나리(芹菜), 마늘(蒜), 파(葱), 부추(韭菜), 고수(芫荽)'는 반드시 있어야 하고, 나머지는 '물고기'나 '돼지고기' 혹은 '환자(丸子)', '갓(芥菜)' 등이 포함되기도 한다. 일곱 종류를 동시에 끓여 익힌 뒤 전 가족이 나눠 먹는다. 이러한 일곱 종류는 그들의 해음에 따라 모두 의미를 지니고 있다. '근채(芹菜)'의 '근(芹, qín)'자는 '근로(勤劳)'의 '근(勤, qín)'자의 해음으로, "근면하고 부지런하다"를 의미한다. '산(蒜)'자는 '산계(算計)'와 '획산(劃算)'의 '산(算)'자와 동음이다. "면밀하게 계산하다, 수지가 맞다"를 의미한다. '총(葱, cōng)'자는 '총명(聰明)'의 '총(聰, cōng)'자와 동음으로, "총명하고 재능이 있다"를 의미한다. '구채(韭菜)'의 '구(韭, jiǔ)'자는 '장구(長久)'의 '구(久, jiǔ)'자와 동음으로, "오랫동안, 영원히"를 의미한다. '환자(丸子)'의 '환(丸, wán)'자는 '단원(團圓)'의 '원(圓, yuán)'자의 발음과 비슷하고, "온 가족이 단란하게 지내다"를 의미한다. '어(魚, yú)'는 '잉여(剩餘)'의 '여(餘, yú)'자와 해음이고, "여유 있는 삶을 산다는 것"을 의미하고, '두부(豆腐)'의 '부(腐, fǔ)'자는 '부유(富裕)'의 '부(富, fǔ)'자와 해음으로, "생활의 부유함"을 의미한다. 이러한 일곱 종류의 음식을 먹으면, 사람들이 "부지런하고, 계산에 밝고, 총명하고, 인연이 있고, 영원하고, 여유가 있으며, 풍족하게" 되기를 기원한다.

(3) 춘절(春節)의 교자

중국 춘절은 명칭과 날짜 없이 전해 내려오다가 1911년 신해혁명 이후 양력 1월 1일은 원단(元旦)으로 부르고, 음력 1월 1일을 '춘절'로 명명하였다.

춘절 음식은 지방마다 다르지만 공통적으로 만두(饅頭), 두포(豆泡), 딤섬, 두부 등을 장만하여 먹는다. 남방과 북방의 차이가 있는데 남방은 춘절 음식에 두부와 생선을 반드시 포함시킨다. 이는 두부의 '부(腐)'와 물고기의 '어(魚)'가 재물이 넉넉함을 뜻하는 '부유(富裕)'와 발

음이 비슷하기 때문이다. 북방에서는
그믐날 저녁에 식구들이 함께 모여 소
를 넣고 빚어서 쪄먹는 '교자(餃子)'를
먹는데, 교자의 '교(餃)'는 교체를 나타
내는 '교(交)'와 발음이 같아 묵은해가
가고 새해가 오는 것을 나타낸다.

교자(만두)

　장중경(張仲景)이 치료용으로 만들어 먹인 귀 모양의 교자(餃子)와
손사막이 창안한 도소약주(屠蘇藥酒)는 춘절의 풍속이 되었다. 기록에
의하면 보면 후한 환제(桓帝) 시기에 역병이 3차례, 영제(靈帝, 168~188)
시기에 다섯 차례나 역병이 일어났다. 헌제(獻帝) 건안(建安) 연간에는
역병이 더욱 심하였다. 그 중 영제 때 171년, 173년, 179년, 182년,
185년 때가 역병 규모가 가장 컸다.

　장중경은 『상한잡병론』의 서문에 "지난 십 년 동안 우리 일가에서
죽은 사람이 삼 분의 이가 되었다. 그 중 열에 일곱은 상한(傷寒: 장티푸
스)으로 죽은 사람이다."라고 쓰고 있다.

　당시 난양(南陽) 지역은 연이어 역병이 발생하였고, 많은 사람들이
목숨을 잃었다. 장중경의 가솔의 수가 2백여 명이 되었는데, 건안 초
기 이래로 10년도 채 지나 않아 3분의 2 정도가 역병으로 사망하였다.
그중 상한으로 죽은 자가 70% 정도였다. 이에 장중경은 상한병을 치
료할 수 있는 방법을 반드시 찾아내겠다고 결심하고 연구를 하였다.

　220년, 노령으로 관직을 사임하고 고향으로 돌아가던 그때는 겨울
이었다. 장중경은 전란으로 돌아갈 집도 없는 사람들이 추위 때문에
귀가 모두 동상에 걸린 것을 보고는 마음이 매우 괴로웠다. 집으로
돌아온 후, 많은 사람들이 찾아와 치료를 받고자 하였다. 장중경은
온종일 환자 치료에 바쁜 속에서도, 귀에 동상이 걸린 난민들을 치료

하기 위한 방법을 찾는 연구에
몰두하였다. 그리고 마침내 음
식을 통하여 영양도 보충하고,
동상 걸린 귀를 치료하고 동상
을 예방할 수도 있는 처방을 만
들게 되었다. 이를 "거한교이탕

거한교이탕(祛寒嬌耳湯)

(祛寒嬌耳湯: 한기를 떨쳐내고 귀를
아름답게 만드는 탕)"이라고 불렀다.

그는 제자들을 불러 난양 동관의 빈터에 누각을 만들고는, 궁핍한
사람들을 위해 병을 치료할 약을 구하고자 하였다. 거한교이탕은 처
음에 양고기와 추위를 없앨 약재를 솥에 넣고는 끓였다. 끓인 후에는
건져내어 잘게 쓸어서 밀가루 반죽으로 귀모양으로 싸서, 다시 솥에
넣고는 끓이도록 하였다.

피를 싼 게 귀를 닮았고, 얼어 있는 귀를 방지하기 위한 효과가
있는 것이라 하여 장중경은 '쟈오얼(嬌耳)'이라고 불렀다. 장중경은 제
자에게 궁핍한 사람들에 한 그릇씩 주도록 하였다. 이때 한 그릇에
쟈오얼을 두 개씩 넣었고, 사람들은 '쟈오얼'을 먹고 탕을 마셨다. 이
때 몸이 따뜻해지고, 두 귀에도 열이 올랐다. 두 번 다시 귀에 동상이
걸리는 사람이 없게 되었다. 이것이 '쟈오쯔(餃子)'의 유래이다.

어느 해 장중경이 병이 들었는데, 그는 생명이 다했음을 알았다.
장중경은 "장사물을 먹으니 장
사 노인의 정을 잊지 못한다. 난
양에서 태어나서, 고향의 은혜
를 잊지 못한다. 내가 죽으면 너
희들은 나의 관 재료를 난양에

饺子原名"娇耳"，是
我国医圣张仲景发明的。

교자(餃子)의 원래 이름은 '교이(嬌耳)'이다. 장중경이
발명하였다.

서 장사로 가져오고, 줄이 어떤 곳에서 끊어지게 되면 나를 그곳에서 묻어 달라"고 하였다. 동짓날 장중경은 세상을 떠났다. 장례를 치르는 줄이 그해 장중경이 사람들을 위해 '거한교이탕'을 하던 곳까지 걸어가는데, 관을 맨 줄이 갑자기 끊어졌다. 관이 떨어진 곳이 오늘날의 의성사(醫聖祠)이다. 사람들은 장중경을 기념하기 위해, 동짓날에 교자를 먹었다. 그리고 모두 동짓날에 교자를 먹으면, 겨울에 귀가 얼지 않는다고 말하였다. 이후 쟈오얼(餃耳), 쟈오쯔(餃子)로 불리게 된다. 사람들은 치료 목적이 아닌 '송구영신(送舊迎新)'의 의미로 섣달 그믐날에 쟈오쯔를 만들어 먹게 되었고, "자시(子時)가 교차하여(交子) 새해가 밝았다"는 뜻도 담게 된다. 오늘날 중국에서 '거한교이탕'을 먹는 사람은 매우 적다.

동짓날에 교자를 먹는 습속은 전해 내려왔다. 게다가 교자의 종류와 형상도 매우 변하였다. 중국인이 있는 곳이면 교자가 있고, 교자도 "온 가족이 단란하게 지내는(闔家團圓)"의 대표적인 식품이 되었다.

(4) 젓가락 금기사항

중국인들은 오래 전부터 젓가락을 사용해 왔다. 중국에는 젓가락과 관련된 지켜야 할 예절과 금기 사항들이 있다. 식사 전에 젓가락은 반드시 가지런하게 하여 밥그릇의 오른쪽에 놓아두어야 하고, 식사 후에는 반드시 밥그릇 한가운데에 가지런하게 세워서 놓아두어야 한다. 중국 사람들의 젓가락 예절을 살펴보면 다음과 같다.

첫째, 젓가락을 길고 짧음이 없이 가지런하게 놓아야 한다. 가지런하지 않으면 사람들은 불길한 뜻이 있다고 여기고 꺼려한다. 이를 '삼장양단(三長兩短)'에 비유한다. 중국에서 시신을 관에 안치한 후, 앞

뒤 부분에 짧은 목판 2개를, 양쪽에 긴 목판 3개를 괴어, 관뚜껑을 닫으므로, 이때를 '삼장양단(三長兩短)'이라고 일컫는다.

둘째, 젓가락질을 할 때 검지를 젓가락에 붙여야 한다. 젓가락을 잡을 때 검지가 바깥으로 향하게 되면, 검지로 상대방을 지적하는 것처럼 보이게 된다. 중국에서는 상대방을 욕할 때 검지로 지적하기 때문에 마치 욕을 하는 것처럼 보인다. 특히 베이징 사람들은 검지로 다른 사람을 가리키는 경우 "아무에게나 고래고래 욕지거리를 하는 (罵大街)" 것으로 간주한다. 이러한 이유 때문에 젓가락을 잡는 자세가 검지를 밖으로 향할 경우 다른 사람의 오해를 받을 수도 있다.

셋째, 젓가락을 입에 오래 물고 있거나 젓가락을 여러 번 빨아 소리를 내어서는 안 된다. 이러한 행위는 무례한 행위로 간주되는데, 타인으로부터 가정교육의 결손과 비천한 출생이라는 오해를 받을 수 있다

넷째, 젓가락으로 그릇을 두드려서는 안 된다. 이는 옛날에 거지들이 밥 동냥을 할 때 하는 행위로, 다른 사람에게 불쾌감을 줄 수도 있다.

다섯째, 젓가락을 잡고 상 위의 좋은 요리들을 찾아 이리저리 '순라' 하는 행위를 하여서는 안 된다. 이는 다른 사람은 안중에도 두지 않는다고 인상을 줄 수 있다.

여섯째, 젓가락을 거꾸로 사용하는 행위를 삼가야 한다. 이는 굶주림을 참지 못한다는 인상을 주게 된다. 또 체면을 전혀 돌보지 않는 인상을 준다.

일곱째, 젓가락으로 요리를 꿰어 먹는 행동을 하여서는 안 된다. 이는 한 상에서 함께 밥을 먹는 다른 사람들을 욕하는 의미를 상징하는 행동으로, 오해를 살 수 있다.

여덟째, 밥그릇에 젓가락을 꽂아 놓는 행위를 하여서는 안 된다.

좋은 의도로 다른 사람을 위해 밥을 퍼줄 때, 상대방이 편하라고 밥 위에 젓가락을 꽂아 상대방에게 건네주는 경우가 있다. 이러한 행위를 하여서는 안 된다. 중국에서는 젓가락을 밥에 꽂는 행위를 죽은 이에게 향을 올리는 것으로 생각한다. 즉, 상대방을 죽은 사람으로 취급하는 것이다.

아홉째, 젓가락을 엇갈아 놓아서는 안 된다. 즉, 젓가락을 열 십(十) 자로 교차하여서는 안 된다. 이러한 행위를 하면 중국 사람들은 상대 방을 부정하거나 존중하지 않는다고 여긴다.

열째, 젓가락을 땅바닥에 떨어뜨려서는 안 된다. 중국어에 '낙지경 신(落地惊神)'이라는 말이 있다. "젓가락을 땅에 떨어 뜨려 신을 깨우 다"라는 의미로, 중국 사람들은 젓가락을 떨어뜨리면 조상들을 놀라 게 한다고 생각한다. 중국인들은 "조상들이 전부 땅속에 계신다"고 여겼다.

열한째, 젓가락으로 요리를 집어서 자신의 개인 접시로 가져 올 때, 다른 요리나 식탁 위에 떨어뜨려서는 안 된다. 이는 예의에 어긋나 는 행위로 여긴다.

10. 중국의 요괴(妖怪)

중국의 10대 요수(妖獸)는 "용녀(龍女), 벽사(辟邪), 호선(狐仙), 야차(夜 叉), 마면(馬面), 우두(牛頭), 이랑(二郎), 판관(判官), 칠랑(七郎), 형천(刑 天)"이다. 이 중에서 몇 가지를 살펴보면 다음과 같다.

용녀는 이십 제천 중 제19대 용왕의 딸이다. 용녀는 이십여 일 중 열아홉째의 날의 파지마할라용왕(Sagar-nagaraja)의 딸이며 총명하고 영리하였다. 여덟 살 때 우연히 문수보살이 용궁에서 법화경을 말하는 것을 듣고, 깨달음을 얻어 불법을 통달하였고, 영취산으로 가서 붓다에 예배하였고, 용신으로 불도를 이룩하였다는 것이다.

벽사는 요괴를 물리친다는 신령스러운 짐승이다. 남방 사람들은 벽사를 '비휴(貔貅)'나 '천록(天祿)'이라고도 부른다. 또는 암컷 비휴는 '벽사(辟邪)', 수컷 비휴는 '천록(天祿)'이라고도 한다. 벽사가 하늘에서 맡은 업무는 순찰 업무로 요괴와 역병이 하늘을 어지럽히는 것을 막아 준

비휴

다. 오늘날 많은 중국인들이 비휴의 옥제품을 착용한다.

호선은 몇천 년 동안 도를 닦아 신통력을 가졌다는 여우이다. 여우는 중국 문화에서 정의롭고 사악한 이미지의 일종이다.

형천은 목이 없는 거인인데, 그 이유가 황제와의 싸움에서 황제에게 목이 베였기 때문이다. 형천은 염제의 신하로 음악의 신이라 불린다. 형천은 염제를 위해 '부리'라는 음악을 지었고, 풍년이라는 시가도 지었다고 한다. 형천은 왼손에는 방패, 오른손에는 도끼를 들고 황제와 싸웠다고 한다.

그 밖에도 중국에는 많은 요괴가 있다. 중국 요괴 중에 '가(格)'가 있다. 가는 중국 남방지대에 살며 가뭄을 일으키는 괴물이라 믿는다. 키는 인간 허리보다 작고 외눈이며 매우 빨리 달린다. 가를 발견하는 즉시 변소에 가두면 금방 죽어버려 가뭄이 일어나는 것을 막을 수 있다고 여긴다.

'가국(猳國)'은 촉나라의 산에 주로 살았다고 전해지는 요괴이다. 확

원(玃猿), 마화(馬化)라고도 한다. 생김새는 원숭이와 매우 흡사한데, 키는 약 7척 정도 되며, 직립보행을 한다. 가국은 인간 여성을 유괴해 종족을 번식시켰다고 한다. 잡아 온 인간 여성이 아이를 못 낳으면 그 여성은 가국의 동굴에 갇혀 점점 가국과 닮아지게 된다.

가국(猳國)

다음은 홍콩 영화에서 많이 등장하였던 '강시(僵屍)'이다. 객사하여 묻히지 못하고 썩지도 못한 시체가 오랜 시간이 지나 원혼이 붙으면 강시가 된다. 강시는 '얼어 죽은 귀신'이라는 의미가 있다고도 하고, '몸이 굳은 귀신'이라고도 한다. 강시는 보통 청나라의 관복을 입고 있는 죽은 시체로 묘사가 된다.

청대 포송령(蒲松齡, 1640~1715)의 『요재지이(聊齋志異)』와 기효람(紀曉嵐)의 『열미초당필기(閱微草堂筆記)』에 강시에 대한 이야기가 있다.

강시 유래에 대한 기원 중에, 청나라 때 후난성 마을에서 유래되었다는 기록이 있다. 후난성의 서쪽에서 온 이주자들의 시신을 그들의 고향으로 운구하는 수단으로 도사가 주술을 사용해서 시체를 걷게 했다고 한다.

저승의 법에 의해 강시의 이마에 부적이 붙여져 있으며, 부적이 붙어 있는 동안은 얌전하지만 부적이 떼어지면 사나워지며 산 사람의 피를 갈구한다고 한다. 세월이 지날수록 날아다니거나 둔갑하는 능력을 가지게 되며, 오래된 강시는 가뭄을 일으킬 정도의 신통력을 지니게 된다. 아주 오랜 세월을 견딘 강시는 '후(犼)'라고 불리는 짐승으로 변한다.

'후'는 영겁의 세월을 지낸 강
시가 진화한 생물로 매우 잔인
하고 난폭하다. 사자와 개를 합
한 형상이며, 입에서 불을 내뿜
는다. 생김새가 용과 비슷해서
용의 아들이라는 전설이 있기
도 하다. 자연재해를 일으키며
사람을 잡아먹는 등의 악행을

후(犼)

저지른다. 이러한 악행을 막기 위해 신선이나 부처가 후를 제어해서
타고 다닌다고 한다.

'고획조(姑获鳥)'는 중국 전설에 등장하는 요괴이다. '야행유녀(夜行
游女)', '천제소녀(天帝少女)', '조성(釣星)', '은비조(隱飛鳥)', '우의선녀(羽
衣仙女)'라고도 불린다. 구획조에 관한 기록은 곽박이 지은『현중기』,
당나라 유순(劉恂)이 지은『영표록이(岭表錄異)』, 당나라 단성식(段成式)
이 지은『유양잡조 우편(酉陽雜组·羽篇)』, 송나라 주밀(周密)이 지은『제
동야어(齊東野語)』, 명나라 진요문(陳耀文)이 지은『천중기(天中記)』, 명
나라 이시진(李时珍)이 지은『본초강목(本草綱目)』에 보인다. 고획조는
인간의 아이를 채가는 습성이 있다고 하는 새이고, 날개를 벗으면
인간의 여성으로 변한다고 한다.『본초강목』등의 기록에 따르면 형
주(荊州, 현재의 후베이성, 후난성)에 많이 서식하는 새로 밤중에 하늘을
날며 아이들에게 해를 끼친다고 한다. 밤에 아이의 옷을 말리면 이
고획조가 피로 표식을 남기는데, 그러면 그 아이가 병에 걸린다고
한다.

『현중기』에 따르면, 이 새는 야행성으로 귀신과 같은 부류다. 이

새는 날개를 벗어버릴 수 있는데, 날개를 벗으면 인간의 여성으로 변한다. 반대로 고획조로 돌아갈 때는 날개를 입는다. 여성의 모습을 하고 있을 때의 고획조는 천제소녀(天帝少女)라고도 불린다. 고획조에게 새끼가 없을 경우에는 인간의 여자아이를 종종 양녀로 삼는다. 그래서 진(晉)나라 때에는 밤에 여자아이의 옷을 밖에 걸어두는 일이 없었다. 고획조가 평소 점찍어둔 아이의 옷에 자신의 피를 묻혀 표시를 하기 때문이다. 그래서 당시 사람들은 이 새를 '귀조(鬼鳥)'라고 불렀다. 특히 형주에서 많이 볼 수 있었다고 한다.

〈선녀와 나무꾼〉 이야기에서 산속의 연못은 논밭이었고, 선녀는 하늘나라의 선녀가 아니라 고획조라는 귀조(鬼鳥)였다고 한다.

'귀차(鬼車)'는 『속박물지』, 『형초세시기』 등에 나오는 중국 괴조의 일종으로, '구두조(九頭鳥)'라고도 부른다. 날개를 펼치면 3미터 가까이 되는데, 부엉이와 비슷한 새이며 머리가 아홉 개 있고 인간의 혼을 빨아들인다고 한다.

후베이성에는 '천상구두조 지상호북료(天上九頭鳥, 地上湖北佬)'라는 말이 있다. 이 말은 '하늘에는 구두조, 땅에는 후베이 사람'으로서, "하늘에서는 아홉 개 머리가 달린 영특한 새를 당할 수 없고, 땅에서는 후베이 사람을 당할 수 없다"라는 뜻이다.

천상구두조 지상호북료

초나라를 상징하는 아홉머리의 새는 구봉신조(九鳳神鳥)에서 유래한다. 1946년 10월 섬북(陝北)에서 승리를 거둔 마오쩌둥은 네 차례에 걸친 국민당군의 포위 공격에 살아남은 후베이 출신 3개 방면군에 대해 "하늘에 구두조가 있다면 땅에는 후베이 사람이 있다. 적들이 네 차례의 포위 공격으로 구두조의 머리 네 개를 베었지만 남은 5개 머리로 승리했다. 구두조는 빈말이 아니다. 후베이 사람은 대단하다. 천하를 뒤집을 역량이 있다."라고 칭송하였다.

한편, 후베이 사람들은 북방 사람들처럼 솔직하거나 직접적이지 못하고 또한 장쑤성이나 저장성 사람들처럼 세밀하지 못하다. 이들 성격은 총명하고 교활하며, 강하면서도 앞뒤를 재는 성격을 빗대어 구두조에 비유하게 되었다. 후베이성 사람들은 자신을 잘 드러내지 않고 조금은 응큼하고 변화에 잘 적응한다. 특히 머리 아홉 개 중에서 아무도 대장을 하려고 하지 않듯이 이들도 절대로 대장을 해서 그 위험을 감수하려고 하지 않는다.

'농질(蠪侄)'은 대가리와 꼬리가 각각 9개씩 달려 있는 여우이다. 기괴하게 생겼으며 본래는 순수한 여우였으나 인간의 고기를 탐하여 갈수록 타락하였다. 몸은 황소만큼 크고 매우 재빠르며 호랑이 발톱을 가지

농질(蠪侄)

고 있다. 인간을 유인하기 위해 '갓난아이'의 울음소릴 낸다. 인간이 울음소리를 듣고 다가오면 매우 빠르게 습격한다.

'태세(太歲)'는 수천 개의 눈이 달린 붉은 고깃덩어리 혹은 붉은 곰팡이 같은 모습을 하고 있으며, 사람의 말을 한다. 토목공사를 하기 위해 땅을 파다가 가끔 우연히 나온다고 한다. 만약 태세가 나왔을 경우는 이것이 나온 자리에서 바로 공사를 중지하고 다시 땅에 묻는 것 외에는 재난을 피할 방법이 없다. 만약 실수로라도 파냈다가는 그 집에

사는 일가가 모두 죽게 된다.

어느 집에서 인부들이 땅을 파다 태세를 발견하였다. 하지만 이것의 정체를 몰랐던 집주인은 땅에서 파낸 태세를 들고 사람들에게 물어보러 다녔는데, 마침 길을 지나가던 한 고승이 보고 놀라며 당장 그것을 도로 묻고 공사를 중지하라 하였다. 집주인과 인부들의 고승의 말을 듣고 그대로 실행하였으나, 이미 늦어 1년 후 인부들과 그집안사람이 모두 죽고 대가 끊겼다.

11. 소수민족의 민간신앙

중국 소수민족 중 써족(畬族)은 집집마다 용머리가 새겨진 지팡이를 보존하고 있다. 이른바 '조상의 지팡이(祖杖)'라고 부른다. 써족은 반호(盤瓠)의 전설을 약 5장(丈, 15.5m) 길이의 너비가 1척 5촌(45cm) 정도되는 흰 천에 그려 놓는다. 이를 '조도(祖圖)' 혹은 '보인화상(寶印畵像)'이라 부르는데, 신성하기에 침범할 수 없다고 여긴다. 조장(祖杖)과 조도(祖圖)는 평일에는 족장 혹은 위엄과 신망이 있는 사람이 보존한다. 조장과 조도는 써족의 원시 도등숭배(圖騰崇拜)의 흔적을 반영한다.

3년마다 써족은 조상에게 제사를 지내는 대형 활동을 거행한다. 거행할 때마다 조도를 사당에 걸어두어 자손에게 보여준다. 그들은 자기 민족의 기원을 알게 하고자 하고, 친속 간에서로 축하를 한다. 어떤 지역은

써족 조도(祖圖) 조장(祖杖)

"조상을 맞이(迎祖)"하는 활동을 한다. 거행할 때마다 사람들은 조장을 높이 들고 거리를 다닌다. 음악을 연주하고, 전해 내려오는 조장의 '용강무(龍杠舞)'를 춘다. 그밖에 써족은 여러 신을 믿고 귀신을 믿는다. 생산 활동을 하지 않는 써족의 남자무당(巫師)이 있다. 한족과 섞여 사는 지역의 어떤 써족은 불교를 믿는다. 지금은 경제와 문화의 발전에 따라 옛날의 미신활동은 이미 줄어들고 있다.

쓰촨성과 윈난성 경계에 사는 강족(羌族)은 큰 바위를 숭배하는 석신제(石神祭)를 지낸다. 이들은 돌이 만물을 주관하는 최고의 신이라고 여긴다. 큰 바위에 함부로 앉지도 않고 늘 깨끗하게 관리한다. 강족은 흰돌을 최고로 친다. 그들은 흰돌을 삼림과 집안의 나무를 무성하게 관리해주는 수호신이라고 여긴다. 집집마다 대문 앞에 커다란 흰바위를 수호신으로 둔다.

강족(羌族)은 백석(白石)숭배라는 풍속을 갖고 있다. 이러한 풍속은 마오현(茂縣), 원촨(汶川), 리현(理縣), 베이촨(北川) 등지에서 유행한다. 강족이 믿는 신령은 모두 백석으로 상징한다. 백

강족의 백석(白石) 숭배

석은 지붕 위의 탑 위에, 집 안의 신감(神龕) 위나 화당(火塘) 옆에 둔다. 마을 밖의 산 위와 신림(神林) 등에도 둔다. 지붕 위의 백석은 천신(天神)을 대표하고, 화당 옆의 백석은 화신(火神)을 대표한다. 산 정상의 백석은 천신을 대표하고, 밭에 있는 백석은 풋곡식 토지신(靑苗土地神) 등을 대표한다. 강족 사람들은 항상 백석이 있는 곳을 향해 정성을 다하여 기도를 하고 향을 피워 제사를 지낸다.

이족(彝族)은 매년 정월과 6월에 화신제(火神祭)를 올린다. 화신제란

논두렁밭두렁을 불태우기 전에 제물을 논두렁에 놓고 한 해의 농사와 불의 고마움을 주민 모두가 함께 비는 의식을 말한다. 특히 윈난성 홍하(紅河) 하니족이족자치주(哈尼族彝族自治州) 미륵현(彌勒縣) 서일진(西一鎭)에 거주하는 이족(彝族) 아세인(阿細人)은 불을 숭상한다. 미륵이족(彌勒彝族) 아세인의 자칭은 아세발(阿細潑)이다. 주로 미륵성(彌勒城) 서북부의 서산(西山)에 거주한다. 이족 전설 중에 나무를 문질러 불을 얻은 '화신(火神)' 목등(木鄧)을 기념하기 위해 매년 음력 2월 초삼일에 당지에 성대하게 제사 활동을 거행한다. 제화절(祭火節)은 조상 대대로 이어온 행사이다. 이러한 이유 때문에, 매년 음력 2월 초3일마다 아세인은 제화절을 성대하게 거행한다. 수많은 소수민족 군중들이 질서정연하게 홍만촌(紅萬村)에 모여, 이족 전통의 삼현금(三弦琴)을 연주하며 노래를 부르고 춤을 춘다. 씨름 대회를 열고 민족 특색을 가진 공연을 열어 민족 전통명절을 기념한다. 이들이 불을 숭상하는 이유 때문에, 경축 활동의 마지막 내용은 모두가 '화신' 주위에 모여 격렬하게 춤을 춘다. 심지어는 맨발로 '화신'을 상징하는 불더미에서 춤을 춘다. '화신'이 농사가 잘되어 풍성한 수확을 거둘 수 있게 돌봐주기를 희망한다.

한편, 홍하(紅河) 강변의 이족(彝族) 처녀들은 닭벼슬 모자를 쓰는 것을 즐긴다. 이는 닭이 사악한 것을 물리치고 귀신을 내쫓는 역할을 하는 것과 관련이 있다.

묘족(苗族)은 토지신에 토공신(土公神)과 지모신(地母神)이 있다고 여긴다. 이들은 한 해 농사를 시작하기 전에 그들이 생산하여 먹는 모든 농업 생산품을 종류별로 대나무 그릇에 담아 논두렁 밭두렁에 놓고 토공신제부터 먼저 지낸다.

윈난성의 와족은 다른 부족의 목을 베어 와서 곡신에게 제사(穀神祭)

를 올리는 풍습이 있었다. 와산(佤山) 지역에 사는 와족은 적대시되는 상대 부족의 목을 베어 사람의 머리를 옥수수 가마니 위에 올려놓고 제사를 지낸다. 그들은 사람의 머리에는 오곡을 풍족하게 하는 불가사의한 능력이 있다고 여긴다.

허쩌족은 첫눈이 내리면 어신제(魚神祭)를 올린다. 이들은 매년 첫눈이 내릴 때면 마을을 대표하는 무당이 생선 가죽으로 만든 울긋불긋한 옷을 입고 강물 속에 있는 모든 생선들이 알을 많이 낳아 번성하게 해달라고, 커다란 북을 쥐고 어신제를 올린다.

어룬춘족은 매년 초 태양신과 월신(月神), 뢰신(雷神)에게 자기 종족을 보호해달라고 빈다. 이들의 신앙은 바로 '해, 달, 비, 벼락'이기 때문에 벼락이 치면 사람들은 엎드려 잘못을 빈다.

토가족(土家族)의 젊은 남녀들은 이른바 '닭차기(踢鷄, 打鷄)'라는 특별한 방식으로 신년을 축하한다. 토가족 사람들이 '제기 차는 것'을 '닭차기'로 말한다. 그들은 한자리에 모여 한 사람이 '닭'을 발로 차기 시작하면 사람들이 앞다투어 '닭'을 잡으려고 하는데 '닭'을 잡은 사람이 누구든 쫓아가서 풀로 그

토가족 제기차기(닭차기)

사람을 때릴 수 있다. 이런 식으로 선남선녀들이 마음에 드는 사람을 쫓아가서 풀로 때리며 자신의 마음을 상대방에게 표현하게 된다. 즉, '닭차기'는 사랑을 표현하는 매개체가 되는 것이다.

후베이성 서부 지역에서는 토가족 여성이 첫아기를 낳았을 때 사위는 아이의 성별에 따라 수탉 혹은 암탉을 장인, 장모에게 선사하며 기쁨을 알린다. 그러면 처가에서는 사위가 가져온 닭과 반대의 성을 지닌 닭을 준비하여 사위로 하여금 가져온 닭과 함께 다시 집으로

데리고 돌아가게 한다. 그리고 암탉은 알을 낳고 알은 병아리가 된다. 사람들은 계란을 인류의 결혼과 출산에 비유하였다. 오늘날까지도 많은 지역에서 아이를 낳으면 붉은 계란을 보내어 기쁨을 전하는 풍속이 널리 행해지고 있다.

참고문헌과 읽을거리

공봉진·이강인·조윤경, 『한 권으로 읽는 중국문화』, 산지니, 2016.

김선풍, 『한국과 중국의 민간신앙』, 보고사, 2004.

김창경·공봉진·이강인·김태욱, 『키워드로 여는 현대 중국』, 경진출판, 2021.

천친젠·인샤오페이 지음, 이인경 옮김, 『길상예술의 사유와 상징』, 민속원, 2016.

"關公爲什麽被稱爲財神", https://lrl.kr/bAKQ(검색일 2021.3.19).

"觀世音信仰", https://lrl.kr/bOLy(검색일 2021.3.11).

"觀音信仰的緣起與傳播", https://lrl.kr/bAKF(검색일 2021.3.11).

"年畵(中國民間藝術之一)", https://lrl.kr/KI5(검색일 2021.3.19).

"藍采和(中國民間及道敎傳說中的八仙之一)",

　　　https://lrl.kr/bOLx(검색일 2021.2.20).

"呂洞宾(唐代道家丹鼎派祖師、民間傳說的八仙之一)"

　　　https://lrl.kr/KIK(검색일 2021.2.20).

"魯班(射箭運動員)", https://lrl.kr/cqMh(검색일 2021.2.20).

"馬王爺(中國民間信奉的神仙之一)", https://lrl.kr/bAKr(검색일 2021.2.14).

"媽祖(以中國東南沿海爲中心信仰的海神)"

　　　https://lrl.kr/KIG(검색일 2021.2.20).

"門神(民間信仰的司門守衛之神靈)" https://lrl.kr/cqMZ(검색일 2021.2.14).

"彌勒信仰", https://lrl.kr/KIW(검색일 2021.3.11).

"伏羲廟(第五批全國重點文物保護單位)",

https://lrl.kr/baJT(검색일 2021.3.19).

"佛學文化: 信仰藥師佛與信仰阿彌陀佛一樣嗎 | 百家故事",

　　https://lrl.kr/b0LA(검색일 2021.3.11).

"使用筷子的十二種忌諱", https://lrl.kr/b32f(검색일 2021.3.19).

"色彩的象征意義大全", https://lrl.kr/KI9(검색일 2021.3.19).

"西王母(道教至高無上的女神)", https://lrl.kr/bAKP(검색일 2021.3.19).

"細數中國民間傳說中的文武財神", https://lrl.kr/dGOW(검색일 2021.2.14).

"孫思邈(唐代醫藥學家)", https://lrl.kr/cqMh(검색일 2021.2.20).

"升棺圖-龍虎山游記攻略", https://lrl.kr/KIY(검색일 2021.3.19).

"岳廟(杭州岳廟)", https://lrl.kr/bAKS(검색일 2021.3.19).

"壓歲錢(過年習俗)", https://lrl.kr/baJ0(검색일 2021.3.19).

"五瘟使者", https://lrl.kr/cqMg(검색일 2021.2.14).

"王母娘娘(中國神話中的長生女神)", https://lrl.kr/bAKO(검색일 2021.3.19).

"爲何唐代"羅漢信仰"會達到巔峰, 是拜"安史之亂"所賜嗎?",

　　https://lrl.kr/cQNq(검색일 2021.3.11).

"有趣的民間游戲: 雙飛舞跑、踢鷄、貼燒餠、同背",

　　https://lrl.kr/djRl(검색일 2021.3.19).

"張果老(中國古代神話傳說八仙之一)",

　　https://lrl.kr/bAKA(검색일 2021.2.20).

"財神(中國道教中主管世間財源的神明)",

　　https://lrl.kr/dGOV(검색일 2021.2.14).

"在中國古代, 黃色代表什麼含義, 爲何皇帝龍袍大多爲黃色?",

　　https://lrl.kr/baJ6(검색일 2021.3.19).

"在中國文化中各種數字有什麼含義? 如4,9,11等, 盡量全面一些",

　　https://lrl.kr/bAK7(검색일 2021.3.19).

"傳說中的三大司厨女神", https://lrl.kr/NY8(검색일 2021.3.19).

"井神", https://lrl.kr/d6QA(검색일 2021.2.14).

"曹國舅(中國民間傳說中的八仙之一)",

　　　https://lrl.kr/cqMn(검색일 2021.2.20).

"竈君原來是女神 竈君名隗狀如美女", https://lrl.kr/dGPF(검색일 2021.2.14).

"竈神(中國傳統民間信仰中的神祇)", https://lrl.kr/dgN0(검색일 2021.2.14).

"終極一乘·之五·彌勒信仰(彌勒信仰的始末因緣)",

　　　https://lrl.kr/b0LD(검색일 2021.3.11).

"鐘離權(中國民間及道教傳說中的八仙之一)",

　　　https://lrl.kr/cQNf(검색일 2021.2.20).

"中國文化的五大象征是什麽 有什麽意義",

　　　https://lrl.kr/b0LZ(검색일 2021.3.19).

"中國文化中, 最吉利的數字到底是幾?", https://lrl.kr/baJ8(검색일 2021.3.19).

"中國人的數字情結, 1、6、8、9等的寓意, 你知道多少",

　　　https://lrl.kr/bAKV(검색일 2021.3.19).

"中國的顔色象征了什麽?", https://lrl.kr/b0LY(검색일 2021.3.19).

"天仙娘娘考−道教對民間女神的祭祀", https://lrl.kr/dgOt(검색일 2021.3.19).

"鐵拐李(中國民間傳說及道教中的八仙之首)",

　　　https://lrl.kr/baJC(검색일 2021.2.20).

"七樣菜" https://lrl.kr/d6Qt(검색일 2021.4.10).

"土地爺", https://lrl.kr/baKe(검색일 2021.2.14).

"八仙(道敎八位神仙)", https://lrl.kr/KIH(검색일 2021.2.20).

"布袋和尚(五代後梁時期僧人)", https://lrl.kr/dGPh(검색일 2021.3.11).

"何仙姑(中國民間傳說及道教中的八仙之一)",

　　　https://lrl.kr/dgOe(검색일 2021.2.20).

"何爲地藏菩薩信仰?", https://lrl.kr/dGPd(검색일 2021.3.11).

"韓湘子(中國古代民間傳說中的八仙之一)",

　　　https://lrl.kr/baJH(검색일 2021.2.20).

"蝴蝶在中國象征什麽 蝴蝶代表什麽數字",

　　　https://lrl.kr/KJi(검색일 2021.3.19).

"紅色(顔色的一種)", https://lrl.kr/KI8(검색일 2021.3.19).

"紅色, 對於中國人來說意味着什麽", https://lrl.kr/bAKY(검색일 2021.3.19).

"紅色爲什麽代表喜慶的顔色紅色的含意和象征",

　　　https://lrl.kr/baJ5(검색일 2021.3.19).

"黃色(顔色的一種)", https://lrl.kr/cqMP(검색일 2021.3.19).

미국 원주민의 민간신앙

김혜진

1. 미국 원주민의 민간신앙

2005년 강원도 화천군은 미국 인디언 2개 마을과 자매관계를 맺었다. 2개의 인디언 마을은 사우스 다코타주의 인디언(수우족) 자치지역인 오글라라 라코타네이션과 노스 캐롤라이나주 이스턴 밴드(Eastern Band) 체로키 인디언 마을이다. 2005년 7월에 개최되었던 축제에 체로키족 등 인디언 4개 부족이 초대받았다.

미국 문화에서 인디언 부족들의 문화는 상당 부분을 차지하고 있다. 인디언 부족들과 그들의 문화, 민간신앙을 이해하는 것은 미국의 일부분을 이해하는 것과 마찬가지이다. 콜럼버스가 신대륙을 발견하기 이전 많은 인디언 부족들이 그 땅에 살고 있었다. 이 글에서는 인디언의 민간신앙을 전하고자 한다. 특히, '문명화된 다섯 부족(Five

Civilized Tribes)', 6·25전쟁 당시 참전했던 나바호족, 테쿰세의 저주로 유명한 쇼니족, 그리고 미국 영화에 자주 등장하는 인디언 부족에 대해 소개할 것이다.

1) 인디언과 정령

우리는 '인디언 기우제'에 대해서 많이 듣는다. 가뭄이 들었을 때, 비가 올 때까지 기도한다는 의미를 갖고 있다. 이는 미국 애리조나 사막지대에 사는 호피 인디언들의 삶의 태도에 관한 얘기라 할 수 있다.[1]

그리고 '인디언 말타기'라는 말이 있다. 인디언은 말을 타고 빠르게 달리다가 가끔 말을 세우고 뒤를 돌아보는 습관이 있다고 한다. 이는 걸음이 느린 영혼을 배려하기 위한 행동에서 비롯되었다. 내 몸은 말을 타고 여기까지 왔지만 내 영혼이 몸을 쫓아오지 못할까 봐 영혼이 따라올 수 있도록 기다려준다는 것이다.

아메리카 원주민(Native American)[2]들은 자연, 땅, 그리고 '위대한 정령(Great Spirit)'을 가까이하며 자연의 일부분으로 살아왔다. 위대한 정령은 인디언의 신앙에서 초월적 존재자를 가리키는 말이다. 인디언의 금언들을 살펴보면, '위대한 정령'을 어머니 아버지 혹은 할아버지로

---

1) 호피족은 자신들의 창세신화에서 인간은 신에 의해 빨강, 노랑, 하양, 검정의 네 가지 생명에서 만들어졌다고 하며, 인간을 네 가지 색과 결부 짓는다.

2) 10여 년 전 '인디언'이라는 호칭이 잘못되었다 하여 '아메리카 네이티브'라고 수정하여 부르자는 운동이 있었다. 그러나 인디언 사회에서 오랜 시간 동안 자신들이 인디언이라 불렸기 때문에 '인디언'이란 정체성이 생겼으므로 '아메리카 네이티브'로 바꾸지 말아 달라고 요청했다. 이로서 미국 사회는 '인디언'이라는 용어를 수정하지 않고 공식명칭을 '아메리카 인디언'으로 재지정했다.

일컫기도 한다.

아메리카 인디언들은 옥수수 속에 정령이 깃들어 있다고 믿었다. 인디언들은 정령이 사는 집인 냄비가 뜨거워지면 정령이 점점 화가 나게 되고, 참을 수 없을 정도로 분노가 폭발하면 껍질을 까고 터져 나오는 것이 팝콘이라 여겼다. 인디언들은 이러한 상징을 갖고 있는 팝콘을 영국 이주민을 만날 때마다 평화의 표시로 건내기도 했다고 한다.

인디언들의 1년 열두 달과 관련된 내용들을 살펴보면 그들의 신앙을 알 수 있고, 생활관과 가치관 등을 알 수 있다.

2) 인디언 열두 달과 십계명

인디언의 1년 열두 달의 이름을 월별마다, 자연의 특징과 계절이 주는 느낌을 잘 살려 지었다. 그 내용을 살펴보면 다음과 같다.

인디언 열두 달

1월

마음 깊은 곳에 머무는 달(아리카라족)

얼음 얼어 반짝이는 달(테와 푸에블로족)

추워서 견딜 수 없는 달(수우족)

바람 부는 달(체로키족)

2월

홀로 걷는 달(수우족)

삼나무에 꽃바람 부는 달(테와 푸에블로족)

너구리 달(수우족)

3월

마음을 움직이게 하는 달(체로키족)

암소가 송아지 낳는 달(수우족)

한결같은 것은 아무 것도 없는 달(아라파호족)

4월

생의 기쁨을 느끼게 하는 달(블랙푸트족)

머리 밑에 씨앗을 두고 자는 달(체로키족)

거위가 알을 낳는 달(샤이엔족)

5월

말이 털갈이하는 달(수우족)

오래 전에 죽은 자를 생각하는 달(아라파호족)

뽕나무의 달(크리크족)

6월

더위가 시작되는 달(퐁카족)

나뭇잎이 짙어지는 달(테와 푸에블로족)

말없이 거미를 바라보게 되는 달(체로키족)

7월

열매가 빛을 저장하는 달(크리크족)

산딸기 익는 달(수우족)

8월

다른 모든 것을 잊게 하는 달(쇼니족)

기러기가 깃털 가는 달(수우족)

건조한 달(체로키족)

9월

풀이 마르는 달(수우족)

검정나비의 달(체로키족)

작은 밤나무의 달(크리크족)

10월

시냇물이 얼어붙는 달(샤이엔족)

잎이 떨어지는 달(수우족)

11월

물이 나뭇잎으로 검어지는 달(크리크족)

산책하기에 알맞은 달(체로키족)

모두 다 사라진 것은 아닌 달(아라파호족)

12월

다른 세상의 달(체로키족)

침묵하는 달(크리크족)

나뭇가지가 뚝뚝 부러지는 달(수우족)

인디언의 열두 달 이름에서도 볼 수 있듯이 인디언들은 자연과 함께 살아가는 삶, 자신들의 삶에 대해 깊이 고찰하며 생활해 왔다. 이러한 삶을 살아가는 인디언들은 '인디언 십계명(Native American Ten Commandments)'을 자신들의 삶의 중심에 놓고 새기며 살았다. 인디언 십계명은 다음과 같다.

1. 대지는 우리의 어머니, 그녀를 잘 보살피라.
2. 당신 주변의 모든 관계를 존경하라.
3. 당신의 마음과 영혼을 '위대한 정령'에게 열라.
4. 모든 생명은 고귀하다.
   모든 사물을 존경하는 마음으로 존경하라.
5. 대지로부터 필요한 것만 얻고 그 이상은 취하지 말라.
6. 공동의 선을 위해 필요한 일을 하라.
7. 매일 새로운 날에 위대한 정령께 감사를 드리라.
8. 진실만을 말하라, 그러나 다른 사람의 좋은 점만을 말하라.
9. 자연의 시간을 따르라.
   태양과 함께 일어나고 잠을 자라.
10. 삶의 여정을 즐기라.
    그러나 흔적은 남기지 마라.

3) 인디언 이름 짓기

수우족 추장 중 "성난 말(크레이지 호스, Crazy Horse, 1840년 무렵~1877), 웅크린 황소 혹은 앉은 소(시팅 불, Sitting Bull, 1831년 무렵~1890)"는 미국 역사에서 매우 중요한 이름이다. 이들의 이름은 인디언 이름 짓기를 알면, 그 의미를 알 수 있다. '성난 말'을 예를 들어 보면, '0'으로 끝나는 년도의 9월에 태어났음을 보여준다. '웅크린 황소'는 '4'로 끝나는 해의 5월에 태어났음을 알 수 있다. 하지만 일반적으로 알려진 해는 '1'로 끝나는 해라고 되어 있지만, 이는 정확하지 않다. 이름을 보면 '4'로 끝나는 해에 태어났음을 유추할 수 있다. 아래는 인디언 이름짓기와 관련된 "년, 월, 일"에 담긴 의미이다.

태어난 연도의 뒷자리에는 다음과 같은 의미를 지닌다. '0'으로 끝나면 "시끄러운, 말 많은", '1'로 끝나면 "푸른", '2'로 끝나면 "어두운 혹은 적색", '3'으로 끝나면 "조용한", '4'로 끝나면 " 웅크린". '5'로 끝나면 "백색", '6'으로 끝나면 "지혜로운", '7'로 끝나면 "용감한", '8'로 끝나면 "날카로운", '9'로 끝나면 "욕심 많은"이라는 의미를 지닌다.

태어난 달에도 의미가 있는데, "1월은 늑대, 2월은 태양, 3월은 양, 4월은 매, 5월은 황소, 6월은 불꽃, 7월은 나무, 8월은 달빛, 9월은 말, 10월은 돼지, 11월은 하늘, 12월은 바람"을 상징한다.

태어난 날에도 각각의 의미가 있다.

1일은 "~와(과) 춤을", 2일은 "~의 기상", 3일은 "~은(는) 그림자 속에", 4일과 5일 및 6일은 따로 붙는 말이 없다. 7일은 "~의 환생", 8일은 "~의 죽음", 9일은 "~아래에서", 10일은 "~을(를) 보라", 11일은 "~이(가) 노래하다", 12일은 "~의 그늘, 혹은 그림자", 13일은 "~의 일격", 14일은 "~에게 쫓기는 남자", 15일은 "~의 행진", 16일은 "~의 왕", 17일은 "~의 유령", 18일은 "~을 죽인 자", 19일은 "~은(는) 맨날 잠잔다", 20일은 "~처럼", 21일은 "~의 고향", 22일은 "~의 전사", 23일은 "~은(는) 나의 친구", 24일은 "~의 노래", 25일은 "~의 정령", 26일은 "~의 파수꾼", 27일은 "~의 악마", 28일은 "~와(과) 같은 사나이", 29일은 "~의 심판자 혹은 ~을(를) 쓰러뜨린 자", 30일은 "~의 혼", 31일은 "~은(는) 말이 없다"이다.

2. 인디언과 미국

1) 인디언 그리고 원주민

　미국 땅의 원주민을 왜 인디언이라 부르게 되었는지 한번 생각해 볼 필요가 있다. 15세기 말, 콜럼버스가 북아메리카에 도착하게 된 경위를 알아봐야 한다. 콜럼버스가 항해를 시작하게 된 계기는 인도로 가는 항로를 찾기 위해서였다.

　당시 유럽에서 인도의 향신료가 매우 인기가 있었다. 그러나 이 물품들이 유럽으로 도착하기까지 수많은 중간 상인들을 거쳐야 했기에 그 가격은 매우 높았다. 이 문제를 해결하기 위해 콜럼버스는 직접 인도를 찾아 나섰으며 이 과정에서 아메리카 대륙을 발견한다. 콜럼버스는 당연히 이곳을 인도라고 생각했으며 '인도사람'이라는 의미로 '인디언'이라고 부르기 시작하였다. 2000년대 들어서면서 미국에서는 이들을 인디언이라기보다는 '네이티브 아메리칸' 또는 '아메리카 원주민'이라 부르는 것이 더 흔해졌다.[3]

　미국 원주민을 공부할 때, 네 개의 시기를 기준점으로 하여 공부를 하는 것이 좋다.

　첫째는 1830년 미국 앤드류 잭슨 대통령에 통과된 '인디언 강제이주법(Indian Removal Act)'이다. 이때 46,000명의 원주민들이 고향에서 오클라호마 등 먼 곳으로 강제로 이주당하였다.

---

3) 인디언으로 인정받는 기준은 다음과 같다. 이 기준은 미국 정부의 인디언부(the Bureau of Indian Affairs)에서 정한 것이다. 1. 미 연방정부가 인정한 인디언 부족에 속해야 한다. 2. 이 인디언 부족의 피가 절반 이상 또는 특별한 이유가 있다면 최소한 1/4은 피가 섞여야 한다.

둘째는 인디언 기숙학교이다. 1879년에 설립되었던 첫 번째 인디언 기숙학교였던 칼라일의 교육 방침은 "인디언을 없애고 사람을 만든다(kill the indian and save the man)"였다.

셋째는 인디언들의 영화 출연이다. 1914년에 제작된 무성영화 〈머리 사냥꾼들의 땅에서(In the Land of the Head Hunters)〉는 캐나다 정부가 금지했던 콰키우틀족의 포틀래치(Potlatch) 의식4)을 보여준다. 북아메리카의 원주민들이 출연한 최초의 영화였다.

넷째는 원주민들의 알카트래즈(Alcatraz)섬 점령이다. 1969년 아메리칸 인디언 대학생 80여 명이 자신들을 '모든 부족의 인디언(Indians of All Tribes, IAT)'이라 선언하며 샌프란시스코의 알카트래즈섬을 점령하였다. 알카트래즈 점령 사건은 인디언 고유의 문화와 전통을 부활시키려는 '레드 파워(Red Power)' 운동의 시작을 알리는 신호탄이었다.

2) 인디언 부족으로부터 유래한 미국 지명

미국 원주민의 흔적은 미국 지명에도 나타난다. 인디언들의 언어와 밀접한 관련이 있는 지명을 살펴보면 다음과 같다.

앨라배마(Alabama)는 '덤불을 없애다'라는 뜻으로 앨리바무(Alibamu)족 이름에서 유래되었다. 앨리바무족은 앨라바마 지역에 살던 인디언으로 앨리바무는 '농작물을 수확하는 사람'이라는 뜻이다.

알래스카(Alaska)는 미국의 마지막 개척지로 불리며 알류트(Aleut) 민족의 언어로 '거대한 땅'을 의미한다. 또는 '본토'란 뜻을 지닌 'Alaxsxaq'에서부터 유래되었다고도 한다.

---

4) 서로 물건을 나누어주고 남는 것은 불에 태우는 의식이다.

아칸소(Arkansas)는 '아래쪽 강가에 사는 사람들의 땅(land of downriver people)'이라는 뜻으로 콰파우(Quapaw) 인디언이 쓰던 '아켄제아(akenzea)'라는 말에서 유래되었다.

애리조나(Arizona)는 피마 인디언(Pima Indian)의 '작은 샘이 있는 곳(little spring place)'이라는 뜻을 지닌 'arizonac'에서 유래되었다.

시카고(Chicago)는 '야생의 마늘'이라는 뜻의 인디언어로 'She kag ong'에서 유래되었다. 또 시카고에는 포타와토미라는 인디언 부족이 살던 곳이다. 이들은 '시카아콰(shikaakwa)'라고 하는 '야생 마늘'을 재배하였다. 이 단어가 프랑스어로 번역되면서 시카고라는 지명이 유래되었다고 한다. 처음에 1679년 프랑스 탐험가였던 라버트 디 라셀(Robert de LaSalle)이 회고록에서 이 일대를 Checagou로 기록하면서부터 알려졌다. 1688년 Henri Joutel은 일기에서 "'시카고우(chicagoua)'라고 불리는 이 지역은 야생 마늘이 많이 나는 곳"이라고 적었다.

코네티컷(Connecticut)은 모히칸족의 '바닷물이 역류해 오는 긴 강가', 또는 '강의 가장자리'라는 뜻의 '퀴네투쿠트(quinnitukqut)'라는 말에서 유래되었다.

아이다호(Idaho)는 아이다호주의 이름의 유래는 매우 다양하다. 먼저 '해가 뜬다' 또는 '지는 해를 잡다'는 뜻의 '이다 호에(E-dah-hoe)'에서 유래되었다고 한다. 그리고 코만치(Comanche) 인디언을 '이다히(Idahi)'라 불렀던 것에서 유래되었다는 설이 있고, 연어강 부족(Salmon River Tribe)의 말로 'Ida'는 '연어'를 뜻하고 'ho'는 '부족'을 뜻한다는 것에서 유래되었다는 설도 있다.

아이오와(Iowa)는 아이오웨이(Ioway) 인디언 부족의 이름에서 유래되었다. 물론 '바로 여기', '아름다운 땅'이라는 뜻에서 유래되었다는 설도 있다. 아이오와주의 별명은 '매의 눈 주(the Hawkeys State)'인데

이는 블랙 호크 추장이 이끄는 인디언 부족이 백인과의 전쟁에서 패배하여 현재의 아이오와주를 넘겨줘야 했던 사건이 있었다. 당시 자신의 부족을 위해 노력했던 블랙 호크 추장을 기리기 위해 '매의 눈 주'라는 별명으로 부르기도 한다. 영화 〈매디슨 카운티의 다리〉로 유명한 매디슨 카운티가 바로 아이오와주에 있다.

캔사스(Kansas)는 수우족의 말로 '남풍의 사람들'이라는 뜻의 '칸사(Kansa)'에서 유래하였다. 캔사스주는 암염으로 유명하여 '소금의 땅(The Salt of the Earth)'으로 불리기도 한다. 캔사스는 '피 흘리는 캔사스(Bleeding Kansas)',[5] '피로 물든 캔자스(Bleedy Kansas)'라는 별명도 가지고 있다. 그것은 자유주 주민(노예제를 반대한 캔자스 정착민들)과 노예제를 찬성하는 정착민들과 미주리주에서 주 경계를 넘어 캔자스로 유입된 친노예제 활동가 사이에 벌어진 일련의 폭력적인 사건들이었다. 이 폭력적인 사건들은 대략 1854년에서 1858년 사이에 캔자스 준주와 미국의 미주리주 서쪽의 프런티어 타운들에서 발생하였다. 갈등의 주요 이슈는 캔자스가 자유주로 연방에 가입할 것인가 아니면 노예주로 가입할 것인가에 대한 문제였다. '피 흘리는 캔자스'는 미국의 노예제 문제를 놓고 벌어진 북부인들과 남부인들 간의 대리전이었다. '피흘리는 캔자스'에서의 사건들은 미국 남북전쟁으로 이어질 초기 징조였다.

켄터키(Kentucky)는 이로쿼이(Iroquoi) 부족의 말로 '내일의 땅'이라는 의미의 '켄타텐(Kentaten)'에서 유래되었다. 링컨 대통령의 고향이다. 생일 축하곡으로 유명한 '해피 버스데이 투유(Happy birthday to you)'가

---

5) '피 흘리는 캔자스'라는 용어는 뉴욕 트리뷴(New York Tribune) 신문사의 호러스 그릴리(Horace Greeley)가 만들었다.

만들어진 곳이기도 하다.

메사추세츠(Massachusetts)는 인디언 앨공킨(Algonquin)족의 '거대한 산' 또는 '커다란 언덕 주변'이라는 말에서 유래되었다.

미시건(Michigan)은 치페와부족 언어로 '커다란 호수'를 의미하는 'Michigama'에서 유래되었다.

미네소타(Minnesota)는 다코타족의 말로 '하늘빛 강물(sky-tinted water)', '하얀 물'을 의미하는 'Minisota'에서 유래되었다.

미시시피(Mississippi)는 치페와부족의 말로 '큰 강, 큰물, 물의 아버지'를 의미하는 'mici zibi'에서 유래되었다.

미주리(Missouri)는 미주리족의 이름에서 유래되었다. 미주리의 뜻은 '거대한 카누의 마을'이다.

네브라스카(Nebraska)는 오토(Oto)부족의 말로 '잔잔한 수면'이라는 뜻이다.

3) 미국 무기 이름에 들어간 인디언

미국의 현대식 헬리콥터나 무기 등에 인디언과 관련된 명칭들이 많이 있는데, 이는 인디언의 용맹함을 그대로 반영한 것이라 할 수 있다. 미국 역사에서 백인과 전투하였던 인디언 부족이나 추장의 이름을 사용하면서 미국군의 용맹함을 보여주는 것이라 하겠다.

미 육군이 사용하는 헬리콥터 등에는 인디언 부족이나 용맹한 전사 또는 지도자의 이름을 애칭으로 부여한다. 이는 규정으로도 정해져 있다. 대표적인 예로는 H-13 수우, H-19D 치카소, CH-21 쇼니, UH-1 이로쿼이, UH-60 블랙호크, CH-47 치누크, OH-58 카이오와, RAH-66 코만치, AH-56 샤이엔, LUH-72A 라코타, AH-64 아파치

등이 있다. 그 중에 몇 가지를 살펴보면 아래와 같다.

블랙호크(Black Hawk) 헬기는 공격용 헬기로 정식이름은 UH-60이
다. 1950년대에 개발된 UH-1헬기를 대체할 목적으로 개발되었고,
다목적 전술공수작전을 수행할 새로운 헬리콥터로 연구 개발되었다.
1976년에 미 육군에 인도된 후 운용 목적에 따라 여러 가지로 개조되
었고, 아프가니스탄 전쟁 등에 투입되었다. 블랙 호크(Black Hawk 1767
~1838)는 소크(Sauk)족 추장의 이름이다. 블랙호크는 원주민 땅을 미국
정부에 양도하는 것에 반대하였다. 그의 이름에서 유래된 '블랙호크
전쟁'은 원주민 역사에 큰 영향을 주었다.

아파치(Apache) 헬기는 현용 최강의 공격헬기이며 AH-64가 있다.
미 육군 헬리콥터 작명 전통대로 아메리카 원주민 부족 중 하나인
아파치족의 이름을 따왔다. 아파치족 후예 대표와 라이선스 계약을
맺었으며 출고식을 할 당시 아파치족 출신의 사람이 원주민 전통 복
장을 입고 말을 타고 등장하였다. 아파치 부족은 영화, 게임, 만화,
소설 등 다양한 매체에 등장한다.

치누크(Chinook) 헬기는 보잉 CH-47 치누크(Boeing CH-47 Chinook)
라는 미국 보잉사가 제작한 헬기이다. 치누크란 별칭은 북미 인디언
부족의 이름에서 유래되었다. 기상 분야에서는 로키 산맥 위에 나타
나는 푄 구름을 '치누크(Chinook)'라고 한다. 원주민의 말로 '눈을 먹는
것(snow eater)'이란 뜻을 갖고 있다. CH-47 헬기는 생산된 지 50년이
지난 현재까지 1,100여 대가 생산되어 미국은 물론 대한민국을 포함
한 여러 나라에서 운용 중이다.

라코타(Lakota) 헬기는 라코타족의 이름으로부터 유래되었다. 라코
타족은 수우(Sioux)족의 한 갈래로 가장 용맹스러운 기마족이다. 2012
년 미 육군이 LUH-72 기종에 '라코타'라 이름을 명명하고 이를 기리

기 위한 행사를 열었을 때 원주민들이 참석하여 축하해 주었다.

코만치(Comanche) 헬기는 RAH-66 코만치헬기로 미 육군이 1990년대 개발해서 2000년대 초반 생산까지 들어갔으나 결국은 프로젝트가 무산되었다. 비운의 최첨단 공격 헬기로 여겨진다. 말을 타고 전투를 했던 코만치 부족의 이름을 따서 지었다. 코만치 부족은 말을 이용한 전투에 능란하였다. '코만치 문(Comanche Moon)'이라고 할 만큼 멕시코인들과는 밤에 전투를 많이 벌였다.

OH-58 카이오와(Kiowa)는 정찰헬기 중 대표적인 기종이다. 카이오와(Kiowa) 부족은 본래 로키산맥에서 수렵민으로 살다가 대평원으로 이주하였다. 아파치 부족과 함께 살았는데, 두려움을 모르는 부족이었기에 백인에게는 두려움의 존재가 되었다. 유명한 지도자 혹은 전사로는 산타나(santana)로 불리기도 하는 흰곰(white bear), 도하산(Dohasan), 발차는 새(Kicking Bird), 외로운 늑대(Lone Wolf), 큰나무(Big Tree) 등이 있다.

토마호크(Tomahawk) 미사일은 인디언이 쓰는 손도끼 '토마호크'로부터 그 이름이 유래되었다.

4) 자동차 이름에 들어간 인디언 이름

미국 내에서 생산되는 자동차나 오토바이에도 인디언의 이름과 관련이 있는 제품이 많다. 자동차에는 지프 체로키(Jeep Cherokee), 썬더버드(Thunderbird) 등이 있고, 오토바이에는 인디언(Indian) 오토바이가 있다. 한국 기아자동차에서 생산되는 모하비도 인디언과 관련이 있다.

지프 체로키(Jeep Cherokee)는 미국 크라이슬러 산하 지프 브랜드의 스테이션 왜건형 스포츠 유틸리티 자동차이다. 체로키는 1974년도

체로키 브로슈어에서 SUV(Sports Utility Vehicle)라는 어원을 처음 사용한 지프의 스테디셀러이다. 중형 SUV 체로키(Cherokee)와 플래그십 대형 SUV 그랜드 체로키(Grand Cherokee)는 아메리칸 감성이 담긴 지프 특유의 세련된 디자인이 매력이다. 그랜드 체로키는 1992년 첫선을 보인 이래로 최다 수상 SUV라는 수식어를 가지고 있기도 하다. 체로키 부족이 자신의 이름을 쓰지 말라고 요구하였다.

썬더버드(Thunderbird)는 천둥새, 뇌신조인데, 북미 원주민 아메리카 인디언의 토템(Totem)신앙으로 우뢰, 번개, 비를 일으킨다고 하는 전설상의 거대한 새이다. Power와 Strength의 초자연적인 존재로 묘사되며 날개를 펄럭여 번개, 천둥을 일으킨다. 포드 선더버드는 1954년 디트로이트(Detroit Auto Show)에서 출시되었다.

폰티액(Pontiac)은 미국 제너럴 모터스(GM) 산하에 있었던 브랜드 중 하나로, 1926년에 세워진 브랜드이다. 폰티액 브랜드는 GM의 미

당시 포드 썬더버드 광고

국 내수시장용 자동차 브랜드로 출발하였는데, 2010년까지 존속되었다. 폰티액은 오타와족 인디언 추장 폰티액의 이름을 따서 지어졌다.

〈사랑과 총탄〉(1979)이라는 영화에서 찰스 브론슨(Charles Bronson, 1921~2003)이 타던 차가 폰티액 피닉스(Pontiac Phoenix)이다. 폰티액은 미시간주(州) 남동부에 있는 공업도시이기도 하다.

인디언 오토바이는 미국에서 매우 유명하다. 미국의 전설과도 같은 모터사이클 브랜드로 회사명은 인디언 모터사이클(Indian Motocycle Manufacturing Company)이다. 조지 핸디(George M. Hendee)가 Hendee Manufacturing Comapany라는 이름으로 1897년 자전거 제조사를 설립하였다. 당시 실버 킹, 실버 퀸 그리고 아메리카 인디언이라는 브랜드 이름을 사용했는데 이는 간단하게 '인디언'이라 줄여지고 Hendee사의 주요 브랜드명이 되었다. 1902년에는 최초의 인디언 모터사이클이 등장해 일반인에게 팔리게 되었다. 1917년 미국이 1차 세계대전에 참전하면서 인디언 모터사이클은 많은 군납품을 생산하게 되었다.

〈세상에서 가장 빠른 인디언(The World's Fastest Indian)〉(2005)이라는 영화도 있다. 영화에서 황혼의 나이를 바라보는 버크는 수십 년 동안 시속 54마일인 1920년산 오토바이를 수백 마일을 달리는 오토바이로 개조하는 장면이 나온다.

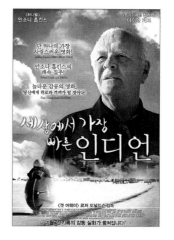

모하비(Mohave)는 미국 라스베이거스를 품고 있는 모하비(Mojave) 사막에서 유래된 자동차 이름이다. 모하비사막의 이름은 아메리카 토착민인 모하비족에서 유래되었다.

3. 문명화된 다섯 부족, 신앙

문명화[6]된 다섯 부족은 오클라호마주의 체로키족, 치카소족, 촉토족, 크릭족, 세미놀족이 있다. 5개의 문명화된 부족이라는 용어는 1866년부터 공식적 또는 비공식적으로 사용되어 왔다. 1874년부터 미국 내무부 북미 인디언부(the Bureau of Indian Affairs of the U. S. Department of Interior)는 단일 조직으로 여겨졌으나 이들 다섯 부족 사이를 전체적으로 아우르기에는 역부족 있었다.

다섯 부족들에게 '문명화된'이라는 이름이 붙은 이유는 백인들과 경제적 유대관계를 맺고 있었고 백인 정착민들의 제도를 그대로 채택하여 농장 제도나 노예제도를 인정했기 때문이다. 특히 조지 워싱턴 대통령은 인디언 부족들을 통합하여 미국인들의 문화에 동화할 수 있도록 하였다.

다섯 부족의 일부 구성원들은 유럽의 옷을 입거나 영어를 말하고 백인들과 결혼하기 시작하였다. 기독교 신앙을 가졌으며 노예를 소유하기도 하였다.

그러나 미국의 제7대 대통령인 앤드류 잭슨(Andrew Jackson)은 '인디언 강제 이주 법안(Indian Removal Act)'을 통과시켜 인디언 부족들을 미시시피강 서쪽의 미개척 지역으로 강제 이주를 시켰다. 이로써 인디언들의 서부를 향한 이동은 가속화되었다.

체로키족, 치카소족, 촉토족, 크릭족, 세미놀족은 자신들의 거주지를 떠나고자 하는 마음이 없었으나 잭슨은 이 다섯 부족을 끊임없이

---

6) '문명화된'이라는 표현은 미국 원주민들이 야만적이었다는 의미를 내포하고 있으므로 미국 원주민 부족들과 함께 공식적 토론을 할 경우 '문명화된'이라는 표현보다는 '대부족'이라는 단어를 쓴다. 이 책에서는 '문명화된'이라는 표현이 더 익숙하기에 이 표현을 쓴다.

압박하였다. 강제적으로 이주가 결정이 되자 체로키족은 반발했으며 이를 미국 연방법원에 적법한 절차를 밟아 위헌 심판을 청구하였다.

대법원은 두 번이나 체로키족의 손을 들어주었다. 이 판결의 내용을 전해 들은 잭슨은 "마샬이 그런 판결을 내렸다고? 그럼 그 자에게 그렇게 해보라고 해"라는 말을 남기며 대법원의 판결을 무시하였다. 미국 정부의 압박을 받은 다섯 부족은 서쪽으로의 이주 외에는 선택의 여지가 없었다.[7]

세미놀족은 미국 정부를 상대로 게릴라 전쟁을 벌였으나 대부분의 부족은 서쪽으로 이주해야만 하였다. 이들의 이주 과정은 죽음과 고난의 연속이었다. 마차를 타거나 걸어서 1,600km의 거리를 이동해야 했고 가던 도중 겨울을 만나 추위와 영양부족을 겪어야 하였다. 이 과정에 4천여 명이 숨지는 대량 학살과도 같은 일이 벌어졌으며 이들의 그 여정은 '눈물의 길(Trail of Tears)'[8]로 우리에게 알려져 있다.

---

7) 당시 대법원장이었던 존 마샬(John Marchal)은 건국 이후 불안정했던 미국의 법체계를 바로잡은 인물이다. 앤드류 잭슨 대통령은 미국의 제7대 대통령으로 고집이 세고 막말이나 상스러운 욕을 내뱉는 것으로 유명하다. 앤드류 잭슨 대통령 재임 당시 많은 장관들이 사임했고 심지어 부통령(John Calhoun)마저 사임한다.

8) 눈물의 길(Trail of Tears)은 1830년 미국에서 제정된 '인디언 이주법'에 의해 원주민 부족들이 겪었던 강제 이주 사건을 뜻한다. 조상 대대로 살아오던 미국 남동부의 고향을 떠나 인디언 준주로 지정된 미시시피강 서부 지역으로 이주해야 하였다. 현재의 오클라호마주까지 끌려온 길이다. 이동 과정 중 많은 이들은 사망했고 고통과 고난의 연속이었다. 이를 '눈물의 길'이라 부른다. 아칸소(Akkansas)주에서 오클라호마주를 지나다 보면 'Trail of Tears'라는 표지판을 볼 수 있다.

'눈물의 길'을 가는 인디언들

4. 체로키족의 신념 그리고 신앙

체로키(Cherokee)족은 일찍부터 기독교를 받아들였다. 이들은 북미
인디언 민족으로 테네시주 동부와 노스
캐롤라이나, 사우스캐롤라이나주 서부에
거주하였다. 16세기 중반 유럽인들과 처
음으로 접촉했을 당시 체로키인들은 돌
도끼, 돌칼, 끌 등 각종 석기를 소유하고
있었다. 옥수수, 콩, 호박 등을 재배했으
며 사슴이나 곰 등을 사냥하며 자신들의
삶을 영위해 나갔다. 사냥보다는 농업에

비중을 두고 한 곳에 정착해 살았다.

기독교를 수용한 체로키족은 성경과 찬송가까지도 자신들의 문자로 번역하여 암송하였다. 성서 번역을 비롯해 종교 문학이 발달하기도 하였다. 체로키족은 미국 헌법에 근거한 자신들의 헌법을 수립함으로써 중앙 집권적인 형태의 정부를 이루어 갔다.

1) 방위에 대한 신앙

체로키족은 지구상에 존재하는 모든 것은 하나의 커다란 바퀴로 연결되어 있다고 여겼다. 그들은 지구상의 모든 것이 일정한 형태가 되면 바퀴 속에 열 십(十)자가 나타나 동서남북을 가리킨다고 여겼다. 그리고 네 개의 방위를 색과 연결 지었다. 그들은 동쪽이 해가 솟는 에너지원이라 여기면서 노란색으로 표현하였고, 서쪽은 해가 지는 생명이 끝나는 곳으로 빨간색으로 표현하였다. 남쪽은 해를 힘이 넘치는 생명력의 원천으로 여기면서 검정색으로 표현하였고, 북쪽은 모든 생명체의 성스러운 혼이 모이는 청정한 장소로 여기며 하얀색으로 표현하였다.

체로키족은 일상생활을 할 때 항상 동서남북의 네 방향을 의식하였다. 특히 자연의 은혜에 감사를 드릴 때 네 방향과 하늘과 땅을 향해 기도를 올렸다. 또 전통가옥인 티피(tepee)를 세울 때도 사방을 향해 티피를 세움을 알렸고, 은혜와 수호가 있기를 바라는 기도를 창조주에게 올렸다.

판테르-야테스 교수(Professor Panther-Yates)가 지은 『체로키 부족(Cherokee Clans)』에는 체로키족의 전설인 "두 늑대 이야기"가 있다. 이 전설은 인간의 어두운 면(검은 늑대)과 더 밝고 고귀한 면(흰 늑대) 사이의 갈등 내용이다. 하나는 사악한 것으로, 분노, 질투, 탐욕, 오만, 슬픔, 그리고 열등감과 자존심이다. 또 다른 힘은 친절, 기쁨, 사랑, 희망, 평온, 겸손, 동정심 그리고 평화를 상징한다. 어린 체로키족 아이가 할아버지에게 어느 늑대가 이 전투에서 이기는지 묻는다면, 대부분 우리가 먹이를 주는 쪽이 이긴다고 대답한다. 우리는 양쪽의 늑대가 전부 필요하기 때문에 조금씩 양식을 주어야 한다.

2) 신화 속 인물

우넬라나히(Unetlanvhi)는 '신' 또는 '창조주'를 뜻하는 체로키어이며 '위대한 정령'이라 불리기도 한다. 우넬라나히는 인간의 형태나 속성이 없는 신령으로 여겨지며 체로키 신화에서 의인화되지 않는다. 동일한 의미를 지닌 '갈브라디히(Galvladi'ehi / Heavenly One)' 또는 '우가(Ouga / Ruler)'라는 이름을 대신 사용하기도 한다.

지스투(Jistu)는 토끼를 의미하는데, 체로키족 또는 다른 남동부 부족들의 민속놀이에 등장하며 사기꾼 또는 속임수를 의미한다. 체로키 신화 속 토끼는 잘못도 많이 하고 가벼운 성격을 가진 인물로 묘사된다. 식탐도 많고 까불까불한 성향을 가지고 있다. 일부 남동부쪽 설화에서는 토끼가 사람들에게 불을 훔쳐다 가져다주었다고 전해진다.

우크테나(Uktena)는 체로키 전설에서 용의 뿔이 달린 뱀으로 악랄한 괴물로 묘사되고 있다. 최초의 우크테나는 태양 위에서 암살에 실패한 인간이 변형된 것이다. 대부분 우크테나와 관련된 이야기들은 체로키족 영웅들이 이 우크테나를 하나씩 죽이는 것과 연관이 있다.

아니윤티크왈라스키(Ani-Yuntikwalaski)는 천둥, 번개를 뜻하는 말이다. 아니윤티크왈라스키는 하늘에 살면서 지상에 천둥과 번개를 치는 폭풍의 영혼들이다. 대부분 다른 인디언 부족에서 천둥의 정령들은 새처럼 보이나 체로키족 전설에서는 인간의 형태를 띤다. 아니윤 티크왈라스키는 강력하고 위험하나 인간에게는 친절하며 친근한 존재이다.

트라누와(Tlanuwa)는 뚫을 수 없는 금속 깃털을 가진 거대한 새이다.

윤위 츠디(Yunwi-Tsunsdi)는 '작은 사람들', '난쟁이' 또는 '요정'이라는 뜻이다. 일반적으로 윤위 츠디는 눈에 보이지 않지만 때때로 어린이와 같은 인간의 모습으로 나타나 자신을 드러낸다. 윤위 츠디는 체로키족의 이야기에 자주 등장하며 자비로운 존재로 묘사된다. 그러나 자신에게 무례하거나 공격적인 사람들에게는 이들이 가지고 있는 마법의 힘으로 가혹하게 처벌한다.

누네히(Nunnehi)는 '여행자' 또는 '돌아다니는 사람'이라는 뜻이다. 체로키족에서 매우 우호적인 초자연적인 존재이다. 누네히는 매우 강해 체로키족이 어려움을 겪고 있거나 전쟁을 치를 때 도움을 준다. 누네히도 윤위 츠디와 마찬가지로 보통 눈에 보이지는 않으나 자신들이 좋아하는 인간들에게 자신을 보여준다. 작은 전사들의 모습으로 나타나기도 한다.

스톤클래드(Stoneclad)는 체로키족 민속의 괴물로 매우 거대한 암석이다. 어떤 신화에서는 스톤클래드가 사람 크기의 마녀이거나 그 마녀가 스스로를 불멸의 괴물로 변모시켰다는 이야기도 있으며 돌 가죽을 입은 가죽 거인으로 묘사되기도 한다. 대부분 불이나 추위 그 어떤 강력한 무기에도 자신을 보호할 수 있는 바위처럼 생긴 갑옷을 입고 있으며 자신만의 부적을 가지고 있어 힘을 발휘할 수 있다. 스톤클래드의 힘을 빼앗고 싶다면 그의 부적의 파괴하거나 월경하는 여자에게 스톤클래드를 노출시키면 그 마법의 힘이 풀려 패배하게 된다.

3) 체로키족, 질곡의 삶

1809년 체로키족은 세쿠오야(Sequoyah) 라는 사람이 자신의 딸의 도움을 받아 세 쿠오야 문자를 개발한다. 자신들만의 문 자를 창제하여 학습함으로써 부족 전체의 문맹이 거의 없었다. 1828년에는 세쿠오 야와 영어를 섞어서 최초의 미국 원주민 신문인 『체로키 피닉스(Cherokee Phoenix)』 를 발행하였다. 근처에 사는 백인들보다 문맹률이 낮았다.

세쿠오야

1828년 조지아주의 워드(Ward) 계곡에 살던 한 인디언 소년이 백인 장사꾼에게 자신이 가지고 놀던 금덩어리를 판다. 워드계곡 근처에 금광이 있다는 사실을 알게 된 조지아주 정부는 일대의 땅을 차지하 기 위해 체로키 부족을 추방할 계획을 세웠다.

주 의회는 체로키족의 땅을 몰수하는 법안을 통과시키고 앤드류 잭슨 대통령 집권 당시 연방정부는 인디언 강제 이주 법안을 통과 시킨다. 체로키 부족은 미 대법원에 위헌 심판을 청구한다. 당시 대법 원장이었던 존 마샬은 체로키의 땅을 몰수하는 것은 위헌이라 판결을 내렸으나 잭슨 대통령은 대법원의 판결을 무시하였다.[9]

---

9) 워체스터(Worchester) 사건: 체로키 부족은 돕던 선교사 새무얼 워체스터(Samuel Worcester) 목사는 체로키 땅 몰수법이 위헌이라고 항의하면서 적법한 절차를 밟아 미 대법원에 위헌 심판을 청구한다. 조지아주 정부는 자신들의 법을 따르지 않는다며 워체스터 목사를 구속한다. 1832년 존 마샬 대 법원장은 조지아주의 체로키 땅 몰수법이 위헌이라고 판결 한다. 법적인 정의를 지향해야 한다는 존 마샬의 정신이 담겨 있는 판결이었다. 그러나 잭슨 대통령은 마샬의 판결을 무시했고 판결이 난 지 1년이 지난 후에도 워체스터 목사는 풀려나지 못하였다.

1838년 5월 윈필드 스콧(Widfield Scott) 장군은 7천여 명의 병사들이 조지아주에 모여 살던 체로키족들을 포위하고 임시수용소에 강제로 수용하였다. 이후 체로키인들은 인디언 영토(Indian Territory)라 불리던 오클라호마주까지 이주해야 하였다. 이주 당시 겨울을 만나 추위와 영양 부족으로 많은 이들은 사망한다. 수백 명의 체로키인들은 산악 지대로 달아나기도 하였다.

20세기 말, 노스캐롤라이나주 서부에는 약 32,000여 명, 오클라호마주 동부에 약 47,000여 명의 체로키인들이 거주하였다. 미국 연방의 조사에 따르면 현재 미국에 살고 있는 원주민 부족 중 체로키족의 수가 가장 많다고 한다. 체로키족은 아칸소, 미주리, 캔자스, 테네시, 노스캐롤라이나 등 8개 주에 퍼져서 거주하고 있다. 대부분의 인디언 부족들은 보호구역(Reservation)이라 불리는 곳에 거주하나 체로키족은 보호구역이 따로 없으며 대단위로 집단 거주하지 않는다.

다음은 당시 체로키 부족을 호송하던 미군 존 버넷(John Burnett)이 80세 되던 해 당시를 회상하며 이웃 아이들을 모아놓고 들려준 이야기이다.

버넷은 체로키족 강제 이주 시 제2연대 아브라함 중대 소속의 기마 병사였다. 버넷의 증언은 당시의 상황을 잘 보여주고 있다.

애들아, 1890년 12월 11일은 나의 생일로 오늘 80세가 되었단다. 나는 1810년 12월 11일 테네시주 스히반군에 있는 킹스 철공소에서 태어났어. 샛강에서 고기잡이와 숲 속에서 사슴, 곰, 멧돼지, 늑대를 사냥하면서 자랐다. 작은 사냥칼과 낫을 허리에 차고 고독하게 여러 주 동안 자연 속에서 홀로 방황한 적이 많았지. 여행 중 나는 많은 체로키 인디언들을 만나고 사귀면서 함께 사냥도 했어. 밤이 되면 그들의 캠프에서 모닥불을 피

위놓고 노숙을 하기도 했단다. 나는 그들의 말을 배웠고 그들은 나에게 다양한 사냥 방법을 가르쳐 주었다.

체로키 사람들과 여러 날을 보내면서 많은 인디언들을 알게 되었고, 그들의 언어를 유창하게 구사할 수 있게 되었지. 1838년 5월 스모키 마운틴 군에 통역관으로 가게 되어 나는 미국 전쟁사에서 가장 잔인한 명령을 강제로 집행하는 장면을 목격하는 증인이 되었단다.

체로키 부족 사람들이 집에서 체포되어 총검으로 위협당하며 뾰족한 말뚝으로 울타리를 만든 수용소로 끌려가는 것을 보았다. 1838년 10월, 차가운 비가 내리는 새벽에 이들은 가축처럼 645대의 마차에 실려 서쪽으로 추방당하였다. 인간이라면 누구나 그 슬프고 장엄했던 그 새벽의 일을 잊지 못할 거야. 추장 존 로스(John Ross)가 기도를 하고 난 후 나팔소리가 울려 퍼지자 마차들은 출발하였다. 정든 고향과 영원히 헤어지게 되었다는 사실을 알게 된 아이들은 소리 지르고 발을 구르며 작은 손을 흔들며 눈물을 흘렸지. 체로키 사람들의 대부분은 담요도 하나 없이 맨발로 강제로 끌려나왔다.

얼어붙은 빗물과 매서운 눈보라 치는 11월 17일 아침부터 목적지에 도착한 1839년 3월 26일까지 체로키족의 고난은 끔찍하고 지독하였다. 그 추방의 길은 죽음의 길이었다. 그들은 밤에 마차에서 혹은 맨 땅에서 불도 없이 자야 하였다. 하룻밤 사이에 22명의 사람들이 치료도 받지 못한 채 감기로 폐렴으로 또는 동사하는 것을 봤단다. 그 중에서 기독교인이자 우아했던 추장의 아내도 있었다. 고상하고 인정 많았던 그 여인은 병든 여인을 살리기 위해 한 장밖에 없었던 자신의 담요를 아이에게 덮어주고 희생되었단다. 그녀는 살을 에이는 듯한 겨울 밤, 얇은 옷을 입은 채 바람이 들어오는 마차에서 얼음비와 눈보라를 맞으며 폐렴으로 신음하다 죽었다.

나는 체로키인들과 함께 서부로 가는 긴 여행에서 그들의 고통을 덜어주고자 사병으로서 할 수 있는 최선의 노력은 다하였다. 야간 경비 근무시 맡은 구역을 순찰하면서 병든 아이들을 따뜻하게 해주려고 외투를 벗어 덮어주기도 하였다. 추장 로스의 아내는 내가 야근하는 날 밤에 세상을 떠났다.

서부로 가는 여정에서 마차 운전사 벤 맥도날과의 갈등이 있었다. 맥도날은 말을 채찍할 때 사용하는 회초리로 쇠약하고 늙은 체로키 노인을 매질하며 잔인하게 마차로 몰아넣었다. 모진 매를 맞고 부들부들 떨고 있는 눈도 잘 보이지 않는 그 체로키 노인을 보는 것은 나에게 참을 수 없는 고통이었다. 나는 맥도날이 더 이상 매질을 못하게 막았는데 그것이 싸움이 되고 말았다. 나는 그 일 때문에 구속 감시를 받게 되었으나 재판에 회부되지는 않았다.

서부를 향해 계속되었던 그 길고 고통스러웠던 여정은 스모키 산맥에서부터 오클라호마주 서부 인디언 지역에 이르기까지 4,000여 개의 말없는 무덤을 남기고 1839년 3월 26일에야 끝이 났다. 백인들의 탐욕이 체로키 인디언들이 겪어야 했던 모든 고난의 원인이었다.

스코트 장군이 체로키인들을 이주시키기 위해 침공했을 때, 소수의 체로키인들이 피신하고 산 속 깊이, 또는 굴속으로 숨어들어가 붙잡히지 않았다. 아직도 이들의 후손들은 그 지역에 살고 있다. 나는 오랫동안 그들을 만나보려고 하였으나 한해한해 연기되고 지금은 쇠약해져서 멀리 갈 수가 없게 되었다. 빠른 세월이 흘러 나는 노인이 되어 버렸으나 내 총이나 칼이 체로키의 피로 얼룩진 적은 없다고 진심으로 말할 수 있다. 그들이 친구가 필요할 때 나는 그들을 위하여 최선을 다하였다고 진심으로 말할 수 있다. 그들이 서부로 이주당하고 25년이 지난 후에도 나는 '우리들에게 잘해 주었던 병사'로 그들의 기억 속에 살아있다. 그러나 남몰래 살금살금 숨어서 다니는 악한 자들에 의한 살인이나, 힘찬 군가에 보조를 맞추어 전진하는 군복을 입은 군인들에 의한 살인도 엄연한 살인이다.

1838년 여름 원주민들의 땅에서 강처럼 흘러내렸던 인디언의 피에 대하여 누군가가 설명해야 한다. 누군가가 체로키족인 추방되어 지나간 길을 표시하고 4,000개의 말 없는 무덤에 대하여 설명해야 한다.

나는 이제 모든 것을 잊고 살고 싶다. 그러나 645대의 마차가 고난에 신음하는 사람들을 짐처럼 싣고 얼어붙은 땅 위로 가던 모습은 아직도 뇌리에 선하다.

훗날 미래의 역사가로 하여금 그들의 한숨, 그들의 눈물과 그들이 죽어가면서 신음하고 울부짖던 슬픈 이야기를 말하게 해야 한다. 현재, 이곳에 있는 아이들아! 내가 약속한 나의 생일 이야기는 이렇게 끝난단다.

오늘 1890년 12월 11일.

현재 체로키 지역에 남아 있는 사람들은 '인디언 강제 이주 명령'에 응하지 않고 숨어서 기적적으로 살아남은 체로키 부족들의 후예들이다. 체로키부족의 기도(A Cherokee Prayer)는 다음과 같다.

하늘의 따뜻한 바람이 당신의 집 위로 부드럽게 불기를
위대한 영이 당신의 집에 들어오는 모든 이들을 축복하기를
당신의 모카신이 많은 눈 위에 행복한 발자국을 남기기를
그리고 무지개가 항상 당신의 어깨에 함께 하기를

5. 촉토족의 민간신앙

1) 독특한 의식을 지켰던 촉토족

북미 인디언인 촉토(Choctaw)족은 현재 미시시피 남동부에 살고 있는 무스코기어족(Muskogean linguistic family)의 일원이다. 촉토족 방언은 치카소(Chickasaw) 방언과 매우 유사하여 촉토족이 치카소족의 후예 중 한 갈래라는 증거가 되고 있다.

18세기 중반 패스커굴라강(Pascagoula), 치코서웨이강(Chickasawhay), 진주강(the Pearl) 주변 60~70여 개의 정착지에 2만 명 이상의 촉토족이 살고 있었다. 촉토족은 통나무나 진흙과 나무껍질을 섞어서 도배를 한 초가지붕이 있는 오두막에 거주하였다.

남동부에 거주하는 부족 중 촉토족이 가장 능숙한 농부로 이들은 농경민족이라 할 수 있다. 옥수수를 주식으로 하는 기반의 부족으로 옥수수뿐만 아니라 호박 등을 재배했으며 그 양은 다른 이들에게 판매할 정도로 넉넉하였다. 이들은 물고기, 견과류 또는 야생 과일 등을 모았고 사슴과 곰을 사냥하였다.

촉토족의 가장 중요하게 지켰던 의식은 바로 버스크(Busk, Green Corn)였다. 이 의식은 첫 과일과 새로운 불의 의식으로 한여름에 거행되었다.

촉토족은 독특한 장례풍습을 가지고 있었는데 이는 시신에서 고인의 뼈를 제거하는 것으로, 제거된 뼈는 유골단지에 보

관하였다. 이는 고인의 가족들이 참석한 가운데 이뤄졌으며 영적인 능력이 있는 남녀가 뼈를 시신에서 제거하여 모으는 의식을 주관하였다. 이 영적인 사람들은 독특한 문신과 긴 손톱으로 유명하였다.

2) 촉토족 신화 속 인물

트릭스터 토끼(Trickster Rabbit)는 척피(Chukfi) 또는 촉피(Chokfi)라 불린다. 속임수나 장난으로 질서를 어지럽히는 존재이다. 보통 남동부 인디언 부족들의 신화에서 토끼는 상대방을 터무니없는 상황으로 몰아넣고 놀리기를 좋아하는 존재로 나타난다. 불을 훔쳐서 인간에게 가져다준다.

코위 아누카샤(Kowi Anukasha)는 촉토족 민간신화에 등장하는 '소인'이다. 코위 아누카샤라는 이름의 뜻은 '숲속 거주자'라는 뜻이며 강력한 마법을 지니고 있다. 이들이 지닌 마법은 너무나 강력하여 때로는 위험하나 그들에게 정중하게 대하는 사람들에게 그 능력을 나누어주기도 하고 힘을 주기도 한다.

'이름 없는 여인(Unknown Woman)' 또는 '무명녀'는 촉토족 사람들에게 옥수수를 가져다준 신화 속 인물이다. 촉토족이 옥수수를 재배하며 먹고 살 수 있도록 해주었다.

신트홀로(Sint-Holo)는 큰 뿔이 달린 뱀이다. 이 뱀은 위험한 존재로 인간을 바다로 데려가 익사하게 만든다. 어떤 사람들이 금식을 하며 기도하면 그 사람들에게 나타나 영적인 선물을 주며 강력한 영혼 가이드가 되기도 한다. 신트홀로는 천둥 번개의 정령을 이길 수 있는 힘을 가지고 있다.

날루사 팔라야(Nalusa Falaya)는 '긴 검은 존재'라는 뜻으로 보통 키가 아주 큰 인형으로 묘사된다. 그러나 뱀처럼 미끄러지듯 움직이거나 그림자의 형태로 녹아들기도 한다. 해질 무렵 긴 그림자 속에 숨어 있어서 아이들이 어두워지면 밖에 나가는 것을 두렵게 만들고 사냥꾼들을 홀리기도 한다.

샴페이(Shampe)는 치카소족의 남성적이고 괴짜같은 괴물로 촉토족 여성들을 납치하려는 인물이다. 가끔 남자를 잡아먹기도 한다. 때때로 거인으로 묘

사되기도 하며 큰 털을 가진 사람으로 묘사되기도 하는데 빅풋 전설10)로 연관되어지기도 한다. 샴페이의 냄새는 너무나 고약해 그 주변에 있는 사람들은 견딜 수가 없을 정도여서 싸울 수조차 없게 만든다.

3) 식민지화 이후의 촉토족

식민지화 이후 발생한 권력 싸움에서 영국인, 치카소족, 다른 미국 원주민들에 대항하여 프랑스 군대와 동맹을 맺었다. 프랑스와 인디언 전쟁(1754~1763)에서 프랑스가 패배한 이후 몇몇 촉토족의 땅은 미국으로 양도되었고 일부 부족 사람들은 미시시피강을 건너 서쪽으로

---

10) 빅풋(Big foot): 빅풋은 북아메리카 지역에서 주로 목격이 되었다고 전해지는 거대한 신비의 동물이다. 발자국이 많이 발견되는 편으로 길이 60cm, 넓이 20cm 이상의 큰 발자국으로 인해 '빅풋'이라는 이름이 붙었다. 유인원처럼 생겼으며 검은색이나 어두운 갈색의 털이 온몸을 덮고 있다. 산에서 길을 잃은 아이들을 돌려보내는 등 인간에게 우호적인 모습이라고 묘사되기도 하나 몇몇 지역에서는 냄새가 아주 지독하고 사람을 잡아먹거나 성향이 난폭해 인간을 발견하면 공격한다는 전설도 있어 원주민들의 두려움의 대상이 되기도 한다.

이주하기 시작하였다.

1786년 촉토족은 남북전쟁 이전 미국 정부와 '호우프월의 조약 (Treaty of Hopewell)'과 같은 9개의 조약을 맺었다. 이 조약들의 목적은 미국과 촉토족 사이의 경계를 확실히 하며 평화적인 관계를 맺자는 것이었다. 그러나 이후 19세기 유럽 면화 시장의 성장으로 촉토족의 땅을 차지하겠다는 미국의 압력은 점점 증가하였다.

1820년 촉토족은 미시시피 중서부의 500만 에이커(약 23만km²)의 땅을 미국에 양도해야 하였다. 1830년 미국 정부는 촉토족을 현재의 오클라호마주로 이주시켰다. 이 '눈물의 길'을 가야 했던 촉토족은 여정 중에 2,500여 명이 사망하였다. 또한 다른 문명화된 부족인 크릭족, 체로키족, 칙소족, 세미놀족도 오클라호마주로 강제 이주를 하였다.

고난과 역경의 시간을 보낸 촉토족이었으나 이들은 새로운 땅에서 자신들의 삶을 적응하기 위해 많은 노력으로 생업을 일으켰다. 자신들의 새로운 자치제도를 만들어 헌법도 만들었으며 학교와 교회도 세웠다.

촉토족은 1845년에서 1860년 사이 발생했던 '감자 기근'11)으로 인해 죽어가던 아일랜드 사람들을 구하기 위해 구호활동을 펼쳐 이들과

---

11) 아일랜드 감자 기근: 19세기 초 아일랜드의 주 식량은 감자였다. 1845년 아일랜드의 감자 농사는 흉년으로 인해 수확량이 많지 않았다. 이후 1847년부터 1851년까지 감자 역병으로 인해 많은 아일랜드 사람들이 사망하게 된다. 늦감자의 수확을 앞둔 10월의 어느 날 아일랜드 감자밭에 원인을 알 수 없는 병이 돌았다. 감자는 검게 변해 물컹해져 갔다. 밭에 있는 감자뿐만 아니라 8월에 캐어 보관해 둔 감자까지도 썩어가기 시작하였다. 썩은 부분을 도려내고 조리해서 먹은 사람들은 설사와 고열에 시달려야 하였다. 다음 해의 농사를 위해 미리 마련해야 하는 씨앗을 준비할 수 없었고 당장 겨울을 날 수 있는 식량조차 없었다. 당시 감자 기근으로 인해 사망한 사람의 수는 200만이 넘는 것으로 추정하고 있다.

의 고통도 분담하였다.

1906년 측토족 정부는 사실상 해체되었으나 제한된 형태로 그 명맥을 유지하고 있다. 그리고 이들은 결혼과 교육을 통해 미국인의 일원이 되기 위해 노력하였다. 제1차 세계대전에도 참전하여 큰 공을 세웠고 한국 전쟁에도 참전하였다. 특히 제1차 세계대전당시 측토어가 연합군의 암호로 채택이 되어 암호 해독 병사로 측토족의 젊은이들이 활약했으며 대통령 훈장을 받은 이도 5명이나 되었다.

6. 크릭족

1) '전사'부족, 크릭족

크릭(Creek)족은 미국 남동부에 거주하던 인디언이다. 이들은 현재 '마스코기' 또는 '무스코기'라고도 불린다. 현재 마스코기 사람들은 미국의 오클라호마, 앨라바라, 조지아, 플로리다에 살고 있다. 크릭 전쟁이후 많은 크릭 부족원들이 플로리다로 피신해 세미놀 부족을 만들었다.

크릭부족은 크게 2개의 분파로 나뉘는데 하나는 북쪽의 무스코지족 나머지는 히치티족과 앨라배마족이다. 언어의 차이가 약간 있다. 이들은 서열을 매우 중요하게 생각한다.

크릭부족 남자들은 사냥을 했으며 여자들은 음식 준비, 옥수수나 콩과 같은 농사를 주로 맡아서 했고 아이들을 양육하였다. 대부분의 남성들은 전사(戰士)이며 이들은 머리 장식과 온 몸에 문신을 새기는 것으로 유명하다. 자신의 지위에 따라 문신의 모양이 바뀌기도 한다.

1813년 크릭 부족은 내전을 치른다. 이를 '크릭 전쟁(Creek War)' 또는 '크릭 내전(Creek Civil War)'이라 부른다. 이 전쟁은 당시 미국군이 개입해 앤드류 잭슨 장군의 지휘 아래 놓인다. 결과적으로 이곳에 정착해 살고 있던 인디언들은 강제 이주했으며 이들의 많은 땅을 미 정부에 내어놓아야 하였다. 앤드류 잭슨은 이 전쟁을 미군의 승리로 이끌어 많은 명성을 얻었다.

1866년 새로운 정부를 세운 크릭 부족은 오크멀기(Okmulgee)를 수도로 정하였다. 1867년에는 의사당을 설립했으며 1878년에는 의사당을 더 크게 확장하였다. 크릭족은 19세기 번영기를 누렸으며 학교, 교회, 공공건물 등을 많이 지었다. 이 시기 동안 크릭족은 자치 조직을 갖추고 있어 연방정부로 부터의 간섭은 그리 많지 않았다.

1898년 '커티스 법(Curtis Act)'에 의해 부족의 자치 조직은 해체되었고, '도스 할당법(Dawes Allotment Act)'에 의해 부족의 임대 토지는 빼앗겨야만 하였다.

현재의 크릭 부족의 주 거주지는 미국의 오클라호마주로 이들의 종교는 기독교이다. '네 엄마들의 결사(Four Mothers Society)'12)라는 종

---

12) '네 엄마들의 결사'는 오클라호마에 있는 인디언 부족들의 단체이다. 1890년대 다우즈 위원회와 다양한 미국 의회법에 대한 반대 운동으로 형성이 되었다. 1898년 커디스법과 도스법의 통과로 인해 많은 인디언 부족들은 자신들의 땅을 내놓아야 하였다. 이 단체는

교적, 정치적 그리고 전통주의적인 조직을 중심으로 이들의 삶은 이루어지고 있다.

2) 크릭족 신화 속 정령들

로지 소년(Lodge Boy)과 버림받은 소년(Thrown Away)은 쌍둥이 형제이다. 이 쌍둥이 형제는 엄청난 마법의 힘을 가지고 있다. 이들의 이야기는 너무나 위험하고 무서운 이야기로 알려져 있다.

남편이 사냥을 나간 사이 악랄한 괴물 또는 폭력적인 친척이 나타나 쌍둥이를 임신한 어머니를 죽여 버린다. 어머니의 뱃속에 있던 아이들 중 한 명은 밖으로 내던지고 다른 한 명은 그 집에 그대로 내버려둔다. 마법 덕분에 이 두 형제는 살아나지만 로지 소년(집에 방치된 아이)는 아버지가 발견해 키우지만 밖으로 내던져진 버림받은 소년은 아버지가 찾지 못해 황야에게 자란다. 이 두 형제는 재회하고 어머니를 죽인 괴물을 죽임으로써 원수를 갚는다.

츄프이(Chufi)는 속임수 많은 그리고 꾀가 많은 토끼이다. 다른 부족들 신화에서도 자주 등장한다.

콜로와(Kolowa)는 크릭신화에 등장하는 털이 많고 사람을 잡아먹는 괴물의 일종이다. 최근 크릭부족의 전래동화를 전하는 이들은 콜로와를 '고릴라'라고 번역한다.

타이 뱀(Tie Snakes)은 물의 정령이다. 보통 뱀의 크기와 비슷하나 엄청난 힘을 가지고 있다. 타이 뱀은 물속에 살면서 사람들을 홀려서

토지 할당에 반대하는 것 외에도 자신들의 전통을 지키고자 노력하였다. 현재에도 무스코기(크릭)부족은 여전히 '네 엄마들의 결사' 모임이 활발히 활동 중에 있다.

물에 빠지게 해 익사시킨다. 이런 전설 때문에 사람들은 타이 뱀의 능력에 대해 매우 두려워한다.

이스티 파파(Isti Papa)는 거대한 식인 괴물이다. 대부분의 크릭 사람들은 이스티 파파의 모습을 매우 거대한 고양이의형상으로 연관 짓고 있으며 많은 설화 속 이야기에서 '사자' 또는 '위대한 사자'로 번역한다.

맨-이터(Man-Eater)는 신화 속 괴물로 인간을 잡아먹는 거대한 육식동물이다. 맨-이터의 형상은 부족마다 다르다. 북부 부족은 곰으로, 크릭이나 세미놀 부족은 거대한 산사자 또는 고양이 괴물로 묘사한다. 현재의 많은 현대인들은 전설의 매머드 화석에서 영감을 받았을 것이라 믿는다.

7. 치카소족

1) 모계 중심 사회인 치카소족

치카소(Chickasaw)족은 원래 미시시피 서부에 살았으나 유럽인과의 첫 접촉 이후 미시시피강 동쪽으로 이동하여 거주하기 시작하였다. 유럽인과의 첫 접촉은 1540년 스페인 탐험가 에르난도 데 소토(Hernando De Soto)가 이들을 우연히 만나 치카소족의 마을에 머물면서였다.

이들의 언어는 마스코기어 계열에 속하며 촉토족과 관련이 있다고 본다. 다른 인디언 부족들과 마찬가지로 '눈물의 길'을 가야 했으며 오클라호마주로 이주해야만 하였다. 오클라호마주에 있는 치카소 네이션(Chicasaw Nation)은 미국에서 13번째로 인정받는 부족이다. 치카

소 부족은 전통적으로 모계 혈
통을 따르고 있으며 어머니쪽
의 집안으로부터 사회적 지위
를 세습 받는다. 여성들은 재산
의 일부분을 관리했으며 부족
의 세습적인 리더의 자리 또한 여성들의 몫이었다.

2) 치카소족의 신화 속 인물

아바비닐리(Ababinili)는 치카소 부족의 창조주이다. 아바비닐리라
는 이름은 '위쪽에 앉은 사람'을 의미하며 태양과 연관이 있다. 아비닐
리는 인간의 형태이긴 하나 속성이 없는 신령으로 여겨지며 의인화되
어지지 않는다.

로파(Lofa)는 냄새가 고약하고 발이 큰 괴물이다. 치카소 신화속 남
성적 괴물이다. 아주 악랄한 성질을 가지고 있는 로파는 인간을 잡아
다 인간의 가죽을 벗겨내기도 하고 치카소 여성들을 납치하기도 한
다. 로파는 치카소 신화에서 거인으로 묘사되며 빅 풋과 연관짓기도
한다.

다른 부족과 마찬가지로 토끼, 신트홀로도 치카소 부족의 민간 설
화에 나타난다.

8. 세미놀족

1) 옥수수 정령의 사람들

미국 플로리다주에서 거주하던 세미놀(Seminole)족은 현재 오클라호마주에 살고 있다. 오늘날의 세미놀 부족 사람들은 대부분 미국 남부의 다양한 부족 출신들이라 할 수 있다.

17세기 말에서 19세기 초까지 아프리카계 미국인 노예와 동맹을 맺고 정부의 통치에 대항하는 반항을 일으켰다. 미국 독립전쟁에서 세미놀은 영국인과 함께 있다가 플로리다에서 고립된 상태로 있었다. 전쟁이 끝난 후 스페인은 이 영토를 장악하고 세미놀 부족과 조약을 맺는다. 미국이 스페인에서 이 지역을 빼앗자 세미놀 부족 사람들을 오클라호마주로 강제 이주시킨다. 그러나 세미놀 부족 사람들은 미국 정부와의 투쟁을 포기하지 않았다. 많은 사람들이 남아서 수년간 계속된 게릴라전을 벌였다. 플로리다의 세미놀 부족 사람들은 스스로를 '정복되지 않는 사람들(Unconquered People)'이라 칭한다.

세미놀 부족의 경우 다양한 인종으로 이루어져 있어 통치권을 가진 자가 이 부족을 지배하지 않는다. 대다수 현대 세미놀 부족 사람들은 기독교와 미국 원주민 종교를 믿는다. 부족의 가장 전통적인 관습은 발을 동동 구르는 춤을 추는 것과 옥수수의식이 유명하다. 빙글빙글 돌면서 춤을 출 때 사람들이 노래를 부르기 시작한다. 그리고 북미 인디언들은 옥수수 정령과 자신들이 동일하다라는 생각을 하고 옥수수와 관련된 의식들을 지키며 춤을 추곤 하였다.

2) 세미놀족의 신화 속 인물

브래스 메이커(Breathmaker, 호흡제조기)는 세미놀 부족의 창조주이다. 그는 진흙으로 사람들을 만들었고 이들에게 문명의 기술을 가르쳤다. 세미놀 부족의 창조주은 은하수와 관련이 있는데 창조주는 이 은하수를 자신의 고향으로 만들었다. 전통적 세미놀 우주론에서 이곳이 사후세계를 위한 곳이라 여기고 있다. 식민지화 이후, 몇몇의 세미놀 부족 사람들은 브래스 메이커를 천국과 연관을 짓기 시작하였다.

리틀 기버(Little Giver)는 세미놀족의 옥수수 정령이다. 리틀기버는 난쟁이로 묘사되며 사람들에게 옥수수를 선물하기 위해 나타난다. 옥수수를 선물받은 사람들은 리틀 기버를 매우 좋아한다.

스티키니(Stikini)는 세미놀 전설의 올빼미 모습을 한 마녀로 사악한 괴물이다. 낮에는 세미놀족과 닮았지만 밤에는 내장과 함께 영혼을 토해내고 사람의 마음을 먹고 사는 불멸의 올빼미 괴물이 된다. 몇몇 세미놀 공동체에서는 스티키니라는 이름을 부르는 것 자체도 자신들을 위험에 빠트린다고 생각한다. 어떤 곳에서는 아이들을 겁먹게 하기 위해 보기만 해도 위험하다고 이야기를 전하기도 한다.

긴 귀(Long Ears)는 세미놀 부족의 신화에 나오는 털이 많고 늑대 같은 괴물이다. 보통 늑대의 머리를 가지고 뾰족한 귀를 가진 당나귀 크기의 네 발 달린 것으로 묘사된다.

세미놀 신화에도 다른 부족과 마찬가지로 토끼가 등장한다.

9. 나바호족

1) '호간'에서 태양의 기운으로

영화 〈윈드 토커(Wind Talker)〉에 등장
하는 통신병이 나바호(Navajo)족이다. 나
바호족의 담요는 세계적으로 유명하다.
이에 대한 이야기는 2019년 2월 17일에
방송되었던 MBC 〈신비한 TV 서프라이
즈〉에서 다루기도 하였다. 미국의 남성
로렌이 할머니로부터 유산으로 받은 초
라한 담요 한 장이 훗날 경매에서 150만
달러, 한화 약 17억 원에 낙찰되었다는 내
용이다.

나바호 부족은 미국의 포 코너스 지역(애리조나, 유타, 콜로라도, 뉴멕
시코)에 주로 주거하고 있다. 나바호족은 미국에서 두 번째로 큰 원주
민 부족이며 포 코너스 지역을 보존하고 운영하는 자신들만의 정부
기관을 가지고 있다.

나바호족은 미국 남서부 지역에 수세기 동안 거주해 왔다. 그들의
조상은 기원후 1000년까지 올라가나 이들에 대한 많은 이야기들은
구전으로 전해져 내려와 기록된 것이 거의 없어서 많이 사라졌다.
나바호족은 '나바호'라고 알려진 자신들만의 언어를 가지고 있으나
현재의 나바호족은 영어를 유창하게 사용한다. 이들은 모계사회로
결혼을 하면 여성의 가족 근처에 살고 있으며 여성만이 가축을 소유
하거나 경작할 수 있다.

나바호족 사람들의 전통적인 주거지는 '호간(Hogan)'으로 흙과 바위
로 만든 갈퀴 기둥과 토기로 만들었다. 일부 나바호 사람들은 오늘날
에도 여전히 '호간'에서 살고는 있으나 더 많은 사람이 도시 지역의
주택이나 아파트에 사는 것을 선호한다. '호간'은 떠오르는 태양을

나바호족 6·25 전쟁 참전용사

환영하고 행운을 불러오기 위해 동쪽으로 향하도록 짓는다. 전통적으로 둥근 원뿔 모양의 구조물이지만 사각형으로 만들 수도 있다.

미국 역사를 통틀어 나바호족과 미국 정부 사이에 많은 갈등이 있었다. 유럽 정착민들을 수용하기 위해 미국 정부는 나바호족 사람들을 수없이 자신들의 땅에서 쫓겨나야 했고 19세기 내내 분쟁이 있었으며 이는 억압과 폭력으로 이어졌다. 결국 미국 원주민들을 위해 특별히 보호구역이 마련되었고 긴장을 다소 완화시켰으나 그들의 긴장을 완전히 해결하지는 못하였다. 오늘날, 보호구역은 빈곤, 범죄, 알콜 중독과 같은 지속적인 문제에 직면해있다. 보호구역에 대한 산업의 부족은 가난이 세습되게 만들었고 범죄를 조장하고 지속시켜온 어려움이 있다.

나바호족은 6·25전쟁 당시 약 800명이 참전했으며 현재 생존해 있는 참전용사는 약 130명이다. 대한민국 정부 정부는 2016년 6·25전쟁

66주년을 맞아 나바호족 참전용사 35명에게 '평화의 사도 메달'을 수여하였다. 그리고 2020년 코로나 19 확산으로 대한민국 정부는 이들을 지원하기 위해 나섰다. 6·25전쟁 70주년 사업추진위원회에서는 나바호족 참전용사를 위해 방역 마스크(KF94) 1만장과 손소독제 등 방역물품을 긴급 지원하였다.

2) 나바호족 신화와 전설

나바호족의 전설에 의하면 여성과 남성의 역할을 만물과 연관 짓는다. 그들은 만물에서 창조적인 분야의 일은 여성, 그것들을 총괄하는 규율과 법칙은 남성이라는 식으로 만물을 성으로 구분하여 생각한다.

나바호족은 자연의 모든 것은 생명이 있고 신성하다고 믿고 있다. 동서남북 네 곳에 있는 신성한 산에 신이 살고 있다고 믿으며 이들 신의 도움을 받기 위해서 다채로운 예식을 행하였다. 예식은 두 가지 종류로 나눌 수 있다. 축복의 예식은 행복과 지혜를 추구하는 예식이며 악령을 대적해서 이를 물리치는 예식이 또 하나의 것이다. 병고침을 위해서 행하는 예식은 가장 잘 알려진 예식이다. 메디신맨(Medicine Man)이 노래를 부르며 모래그림(Sandpainting or Dry Painting)을 그리는 예식이 따른다.13)

나바호의 모래그림은 채색한 여러 색의 모래로 신의 모습을 그림으로 그리는 것이다. 모래그림은 '신(神)이 들어오고 나가는 자리'라고 나바호인들은 믿고 있다. 환자의 치유를 기원 하거나 농사가 잘되어

---

13) 나바호의 모래그림은 1970년대에 와서 젊은 나바호 화가들에 의해서 종교적인 그림이 아닌 추상화, 풍경화, 정물화등의 일반 미술 영역으로 발전해 나가고 있다.

좋은 수확을 기원하는 예식을 할 때 모래그림이 그려진다. 완성된 그림은 해가 지기 전에 땅속에 묻어서 처리한다.

그림 속의 대상은 신화적 요소들이 많이 그려진다. 동서남북 사방에 있는 성산(聖山)을 상징한다든지 예식에서 행하는 노래와 춤을 묘사하는 그림도 그려진다.

모래 그림에서 일반적으로 동쪽은 새벽의 색인 하양, 서쪽은 황혼의 색인 노랑, 남쪽은 낮 동안의 하늘색인 파랑, 북쪽의 태양의 남쪽에 있을 때 생기는 그림자이자 어둠의 색인 검정으로 표현한다. 이는 동서남북이 주체일 때 성립된다. 그런데 주체가 변하면 색의 배치도 달라진다.

방위를 기준으로 했을 때 동서신(하양-노랑)은 여성, 남북신(파랑-검정)은 남성이며, 남녀가 한쌍이 된다. 그런데 색을 주체로 본 경우, 하양-노랑의 여성끼리, 파랑-검정의 남성끼리 조합하는 것은 부자연스럽기 때문에, 동이 검정이며 남성, 서가 노랑이며 여성, 남이 파랑이며 남성, 북이 하양이며 여성으로 변화한다.

한편, 그들의 전설에 자주 등장하는 나아예(Naayé)는 신화 속 괴물이다. 털 없는 영양 데엘게드(Delgeth 또는 Thelgeth), 깃털을 가진 테니나할레(Tsenahale 또는 Tse'na'hale), 사지 없는 쌍둥이 비나예 아그하니(Binaye Aháni)가 그들이다. 나아예 중 일부는 오늘날까지 살아남아 있다고 전해진다. 나아예는 '빈곤, 추위, 기근'을 의미한다.

3) 나바호족의 주술 춤(Navajo Yehichai dance)

북미 원주민들 사이에서 나바호족의 주술 춤은 독특하기로 유명하다. 다음은 나바호 춤이 상징하는 5가지이다.

① 자신을 존중하라

나바호족의 주술 춤은 각각의 개개인 자신이 진실하고, 생동하고
있으며 존경받는 존재임을 각인시켜 준다. 특히, 나바호 주술 춤을
추는 그 순간을 중심으로 강력하고 의미 있는 경험을 하며 각자의
감각을 창조해 낸다고 나바호족은 믿고 있다.

② 주변 환경과의 연결고리

나바호족의 일상생활에 영향을 주는 외부 요소들을 인식하게 한다.
나바호 주술 춤을 추면서 주변 환경, 이웃들에 대해 더욱 잘 이해할
수 있는 기회로 삼는다.

③ 전통적인 교육 방식

나바호족의 주술 춤은 나바호 공동체의 모든 부분에 대한 중요한 메시지, 교훈, 그리고 지침으로 구성되어 있다. 나바호족의 전통적인 교육 방식으로 나바호족으로 되어 가는데 중요한 교육적 도구라 할 수 있다.

④ 공동체와 문화의식을 지속하기 위한 수단

나바호족의 주술 춤은 오랜 역사와 전통을 가지고 있다. 나바호족 선조들이 지켜 온 자신들의 문화를 지켜내고 있다는 자부심과 나바호족의 정신을 이 춤을 통해 후손들에게 전하고 있다.

⑤ 종교와 삶의 일치

나바호족은 종교와 삶 사이에 구분이 없다. 신이 하루하루 보내주는 그 메시지를 받으며 그 안에서 살아간다고 나바호족 사람들은 믿었다. 나바호 주술 춤은 자신들의 삶과의 의사소통이고 그 삶을 축복하는 행위이다. 그리고 춤을 추는 사람과 춤을 보고 있는 자들이 자신들의 삶뿐만 아니라 더 넓은 세상을 향해 이해할 수 있는 힘을 준다고 믿었다.

4) 나바호족의 기도

나바호족은 자연과 더불어 살며 대지에 순응하는 삶을 살았다. 이들의 기도 속에 나바호족의 삶이 고스란히 드러난다. 다음은 나바호족의 기도이다.

아름다움 속에서 걷게 하소서

내 앞에 있는 아름다움과 함께 걷게 하소서
내 뒤에 있는 아름다움과 함께 걷게 하소서
내 위에 있는 아름다움과 함께 걷게 하소서
내 주변에 있는 아름다움과 함께 걷게 하소서
이것이 다시 아름다움이 되게 하소서

오늘 모든 나쁜 것은 내게서 떠나게 하시고 나 걷게하소서
이전의 내 모습 그대로 나 살게 하소서
달콤한 바람이 나를 에워싸게 하소서
가벼운 몸을 가지게 하시고 영원히 행복하게 하시며
그 무엇도 나를 방해하지 못하게 하소서

내 앞에 있는 아름다움과 함께 걷게 하소서
내 뒤에 있는 아름다움과 함께 걷게 하소서
내 아래에 있는 아름다움과 함께 걷게 하소서
내 위에 있는 아름다움과 함께 걷게 하소서
내 주변에 있는 아름다움과 함께 걷게 하소서

나의 말이 아름답게 하소서
아름다움 속에서 하루종일 걷게 하소서.

10. 쇼니족

1) 테쿰세의 저주,[14] 테쿰세[15]

테쿰세는 '테쿰세의 저주'로
유명한 쇼니족(Shawnee)의 추장
이다. 쇼니족은 북아메리카에
거주하며 알곤키 어족에 속하
는 민족이다. 본래 오하이오강
지역에 거주하던 부족이다.

쇼니족 추장, 테쿰세

1000년경부터 1750년경까지 동쪽으로는 오하이오주, 켄터키주에
서 웨스트 버지니아주, 펜실베니아주, 메릴랜드주, 남쪽으로는 앨라
배마주와 사우스 캐롤라이나주, 서쪽으로는 인디애나주와 일리노이
주까지 자신들의 영역을 확장해 나갔다. 1830년대 미국의 압력에 의
해 쇼니족은 현재의 오클라호마주로 이주해야 했다. 다른 인디언 부

---

14) 테쿰세의 저주는 임기 중에 사망한 미국 대통령과 관련된 이야기이다. '서부개척시대'
당시 수많은 인디언들은 백인들의 손에 목숨을 잃었다. 테쿰세는 백인의 침략에 맞서
싸우다 1813년 템즈 전투에서 전사한다. 테쿰세는 죽으면서 20년마다 0으로 끝나는 해에
당선된 미국 대통령은 임기중 사망할 것이라는 저주를 내린다. 1980년 당선된 윌리엄
헨리 해리슨은 다음 해 사망, 1860년 당선된 에이브러햄 링컨은 1865년 암살되고 1880년
당선된 제임스 A. 가필드 또한 그 다음해 암살된다. 이로 인해 '20년 징크스'인 '테쿰세의
저주'가 유래한다. 그러나 1980년 당선된 로널드 레이건 대통령은 총을 맞긴 했으나 총알
이 빗겨나가 목숨을 건진다. 이후 현재까지 임기 중 사망한 미국 대통령은 없다. 이로
인해 '테쿰세의 저주가 드디어 풀렸다'라는 이야기가 있다.
15) 테쿰세(1768~1813)는 쇼니족 추장이자 연설가이다. 오하이오주에서 태어나 자랐다. 어린
시절부터 전사로서 명성을 얻어 많은 추종자들이 있었다. 백인들은 자신들의 땅을 넓히기
위해 원주민들의 영토를 빼앗기 위해 이들을 강제로 이주시킨다. 테쿰세는 자신의 영토를
지키기 위해 미국과 끊임없이 싸워야 하였다. 1813년 템즈(Thames) 전투에서 패배하여
전사한다.

족들과 마찬가지로 쇼니족 또한 '눈물의 길'을 가야만 했던 것이다.

쇼니족은 자신들이 정령에 의해 선택받은 민족이라 여긴다. 쇼니족에게 있어서 정령은 만물에 조화를 가져다주고 어떻게 살아야 할지에 대해 알려주는 존재이며 자신들의 병까지 치유하는 존재이다.

테쿰세의 시를 통해 쇼니족의 생활상, 믿음 등을 알 수 있다. 아래는 테쿰세의 시이다.

아침에 눈을 뜨면
음식과 삶의 즐거움에 대해 감사하라.
만약 감사해야 할 이유를 발견하지 못한다면
그 잘못은 너에게 있는 것이다.
그 누구도, 그 무엇도 악용하지 마라.
악용함은 지혜로운 사람을 바보로 만들고,
통찰력을 **빼**앗아 간다.

너에게 죽음의 시간이 온다면
죽음에 대한 두려움으로 가득 차 있는 사람처럼 되지 말아라.
이들은 죽음 앞에서
삶의 다른 방식으로 조금만 더 살게 해 달라고 울며 기도한다.

죽음의 노래를 부르라,
집으로 돌아가는 영웅처럼 죽으라.

2) '선을 행하라, 그리하면 복을 받을 것이다'

쇼니족은 자신들의 삶에서 가장 중요하게 여겼던 것 중 하나가 바로 '훈육'이었다. 쇼니족의 아이들은 '선을 행하면 복을 받을 수 있고 악을 행하면 슬픔이 몰려올 것이다'라는 가르침을 받아왔다. 그리고 이웃을 죽이거나 상처를 입히게 되면 반드시 이에 대한 대가를 치르게 되어 있으며 이웃을 사랑하라는 예법을 지켜야 하였다. 그러나 이웃에 대한 예법은 백인들에게는 적용되지 않았다.

쇼니족은 다른 부족과 다른 독특한 전통을 가지고 있었다. 이는 바로 '여성 추장' 전통이다. 여성 추장은 대추장과 가까운 혈연관계로 평화와 전쟁의 역할을 하는 인물로 구분되어 있었다. 남성 추장의 보조자 역할을 하기는 했으나 전쟁과 평화에 대한 문제를 해결해야 하는 경우 남성 추장들과 동등한 선택권을 가지고 있었다.

3) 쇼니족 신화 속 주요 인물

미셰 몬토(Misshe Moneto)는 '위대한 정령'을 의미하며, 창조주를 의미한다. 인간의 형태나 속성이 없는 정령이며 의인화되지 않는다.

코쿰테나(Kokumthena)는 세상을 창조하고 사람들을 돕는 인간과 같은 초자연적인 존재이다. 대부분의 알곤키 문화권에는 트랜스포머 영웅이 신화에서 등장한다. 대부분의 신화에서 트랜스포머 영웅의 경우 남성으로 묘사되는 경우가 많은데 코쿰테나는 여성이라는 점에서 다소 독특하다. 쇼니 신화에서 코쿰테나는 늙은 여성 또는 할머니 신으로 다른 알곤키의 트랜스포머 영웅들이 관여하는 영웅적이거나 변덕스러운 업적에는 참여하지 않는다.

사이클론 사람(Cyclone Person)은 '폭풍의 영혼'이다. 주로 남성성을 가진 인물로 신화 속에 등장하나 여성성을 가진 인물로 묘사되기도 한다. 쇼니족은 토네이도의 검은 구름 기둥을 사이클론 사람의 긴 날아다니는 털이라 여겼다. 토네이도의 엄청난 파괴력에도 불구하고, 쇼니족에게 사이클론 사람은 친절한 인물이라 여겨졌고 쇼니족을 의도적으로 죽이지 않았다고 여겨졌다.

크레이지 잭(Crazy Jack/Cheekitha, Little Jack 치키타, 리틀 잭)은 어리석음과 게으름으로 유명하지만, 대개 직관적인 지혜와 행운의 순간을 통해 심각한 위험에서 탈출하는 인물이다. 사람들을 잘 속인다.

약와위(Yakwawi)는 고대 매머드와 연관된 거대한 곰 괴물로 몸에 털이 없는 것이 특징이다.

키네피과(Kinepikwa)는 대부분의 알곤키 부족의 전설에서 흔히 볼 수 있는 수중 뿔 달린 뱀이다. '큰 독사'를 의미하며, 호수에 숨어 인간을 잡아먹는다.

워터 팬터(Water Panther/마네투위 루시 피시 Rusi-Pissi)는 퓨마와 용을 섞어놓은 듯한 강력한 신화 속 생물이다. 깊은 물에 살면서 사람들이 익사하게 만드는 위험한 존재이다.

네님키(Nenimkee)는 북방과 서부 부족에게 흔한 거대한 신화 속의 새인 썬더버드와 같은 존재이다. 네님키의 거대한 날개짓 때문에 천둥이 친다고 여긴다. 쇼니족의 일부는 네님키가 거대한 새라기보다는 마법의 날개 달린 남자로 묘사되며 거꾸로 말하는 것으로 알려져 있다.

소인(Little People)은 일부 부족들과는 달리, 리틀 피플은 쇼니 전통에서 중요한 신화적 인물은 아니나 민담이나 미신에 자주 등장한다. 쇼니족의 소인은 야생의 나무나 바위에 사는 작은 자연의 영혼이다. 장난꾸러기이고 만약 사람들이 소인을 잘 대하지 못하는 사람들에게는 짜증을 내거나 위협을 가하기도 한다. 그러나 악의에 찬 존재는 아니다. 황야에서 쇼니족에게 이상하거나 답답한 일이 벌어지면 소인들의 장난 탓으로 돌린다. 한편으로는 소인들이 길을 잃어버린 아이들을 돕거나 잃어버린 물건을 사람들에게 돌려주었다는 이야기도 전해진다.

11. 미국영화에 나오는 인디언 부족

1) 수우족

(1) 인디언 멸망과 함께한 수우족

수우족(Sioux)과 관련된 미국 영화는 매우 많다. 〈말이라 불리운 사나이〉, 〈양들의 침묵〉, 〈늑대와 함께 춤을〉, 〈나의 심장을 운디드 니16)에 묻어주오〉 등이 있다. 특히 〈나를 운디드 니에 묻어주오〉라는 작품의 경우 미국 서부 개척사이자 인디언 멸망사를 잘 보여주고 있다.

수우족은 크게 3개의 부족으로 나뉜다. 산티 수우족(동부 다코타족),

---

16) 운디드 니 학살(Wounded Knee Massacre)은 1890년 12월 29일 인디언을 탄압하려는 미군의 노력이 절정에 달한 사건이었다. 미국 사우스 다코다주 남서부 인디언 보호구역 내 '운디드 니' 언덕에서 미국 군인이 인디언 300여 명을 에워쌌다. 대평원 인디언 전쟁의 막바지였던 당시 대부분의 인디언들은 보호구역에 수용되어 있었다. 인디언들은 '유령 춤(Ghost Dance)'를 추며 일종의 종교적 행위로 인디언들의 신앙 의식을 확산시켜 나갔다. 인디언들은 '유령 춤'을 추며 백인들의 문화를 배척하면 조상들이 누렸던 영광을 되찾고 백인들을 물리칠 수 있다고 믿었다. 미국 정부에서는 이 의식, 믿음을 용납할 수가 없어 '운디드 니'에서 총성이 울려 많은 인디언들이 사망에 이르게 된다. 미국 정부는 이를 놓고 '운디드 니 전투(battle)'라 불렀으나 인디언들은 '학살(massacre)'이라 명명하였다. 공식적인 명칭은 없으나 많은 영화, 드라마, 시 등에서 '운디드 니 학살'이라 칭하고 있다.

라코타 수우족(티톤 수우족), 양크톤 수우족(서부 다코타족)이다. 이들은 다시 몇 개의 지파로 나뉘는데, 시팅불(Sitting Bull) 대추장은 라코타의 홍크파파 지파에 속하고 전설적 전쟁영웅인 크레이지 호스(Crazy Horse) 와 대추장 레드 클라우드(Red Cloud)는 라코타의 오글라라 지파에 속한다.

1863년부터 라코타족 지역으로 백인들이 몰려오면서 원주민들은 자신들의 생업인 들소사냥에 영향을 받게 되었다. 이로 인해 백인과 여러 차례 전쟁이 발발하였고, 미국 정부와 '라라미 조약'을 체결하였다. 하지만 금광이 발견된 후 백인들의 약탈이 심해지자 다시 전쟁이 발발하게 되는데, 이것이 바로 '리틀 빅혼 전투'이다. 1876년 6월 수우족과 샤이엔족은 조지 A. 커스터(George Armstrong Custer)를 패배시키고, 266명의 부대원들을 전멸시켰다. 이때 인디언의 지도자가 크레이지 호스(Crazy Horse)와 시팅불(Sitting Bull)이다.

크레이지 호스는 '길들여지지 않은 말', 또는 '야생마'라는 의미를 가지고 있다. 그는 수우족이 백인의 대평원 북부 침략 당시 가장 용맹하게 싸웠던 전사이다.

크레이지 호스는 1841년 사우스다 코타주의 블랙힐스에서 크레이지 호

크레이지 호스

스라는 이름을 가진 사람의 아들로 태어났다. 크레이지 호스는 그의 부족의 다른 사람들보다 밝은 피부색과 엄청난 곱슬머리를 가지고 있어서 어린 시절 '곱슬머리(Curly Hair)' 또는 '밝은 머리 소년 (Light-Haired Boy)'으로 불렸다.

청소년기에 크레이지 호스는 '그의 말 보기(His Horse Looking)'라는

이름을 얻었지만 1858년 아라파호족(Arapaho) 전사들과의 전투에서 아버지의 이름을 부여받아 크레이지 호스라는 이름을 가지게 된다. 그 이전까지는 '곱슬머리'로 불렸다.

크레이지 호스가 12살 무렵 부족 추장이 백인의 총에 맞아 죽는 것을 광경을 목격한다. 이후 크레이지 호스는 백인들로부터 자신의 부족을 지키겠다는 결심을 한다. 그 무렵 미국은 서부 개척이라는 이유로 인디언들의 터전을 빼앗고 인디언을 보호구역으로 강제 이주시키는 정책을 펼쳤다. 그 과정에서 마을을 불태우고 많은 이들이 학살당하였다.

1860년대 네브라스카주의 블랙 힐스(Black hills)에서 금이 발견 되자 인디언들이 오랜 시간 지켜 왔던 그 땅을 빼앗기 위해 백인들이 몰려온다. 크레이지 호스는 부족 단위로 분열되어 있던 인디언을 연합하여 연합군을 이끌고 1876년 6월 25일 몬태나주 리틀 빅혼(Little Big Horn) 전투에서 남북 전쟁의 영웅인 커스터 중령이 이끄는 미국 기병대를 궤멸시킨다.

이에 분노한 미군은 대규모 병력을 투입하여 끈질긴 추격과 동시에 들소들을 학살하여 인디언들이 먹을 것이 없게 만들어 버린다. 굶주림에 힘겨워 하던 인디언들은 원주민 보호구역을 만들어주겠다는 미군의 회유에 넘어가 결국은 1881년 몬태나의 한 요새에서 항복을 하게 된다.

그러나 미국 정부는 이 약속을 지키지 않아 6년 후 크레이지 호스는 약속 불이행에 대해 항의하기 위해 네브라스카의 포트 로비슨 기지로 갔다가 간히게 된다. 1877년 크레이지 호스는 자신이 속았다는 것을 깨닫게 되어 탈출을 시도하다가 미군 병사의 공격을 받고 사망하게 된다.

시팅 불은 아메리카 원주민 추장으로 부족의 땅을 **빼앗는** 백인 정
착자들에 대항하여 미국 대평
원의 수우족을 통합하였다. 시
팅불은 1831년 오늘날의 사우
스다코타인 다코타 준주 그랜
드 리버 근처에서 태어났다. 그

가 태어나자 유명한 수족의 전

시팅 불/앉은 소(Sitting Bull)

사였던 그의 아버지 리턴즈-어게인(Returns-
Again)은 시팅 불에게 '점핑 오소리(Jumping
Badger)'라고 이름을 지어준다. 시팅 불은 10
세에 첫 물소를 죽였고 14세에 아버지, 삼촌
과 함께 까마귀 야영지(a Crow camp)를 습격
하였다. 습격 이후 그의 아버지는 그의 용감
함을 기리기 위해 시팅 불로 개명하였다.

'1868년 포트 라라미 조약(The 1868 Fort
Laramie Treaty)'은 사우스 다코타(South Dakota)의 신성한 블랙 힐스를
수족에게 부여했지만, 1874년 그곳에서 금이 발견되자 미국 정부는
조약을 무시하고 강제로 토착 부족을 그들의 땅에서 제거하기 시작하
였다.

이어지는 1876년 리틀 빅혼(Little Big Horn) 전투에서 절정에 달했는
데, 당시 시팅 불과 크레이지 호스가 연합 부족을 이끌고 커스터 장군
을 꺾었다. 시팅불은 1890년 스탠딩 록 인디언 보호구역(Standing Rock
Indian Reservation)에서 인디언 경찰의 총에 맞아 사망했지만, 원주민
땅을 수호한 그의 용기는 지금까지도 기억되고 있다.

리틀 빅혼 전투 당시의 모습

(2) 수우족의 민간신앙

익토미(Iktomi)는 '거미'를 뜻하는 이름을 가지고 있어 영어로 스파이더 또는 스파이더맨으로 불리기도 한다. 사기꾼으로 등장한다. 수우족 신화 속에서는 인간으로 묘사된다. 익토미는 사회적으로 부적절하게 행동하기도 하고 웃기는 인물로 묘사되어 우화 속에 자주 등장한다. 하지만 익토미는 가끔 매우 폭력적인 모습을 보이기도 한다.

코요테(Coyote)는 신화속에서 사기꾼으로 인간의 모습으로 의인화되기도 하고, 실제 코요테의 모습으로 묘사되기도 한다.

와칸 탄카(Wakan Tanka)는 수우족 우주론의 위대한 창조자이다.

하얀 버팔로 송아지 여자/프테산위(White Buffalo Calf Woman /Ptesan-Wi)는 수우족의 신성한 문화적 영웅이다. 그녀는 수우족 사람들에게 신성한 파이프를 가져다주었고, 그들에게 문명의 많은 기술을 가르쳤다.

와키냔(Wakinyan)은 천둥소리를 내는 날개와 번개를 쏘는 눈을 가진 거대한 새의 형태이다.

웅크테히(Unktehi)는 거대한 뿔 달린 뱀으로, 와키냔에게 치명적인 적수이다.

이냔(Inyan)은 원시적인 돌 혼령이다.

토끼 소년(Rabbit Boy)은 수우 신화 속 민속 영웅으로, 핏 덩어리로 태어나 토끼에 의해 길러졌다.

이중얼굴(Double Face)은 뒤통수에도 얼굴을 가진 사람을 닮은 사악한 괴물이다. 뒤통수에 있는 얼굴에 눈을 맞추는 사람은 괴물에 의해 살해된다.

카노티(Canoti)는 요정처럼 작은 사람들이다.

치예 탱카(Chiye-Tanka)는 빅풋(Big foot)과 같은 모습이며 산의 정령이다.

(3) 수우족의 기도

수우족의 기도 속에는 자연 속에서 나타나는 신에 대한 소망이 담겨 있다. 자신을 낮춰 자연에 순응하고 세상 만물의 소중함 속에서 정결히 살아가며 하루하루 지혜를 구하고자 하는 간절함이 나타나고 있다.

바람 속에 당신의 목소리가 있고
당신의 숨결이 세상 만물에게 생명을 줍니다.

나는 당신의 많은 자식들 가운데 작고 힘없는 아이입니다.
내게 당신의 힘과 지혜를 주소서.

나로 하여금 아름다움 안에서 걷게 하시고
내 두 눈이 오래도록 석양을 바라볼 수 있게 하소서.
당신이 만든 물건들을 내 손이 존중하게 하시고
당신의 목소리를 들을 수 있도록 내 귀를 예민하게 하소서.

당신이 내 부족 사람들에게 가르쳐 준 것들을
나 또한 알게 하시고
당신이 모든 나뭇잎, 모든 돌 틈에 감춰 둔 교훈들을
나 또한 배우게 하소서.

내 형제들보다 더 위대해지기 위해서가 아니라

가장 큰 적인 내 자신과 싸울 수 있도록

내게 힘을 주소서.

나로 하여금 깨끗한 손, 똑바른 눈으로

언제라도 당신에게 갈 수 있도록 준비시켜 주소서.

그래서 저 노을이 지듯이 내 목숨이 사라질 때

내 혼이 부끄럼 없이

당신에게 갈 수 있게 하소서.

2) 아파치

(1) 용맹함의 상징, 아파치 부족

미국 내 인디언 중 가장 많이 알려진 부족은 아파치족(Apache)이다. 미국 영화와 드라마 등에 가장 많이 등장하는 원주민이다. 특히 로버트 알드리치 감독의 서부영화 〈아파치(Apache)〉(1954)는 대표적인 작품이다. 이 영화는 1936년에 출간되었던 폴 펠먼의 소설인 『Broncho Apache』

를 제재로 하여 제작되었다. 이 영화는 백인에게 항복할 수밖에 없었던 마지막 아파치 전사의 모습을 보여준다.

아파치족은 캐나다 알래스카 지역과 미국 남서부 일부에서 왔으며 전형적인 유목민이었다. 대부분 버팔로 고기를 먹고 가죽을 보호복으

로 착용하였다. 아파치족은 말을 타고 사용하는 방법을 배운 최초의
부족 중 하나라고 알려져 있다.

1848년부터 1924년 사이에는 백인들의 침략이 계속 이어졌고 아파
치족은 용감하게 싸웠다. 아파치 전쟁을 지휘한 인디언 추장으로는
제로니모가 가장 유명하며 헤로니모, 빅토리오, 델샤이, 톤토 등도
아파치 부족의 영웅으로 인정받고 있다. 이러한 용맹함을 보여주듯이
미국 최강의 공격헬기 이름에도 아파치가 들어간다. 아파치 헬기의
등장은 선조에 대한 자부심을 바탕으로 전통을 지키고 있던 아파치족
이 현대의 삶에 적응하고 있는 모습으로 변화하고 있다는 것을 보여
주는 계기가 되었다.[17]

(2) 아파치족 신화 속 주요 인물

코요테/여우(Coyote/Fox)는 아파치 부족 중에서 가장 흔한 사기꾼으
로 등장한다. 다른 남서부 부족의 사기꾼처럼, 코요테/여우도 때때로
인간에게 도움이 되지만, 그의 성급하고 어리석은 행동은 주변의 모
든 사람들에게 문제를 일으킨다. 종종 자신의 무모함 때문에 죽게
되지만 다시 살아난다. 코요테는 인간의 모습 또는 동물의 모습으로
나타난다.

큰 올빼미/올빼미 사람은 악랄하고 위험한 거인으로 자주 등장한
다. 큰 올빼미는 때때로 인간의 형태(이 경우 사람을 먹는 오거)와 동물의

---

17) 1972년 미국은 '신형 공격 헬기 사업'을 시작했고 당시 헬기 제작사 맥도널 더글러스는
아파치 부족의 이름을 샀다. '아파치'라는 이름 값을 넉넉히 받아내 자신들의 전통을 지키
면서 경제적인 부족, 현대의 삶에 도전하는 아파치족의 모습을 보여주었다. 이후 아파치
족 소유의 땅을 농장으로 일구고 호텔사업, 카지노 사업까지 그 영역을 넓혔다.

형태(이 경우 아이를 태울 수 있을 만큼 큰 뿔 달린 올빼미)로 묘사된다.

3) 아리카라족

(1) 마음 깊은 곳에 머무는 달을 살아가는 아리카라족

〈레버넌트〉는 2016년, 알레한드로 곤잘레스 이냐리투(Alejandro Gonzalez Inarritu) 감독의 영화이다. 미국의 서부개척시대 이전 19세기의 이야기를 다룬 영화로 개척민들이 아리카라(Arikara)족에 의해 아메리카 대륙 깊은 곳까지 진출하지 못하는 시기의 이야기를 보여주고 있다.

아리카라족은 캐도어를 사용하는 부족이다. 미주리 강 절벽 쪽에 마을을 이루어 살다가 북부로 이동해 살고 있다. '아리카라'라는 이름은 '뿔'을 의미하며 머리 양쪽에 뿔처럼 서 있는 두 개의 뼈로 머리를 묶는 부족의 오랜 관습을 보여준다. 옥수수, 콩, 호박 등이 주식이었고 이를 재배하며 살았다.

남자들은 버팔로나 사슴 등을 잡아서 생활을 영위하였다. 도자기로 조리 기구나 사냥 도구를 만들어 썼으며 유리를 녹이고 그것을 틀에 부어 구슬을 만들어 무역을 하였다. 아리카라족에게 '옥수수'는 매우 중요한 위치를 차지하였다. 옥수수는 자신들이 지키는 '의식'에 사용되어졌으며 의식용 옥수수 씨앗은 몇 세대를 거쳐 보존되었다. 아리카라족이 제사를 지낼 때 잔치를 벌였고 옥수수를 심을 때, 옥수수가 어느 정도 자랐을 때, 수확할 때 제사를 지냈다.

부족 간의 전쟁을 조장하는 정책과 식민지 개척자들의 끊임없는 압박으로부터 아리카라족도 자유로울 수가 없었고 끊임없이 이주를 해야 하였다. 18세기 후반과 19세기 초반 천연두의 발생과 전쟁으로 인해 아리카라족은 거의 전멸하다시피 했으나 다른 부족들과 통합을 하여 그 명맥을 이어가고 있었다.

1804년 루이스(Lewis)와 클라크(Clark)가 아리카라족을 방문하여 미국과 우호적인 관계가 되나 무역 회사 간의 경쟁으로 인해 아리카라족에게 고통을 안겨준다. 이 경쟁은 아리카라족이 이들에 대해 적대적인 감정을 가지게 한다. 1823년 아리카라족은 미국 무역상을 공격하여 13명이 사망하고 많은 이들이 부상을 입는다. 이로 인해 미국과의 갈등이 고조되어 '아리카라 전쟁'이 발발한다. 이후 1860년대에 포트버솔드의 보호구역에 수용되었다. 그러나 1950년대 이들이 살던 지역에 석유가 발견되고 댐이 건설이 되면서 아리카라족은 또 다른 곳으로 이주해야만 하였다.

(2) 아리카라족의 민간신앙

네사누 나치탁(Neshanu Natchitak)은 위대한 영혼이나 신을 뜻하는 아리카라 이름으로, "위쪽에 있는 족장"을 의미한다. 흔히 니샤누라고 불리는데, 오늘날에도 신을 가리키는 아리카라어로 사용되고 있다.

어머니 옥수수(Mother Corn)는 문자 그대로 '어머니'를 의미한다. '옥수수'는 그녀가 옥수수의 여신 또는 영혼이었기 때문에 어머니라는 이름이 추가되었다. 아리카라 신화에 따르면 네사누는 옥수수 하나로 '어머니 옥수수'를 창조했고 그녀는 아리카라인들의 보호자가 되어 그들을 그들의 고향으로 인도하고 농사를 가르쳤다고 한다.

치리히(Chirich)는 코요테, 아리카라 신화 속 사기꾼이다. 치리히는 영리하지만 무모하며, 특히 탐욕, 자랑, 거짓말 등 사회적으로 부적절한 행동을 해서 자신과 주변 사람들을 곤경에 빠트린다.

뇌와 긴 치아를 마신다(Drinks Brains and Long Teeth)는 마법의 쌍둥이들로 이들의 어머니는 괴물에게 잡혀 먹혀 죽임을 당한다.

바람의 여인(Whirlwind-Woman)은 아리카라 신화의 강력한 폭풍신이다.

스투위(Stuwi)는 아리카라 남성들 사이에서 전해지는 많은 농담과 이야기에 등장하는 도덕성이 결여된 여성이다. 스투위 이야기는 보통 성인 유머에 등장한다.

스칼프드 맨(Scalped Man/Tshunuxu)은 전투에서 전사하고 칼에 찔린 후 다시 살아난 전사이다. 매우 무서운 존재로 세상을 떠돌아다닌다.

4) 모히칸족

(1) 고요하지 않는 물의 사람들, 모히칸족

모히칸(Mohican)족은 소설과 영화를 통해 익숙한 인디언이다. 미국의 소설가 제임스 F. 쿠퍼는 그의 책 『모히칸족의 최후』(1826)에서 모히칸 부족의 낭만적인 모습을 그렸다. 영화로도 제작이 되어 많은 이들에게 인기를 끌었다. 1920년 흑백 무성영화를 시작으로 수차례 영상화 되었고 이를 1992년 스크린에 옮겼다.

영화 〈라스트 모히칸〉은 1757년 미국 식민지 시대, 영국과 프랑스가 아메리카 대륙을 놓고 치열한 전쟁을 치르는 과정의 이야기로 시작한다. 원주민인 인디언 부족들도 교역 관계나 이해 관계에 따라 한쪽을 선택하여 동맹을 맺고 그 전쟁에 참전하게 된다. 영국군 먼로 대령의 두 딸이(코라와 앨리스) 아버지를 만나러 소령 던컨 헤이워드와 함께 요새로 향하는데 길잡이로 삼은 인디언 마구아는 프랑스 측의 첩자로 이들을 프랑스 측으로 끌고 가려는 계략을 꾸민다.

하지만 숲에서 우연히 만난 나다니엘 포(일명 호크아이), 모히칸족의 추장 칭가치국과 그의 아들 웅카스에 의해 그 계획이 무산된다. 이들의 도움으로 마구아 일당의 추적을 피해먼로 대령이 있는 요새에 도착하나 곧 요새는 수세에 몰려 프랑스에게 항복한다. 합의에 따라 퇴각하던 영국군을 마구아 일당은 프랑스군의 묵인 아래 살육행위를 자행하고 호크아이 일행을 추적하여 코라와 앨리스를 잡아간다는 주 내용이다. 〈라스트 모히칸〉은 당시 인디언들에 대해 서구 사회가 어떠한 시선을 가지고 있는지 잘 보여주고 있다.

모히칸 부족은 현재 미국 뉴욕주 캣츠킬(Catskill) 산맥 위 허드슨강 상류 계곡에 살고 있다. 모히칸족의 의미는 "고요하지 않는 물의 사람들"이라는 뜻이다. 식민지 시대 동안 이들은 네덜란드와 영국인들에게 '리버(강) 인디언'으로, 프랑스인들에게는 '루프스(Loups, 늑대를 의미)'로 알려져 있었다.

모히칸족은 현재의 코네티컷주에 거주했으며 사냥과 어업으로 자신들의 생활을 영위해 나갔다.

식민지화 이전에, 모히칸은 5개의 집단으로 이루어져 있었으며 3개의 모계 종족으로 조직화되어 있었다. 족장이 통치하였으며 권력은 세습되었다. 부족의 구성원들은 언덕에 위치한 20~30개의 요새에서 거주하였다. 이들의 거주지는 옥수수밭과 삼림지 사이에 위치하였고 이들은 밀폐된 마을에서 살았다.

길고 추운 겨울날 모히칸은 옹기 단지를 만들고 도구를 수리하며 봄을 준비한다.

(2) 모히칸족의 최후

모히칸족이 처음으로 네덜란드인과 접촉했을 때, 모히칸족은 모호크족(Mohawk)과 전쟁 중이었다. 1609년 헨리 허드슨이라는 네덜란드인이 모히칸 부족이 살고 있는 강을 탐색한다. 당시 모히칸 부족이 허드슨에게 아름다운 모피를 제공한다. 이 모피에 관심을 가지게 된 네덜란드 상인들은 1614년 이 지역에 무역소를 세웠고 유럽 문화를 이곳에 영입하였다. 모히칸의 전통 풍습은 점점 사라져갔다. 모히칸 사람들은 자신들의 아름다운 모피를 네덜란드 상인에게 구슬이나 공구 또는 총기와 바꾸었다. 자신들의 전통이 계속 사라져가면서 자신들의 전통 공예품을 만드는 작업까지 중단하

였다.

영국 상인들까지 모히칸 부족의 영토에 침입했고 이들은 많은 전염병을 이 땅에 가지고 왔다. 1664년 알바니(Albany) 인근 쇼닥(Schodack)에서 현재의 스톡브리지(Stockbridge)로 강제 이주해야 하였다. 18세기 유럽 사람과 함께 들어온 천연두, 홍역, 성홍열 등의 전염병과 전쟁으로 인해 많은 모히칸족은 사망하였다. 21세기 초 모히칸 부족의 인구는 대략 3,500여 명이다.

(3) 모히칸족의 정령

완트 메니토우(Waunt Mennitow)는 '위대한 영'을 의미하며 창조주를 뜻한다. 인간의 형태나 속성을 지니지 않았으며 성별 또한 없는 정령이다. 기치 마니투(Gitchi Manitou)는 위대한 창조자이다.

모스킴(Moskim)은 모히칸의 전설 속에 등장하는 인물이다. 자비롭지만 다소 어리석은 영웅이 토끼로 묘사된다. 모스킴에게는 플린트라는 나쁜 동생이 있었는데, 플린트는 자신을 출산하고 있는 어머니를 죽인다. 이로 인해 모스킴에게 플린트는 적대적인 관계로 남아 있다.

아틀란토우(Atlantow)는 죽음의 지배자이다. 파괴적이며 사악한 존재이며 사람들은 악마와도 동일시하였다. 완트 메니토우와 반대되는 인물이라 볼 수 있다.

푸쿠드기(Puckudgies)는 알곤퀴안(Algonquian)의 숲속에 사는 아주 작은 마법사들이다. 보통 무릎 높이 또는 그 보다 더 작은 키로 푸쿠드기라는 이름은 '황야의 사람'이라는 뜻이다. 보통 달콤한 냄새를 가지고 있고 꽃과 연관되어 있다. 마법의 힘을 가지고 있어서 눈에 보이지 않게 하거나 사람들을 혼란스럽게 하고 자신을 위험한 동물의 모양으로 바꾸기도 한다. 어떤 모히칸 설화에서는 짓궂은 장난을 치는 사람들로 묘사되지만 자신들을 친절하게 대하는 이들에게는 도움을 주는 귀여운 존재로 묘사되기도 한다. 그러나 다른 설화에서는 위험하고 변덕스러운 존재로 나타나며 푸쿠드기는 피하는 것이 최선이라고 이야기한다.[18]

약와위악(Yakwawiak)은 아주 거대한 곰을 닮은 괴물로 사람을 잡아먹는다. 약와익악은 털이 없어 어떤 사람들은 곰이라기보다는 고대 매머드나 코끼리로 묘사하기도 한다.

5) 코만치족

(1) 영화 〈황색 리본을 한 여인〉에 등장

영화 〈황색 리본을 한 여인〉은 1949년 작품으로 감독은 존 포드(John Ford)이다. 존 포드의 기병대 3부작(〈아파치 요새〉, 〈황색리본을 한 여자〉, 〈리오 그란데〉) 중 두 번째 작품으로 유일한 컬러 필름 영화이다.

말이 지나갈 때마다 먼지를 일으키는 황량한 공간에서 아파치, 코만치(Comanche) 등의 인디언들은 출몰한다. 이러한 상황에서 요새를 지키

---

18) 푸쿠드기 이야기는 미국 북동부, 캐나다 남동부 그리고 오대호 지역에 전해지고 있다. 이들의 본성은 각 나라마다 차이가 있다. 오대호 지역에서는 장난꾸러기로 사람들을 속이기는 하지만 위험하지는 않은 착한 동물로 여겨진다. 미국 북동부 지역에서 푸크드기는 자신에게 무례하게 구는 이에게는 겁을 주고 위험에 빠트리는 존재이다. 뉴잉글랜드 남부 지역에서는 아이를 훔치거나 마을을 파괴하는 나쁜 생물로 묘사되기도 한다.

는 기병대의 이야기를 다루고 있다. 여러 가지의 상징을 통해 인디언 부족에 대한 이미지를 보여주며 미국적 가치를 표현하고 있다.

〈황색 리본을 한 여인〉에 등장하는 인디언 부족은 코만치족이다. 이들은 뉴멕시코 동부에 살던 미국 원주민이다. 현재 콜로라도, 캔자스, 오클라호마, 텍사스 등에 걸쳐서 살고 있다. 코만치족은 뛰어난 기병으로 유명하고 막강한 힘을 가진 인디언이었다. 1800년대까지 다른 부족들 사이에서 말 유통업자의 역할을 하였다. 다른 부족들과도 맹렬히 싸웠고 대평원의 백인의 침략에도 저항하였다.

(2) 코만치족의 정령

코만치족 사람들은 우주와 모든 자연물, 식물, 나무, 강, 산 또는 바위 등에 영혼이 있다는 것을 믿었으며 다른 대평원 부족들과 마찬가지로 위대한 정령인 '마니투'를 믿었다.

코만치어는 '쇼쇼니어'의 한 방언에서 갈라져 나왔다고 한다. 제2차 세계 대전당시 유럽에서 암호로 사용되었다. 코만치어는 현재 사용자가 거의 남아 있지 않아 사멸될 위기에 있으나 최근 코만치어 복원 운동이 진행되고 있다.

미국 오클라호마주의 일부 고등학교에는 코만치족의 국어시간이 있다. 이 시간에는 사멸 위기에 있는 코만치족의 말을 배운다. 대표적인 말이 '카쿠!(Kaku)'와 '무카!(Mooka)'이다. '카쿠'는 '외할머니'를, '무카'는 '나무'를 뜻한다. 미국에서는 다양한 방식으로 인디언들의 언어 살리기가 진행되고 있다. 와이오밍주의 인디언 종족 아라파호족은 자신들의 토속어를 정규과목으로 지정해 배우고 있다. 코만치족은 토속어 사전을 제작하고 민요를 음반으로 제작하는 등 더욱 적극적으로 움직이고 있는 대표적인 사례다. 언어를 통해 자신들의 역사와 문화를 배우고 있는 것이다.

(3) 코만치족의 신화 속 인물

코요테(Coyote)는 코만치 사기꾼으로 다른 부족의 신화에도 등장한다. 영리한 생명체이며 종종 인간을 돕지만, 코만치 사람들이 사회적으로 용납할 수 없는 성격상의 결함(욕망, 부정직, 무모함, 조급함 등)으로 인해 끊임없이 말썽을 일으키고 있다. 많은 이야기꾼들은 그를 코만치 가문의 형제라고 부른다.

인디언 원주민들 사이에서는 고대로부터 전해 오는 전설이 있다. 거미 여인(Spider woman)이 아이들과 원주민들을 보호한다는 것이다. 그런데 사람들이 늘어가고 각 지역으로 흩어지면서 거미 여인의 손길이 일일이 다 닿지 못하니 부족들의 어머니와 할머니들이 따로 이 드림캐처를 만들어서 아이들과 사람들을 지켰다고 한다.

요람 위나 집의 높은 곳에 걸어 주면 그 꿈의 거미줄은 나쁜 꿈은 붙잡고 좋은 꿈은 거미줄 사이로 통과한다는 것이다. 인디언들이 잠자리에 누워 꿈을 꾸는 동안 나쁜 꿈들은 날실과 씨실에 걸리지만 좋은 꿈들은 가운데 구멍을 통과해 들어온다.

인디언들의 전통에서 오랜 세대에 걸쳐서 꿈들의 영이 작용하고 그 꿈의 거미줄(드림캐

처)이 만들어져 온 것이다. 인간이 존재하는 한 꿈은 사라지지 않을 것이기 때문에 이 꿈의 거미줄을 머리맡에 두게 한다. 그리고 평화롭게 꿈을 꾸게 한다.

참고문헌

"What Happened Along the "Trail of Tears"?",

    https://lrl.kr/cqRT(검색일 2020.5.1).

"Native American 10 Commandments",

    http://starstuffs.com/prayers/10com.htm(검색일 2020.5.23).

"Five Civilized Tribes North American Indian confederacy",

    https://lrl.kr/cr75(검색일 2020.5.27).

"[특별기획] '이나바의 하얀 토끼' 고향은 고구려",

    https://lrl.kr/cr76(검색일 2021.4.1).

〈체로키〉

"Sequoyah and the Creation of the Cherokee Syllabary",

    https://lrl.kr/bB6j(검색일 2020.4.24).

John G. Burnett, "The Cherokee Removal Through the Eyes of a Private Soldier",

    December 11, 1890. https://lrl.kr/cr78(검색일 2020.4.6).

"American Indian Cherokee Blessing", https://lrl.kr/b17g(검색일 2020.4.23).

"인디언 체로키족 추장 "지프, 우리 이름 쓰지마!"",

    https://www.news1.kr/articles/?4220485(검색일 2020.4.2).

〈촉토족〉

"Choctaw Cultural Center, French Museum Partner on Exhibit",

    https://lrl.kr/cr8b(검색일 2020.11.30).

"Choctaw Tribe", https://lrl.kr/bB6Z(검색일 2020.5.9).

"Choctaw Tribe: History & Facts", https://lrl.kr/bb5u(검색일 2020.5.18).

〈크릭족〉

"Creek Tribe", https://lrl.kr/b17j(검색일 2020.5.25).

"Creek Tribe", https://lrl.kr/dIaX(검색일 2020.4.29).

"Legends of America", https://lrl.kr/cr8e(검색일 2020.6.2).

〈치카소족〉

"The Chickasaw People", https://lrl.kr/b17m(검색일 2020.6.5).

"HISTORY", https://lrl.kr/dh95(검색일 2020.6.12).

"NATIVE AMERICAN TRIBES CHICKASAW TRIBE",

　　https://lrl.kr/bB6u(검색일 2020.6.24)

〈세미놀족〉

"Seminole Tribe: History, Facts & Culture",

　　https://lrl.kr/L4H(검색일 2020.7.7).

"Seminole History", https://lrl.kr/dh98(검색일 2020.7.10).

〈나바호족〉

"Walk In Beauty: Prayer From The Navajo People",

　　https://lrl.kr/L4J(검색일 2020.7.17).

"'6. 25전쟁 숨은 영웅' 美나바호족 참전용사에 마스크 지원",

　　https://lrl.kr/L4K(검색일 2021.7.2).

"Navajo Dances", https://lrl.kr/b17w(검색일 2022.1.3).

〈쇼니족〉

공봉진·김혜진 『G2 시대, 중국과 미국을 이끈 지도자들』, 경진출판, 2021.

"History of the People", https://lrl.kr/cr8r(검색일 2020.7.19).

"The Tecumseh Poem", https://lrl.kr/L4N(검색일 2020.7.27).

"The Shawnee Indian Tribe", https://lrl.kr/bb5G(검색일 2020.7.29).

〈수우족〉

"Sioux indians, tribes, nations and reservations",

　　https://lrl.kr/cr8x(검색일 2020.7.31).

"SIOUX INDIANS", https://lrl.kr/diah(검색일 2020.8.7).

"Native Americans: History, Culture, & Tribes: Sioux",

　　https://lrl.kr/L4S(검색일 2020.8.7).

〈아파치족〉

"[세계인] 아파치 인디언들의 전통과 현재",

　　https://lrl.kr/cr8v(검색일 2020.8.18).

"APACHE INDIANS", https://lrl.kr/L4U(검색일 2020.8.16).

"Apache Indians", https://lrl.kr/L4W(검색일 2020.8.21).

〈아리카라족〉

"Arikara Tribe", https://lrl.kr/dIbh(검색일 2020.8.19).

"Arikara Indians Tribe History", https://lrl.kr/cr8B(검색일 2020.8.23).

"Arikara", https://lrl.kr/bb5U(검색일 2020.8.24).

〈모히칸족〉

"What is the Mohican Tribe?", https://lrl.kr/bb5V(검색일 2020.8.26).

"Mohican Tribe", https://lrl.kr/dias(검색일 2020.8.28).

"MAHICAN HISTORY", https://lrl.kr/bb5X(검색일 2020.9.3).

〈코만치족〉

""토속어를 되살리자" 美인디언 운동 확산",

    https://lrl.kr/b17M(검색일 2020.9.5).

"이름으로 보는 헬리콥터와 인디언 2", https://lrl.kr/L45(검색일 2020.9.25).

"COMANCHE", https://lrl.kr/dIbq(검색일 2020.9.16).

"Comanche Indians", https://lrl.kr/d8cl(검색일 2020.9.26).

일본의 민간신앙과 종교

이해수

1. 일본의 신앙

'어머니는 거의 매년 외가의 오봉에 맞춰 귀성하며 성묘도 했다. 8월 13일 밤 제등을 들고 절에 있는 묘지에 가면 무덤에 공양하고 촛불을 켠다. 그 불을 제등 속의 촛불로 옮기고 집으로 돌아온다. 이번에는 제등에서 불단의 촛불로 불을 옮긴다. 이렇게 집에 선조가 돌아오게 된다. 무덤에서 제등에 불을 켜게 되면, 그 곳에 선조가 들어와 그것을 집까지 데려온다고 숙부는 어린 나에게 알려 준다. 나는 촛불 속을 무심코 엿보았으나, 촛불 이외에 아무것도 없었다. 숙부의 설명을 의심하는 것은 아니나 왠지 이상한 기분이 들었던 것을 기억한다.'

일본의 민속종교는 불교 장례식과 선조 공양에서도 잘 나타나고 있다.

정월과 오봉에는 귀성객으로 혼잡한 고속도로, 비행기, 신간선이 반드시 보도된다. 1년 사이클 중 행해지는 신앙 행위는 현재까지도 일본 전역에서 계속되고 있다. 왜 그 시기에 그러한 행사가 이루어질까. 이유를 설명하지 않더라도 일본에서 태어나고 성장한 사람이면 대다수 많은 이들이 느끼는 안도감과 납득감, 또, 가족과 지역에서 사람들과 생각을 공유하는 행복감으로 유지되었던 관습적 행위가 민속적 종교와 신앙이다.

일본의 전통신앙은 만물에 깃든 정령신인 가미(神)를 신앙하는 신도(神道, しんとう)로 귀결된다. 다양한 믿음이 혼합된 종교인 '퓨전 종교' 신도는 '신의 길'을 의미한다.

신도는 아이누족의 고대 관습과 시베리아에서 온 몽골인을 비롯한 아시아 다른 지역에서 건너온 민족과 종족의 관습이 섞여서 만들어진 것으로 보인다. 그리하여 자연의 산, 강, 바위, 나무 등을 중심으로 하는 종교가 탄생하였다. 신도는 창조 행위나 질병, 성장, 치유 등의 과정에 신들의 힘이 개입한다는 것도 인정하지만 사후 세계에 대한 개념은 전혀 없다.

선사시대의 신도는 주로 조상 숭배와 자연숭배의 종교에서 출발하여 근대에 이르기까지 민족 자긍심을 심어 주는 정도의 창조 신화를 가진 소박한 종교였다. 메이지유신을 거치며 19세기 말에 이르러 신도는 역사상 가장 포괄적인 조상 숭배의 국가종교로 발전하게 된다.

천황의 가계는 해의 여신으로부터 내려왔다는 신화가 등장한다. 고관들도 해의 여신과 밀접한 관계가 있는 여러 신으로부터 이어졌으며, 평민은 해의 여신과는 관계가 멀지만 역시 신의 자손이라고 믿게 되었다. 따라서 모든 일본인은 신성한 가족관계를 통해 천황과 유기적으로 관련되게 되었고 신도는 일본의 정신세계를 하나로 통합하는 이념으로 재정립되었다.

고대 일본은 샤머니즘적 제정일치사회였다. 조몬시대에는 생산력과 관련한 신앙이 중심이었다. 한반도에서 유입된 벼농사, 청동기·철기, 관개기술을 바탕으로 형성된 야요이시대 이후에는 신과 인간의 중계자인 사제자의 역할이 중시되었다. '히미코'로 대표되는 샤먼적 무왕을 중심으로 고대 부족연맹체가 형성되었다. 그 중 강력했던 집단이 고대국가를 이루었고 북방에서 유입된 천신강림신화가 국가와 씨족사회의 정착에 크게 기여하였다. 지배권에 대한 정당성을 획득하고 토착세력을 아우르기 위하여 천신 사상에 입각한 천손강림신화를 체계화하였다. 고대국가의 개국 시조를 신비 능력을 지닌 샤먼적 무왕으로 신격화하여 통치권을 보장받았다. 이 시기 정치 군주나 부족장이 제사하는 신으로서 신앙되었던 것은 천황이 신격화되는 기원이기도 하다.

일본은 숱한 전쟁과 내란을 거치면서도 샤머니즘은 민간신앙으로서 기능했고 오늘날에도 사회적으로 지대한 영향력을 행사하고 있다. 일본의 경우, 강력한 유일신도 교주나 경전도 없는 샤머니즘이 현재까지 종교적 명맥을 이어올 수 있었던 힘은 외래 종교와의 습합[1]에서 찾을 수 있다. 고대국가를 형성했던 지배층들은 왕권 강화를 위한 정치적 목적으로 불교를 민간에 장려하였다. 그러나 일본의 불교는 전통문화의 큰 축으로 자리매김하기까지 고유 신앙과 무수한 갈등, 결합, 조정, 타협이 불가피하였다. 일본의 습합형태는 공존과 일체화이다. 일본의 불교는 통일적이고 폐쇄적인 법화불교[2]와 밀교[3]가 정령신

---

1) 고유 신앙과 외래종교가 결합과 조정을 거쳐 일체화하는 것이 종교습합이다.
2) 대승불교 경전인 『법화경』을 근본으로 삼아 이론과 실천법을 제시한 불교교리이다.
3) 붓다의 깨달음을 중생의 능력에 의해 이해될 수 있도록 설명한 현과와 달리, 붓다의 비밀

인 가미를 숭앙하는 신도와 습합하여 신도의 주술성이 증가하였다. 영적교감과 주술력으로 재액초복을 희구하였던 민간의 신앙적 요구를 수용한 결과, 기존의 샤머니즘적 종교는 급속히 쇠퇴하게 되었다.

2. 민간신앙의 종류

1) 모노노케(物の怪)

한 깨달음의 세계를 진언, 다라니, 도상, 만다라, 의례 등의 소재를 통해 드러낸다. 7세기경 인도에서 성립된 불교교리이다.

모노노케는 일본의 고전이나 민간신앙에서, 사람에게 씌어 병에 걸리게 하거나 죽음에 이르게 한다는 귀신, 사령, 생령 등의 넋을 말한다. 요괴, 변신수를 가리키는 말로 사용되기도 한다. 모노노케 이야기는 헤이안시대의 문헌에서 자주 등장한다.

의학적인 지식이 미비했을 시절 승려나 수행자가 기도를 하고 모노노케를 좇아 다른 사람(주로 하녀, 어린애 등)에게 일시적으로 옮아가게 함으로써 질병을 쾌유시키는 등의 일이 있다.

2) 쓰쿠모가미(付喪神)

쓰쿠모가미는 일본에 전해 내려오는 민간신앙으로 시간이 지나 오래된 물건에 신이나 정령이 깃든 것들의 총칭이다. 쓰쿠모 '부상(付喪)'은 아테지4)로 바른 것은 '구십구(九十九)'이다. 이 '구십구'는 '오랜 시간(99년)이나 경험', '여러 다양한 만물(99종류)' 등을 상징하며, 또한 신(神) 대신에 발(髪, 둘다 '가미'로 발음)을 붙여 구십구발(九十九髪)이라고 쓰이는 경우도 있다. 이때 '발(髪)'은 '백발'을 가리키며, '오

쓰쿠모가미(付喪神)

랜 시간이나 경험' 등을 뜻한다. 즉 쓰쿠모가미란 "여러 가지 다양한 만물이 오랜 시간이나 경험을 거쳐 신에 이른 물건"이란 뜻이다.

---

4) 아테지(当て字)는 한자 본래의 뜻과는 관계없이 음이나 뜻을 빌려서 쓰는 한자나 그런 용법을 지칭한다.

일본의 고신도(古神道)에서는 고대부터 삼라만상에 수많은 다양한 신이 깃든다는 애니미즘적인 세계관이 정착하여, 그 특징 중의 하나로 '카미사비(神さび)'라는 말이 오래전부터 쓰였으며, 오랫동안 살아온 것이나, 오래된 것은 그만큼 신성하며 성스러운 것이라 여겨졌었다. 히모로기5)나 이와쿠라 신앙이 있으며, 오래된 거목이나 돌에 신이 깃들어 있다고 여겨 금줄을 둘러 그것을 신체(神體)로 믿고 있다.

쓰쿠모가미가 깃드는 의체도 삼라만상이며, 인공적인 물건(도구)이나 건축물 외에도, 동식물이나 자연의 산과 강에까지 이른다. 쓰쿠모가미는 반드시 사람에게 복을 가져다주는 것만은 아니며 재앙을 초래하기도 하며, 요괴로 전해지는 것도 많다.

일본에는 쓰쿠모가미와 마찬가지로 만들어진 뒤 오랜 시간이 흘렀음에도 불구하고 건재한 물건이나 생물에는 영혼이 깃든다는 관습이나 가치관이 보편적이다. 신에게는 악함과 선함이 공존한다는 신도의 개념에 따라 그것들을 진정시키기 위해 지은 탑이나 무덤, 공양탑도 일본 곳곳에 다수 존재한다.

도소신(道祖神)

도소신(道祖神)은 무라(村, 마을)의 경계에 있으면서 악령이나 질병의 침입을 막고 마을을 지켜주는 민속신이다. 남녀 두 개의 모습으로 만들어진 것이 많다.

---

5) 고대 일본에서 신령이 머무른다는 산이나 나무 둘레에 상록수를 심거나 울타리를 친 곳으로, 이후 신사를 지칭한다.

3) 어령신앙(御靈信仰, 고료신코)

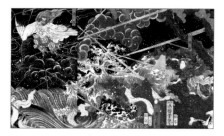

사람들을 위협하는 자연재해나 전염병 따위의 발생을 원한을 품고 죽거나 비명횡사를 한 인간의 '원령'의 소행으로 간주하고 이 원령들을 경외하고 '어령(일본어: 御靈 고료)'으로 모심

어령신앙(御靈信仰)

으로써 재앙을 면하고 평화를 실현하려는 일본 민간신앙이다.

사람이 죽으면 혼이 영이 되어 육체를 떠난다는 생각은 조몬시대부터 볼 수 있는 것으로서 원시부터 그 개념은 존재하고 있었다. 그 영이 사람에게 재앙을 일으킨다고 생각한 것도 그 무렵부터인 듯하다.

고대가 되어 정치적 실각자나 전란의 패배자 등의 영이 생전의 상대나 적에게 재앙을 초래할 수 있다는 헤이안시대부터 어령신앙이 등장하게 된다.

일본의 도시 전설인 '화장실의 하나코(花子)'는 화장실에 깃든 원령으로, 매우 다양한 형태의 이야기가 존재한다. 늦은 오후 아무도 없는 화장실 한가운데에서 빙글빙글 13번 돌고 난 뒤 화장실의 3번째 칸을 똑똑똑 두드리며 "하나코 씨, 계신가요?"라고 호출하면 "예~!" 하고 답변이 온다는 것이다.

하나코를 확인하는 방법은 다음과 같다.

첫째, 밖에서 화장실 문을 두드리고 "하나코 씨, 같이 놀자"를 외운다.

둘째, 화장실 안에서 13번 돈 뒤, 문을 두드리고 "하나코 씨, 같이 놀자"를 외운다.

화장실은 상당히 음침한 장소이다. 특히, 재래식 옛날 학교의 경우

화장실에 빠져서 실종된 학생도 있다. 화장실 하나코를 확인하는 것은 화장실에서 죽은 그 아이의 원혼을 부르는 일종의 의식이라고 할 수 있다. 늦은 오후나 방과 후, 인적이 뜸할 때, 음침한 화장실 한가운데서 빙글빙글 돈다는 것은 다른 세계로 통하는 입구를 여는 방법으로 볼 수 있다.

소문으로 알려진 그녀의 생전 인물상으로는, 1879(메이지 12)년 출생의 하세가와 하나코(長谷川花子)라는 초등학교에 다니던 여자아이가 있다. 생전에 우유를 매우 싫어해서, 역시 우유의 색인 흰색을 싫어하며 빨간색과 파란색 계열의 색을 좋아한다.

죽은 이유도 다양하다.

첫째, 휴일에 학교에 놀러 온 소녀가 괴한에 쫓기다 화장실의 3번째 칸에 숨었는데, 결국 들켜서 살해당했다는 설이다.

둘째, 어머니(혹은 아버지)로부터 학대를 당하다 학교로 도망쳐 화장실의 3번째 칸에 숨었지만, 결국 살해당했다는 설이다.

셋째, 도서관의 창문에서 떨어져 추락사한 소녀의 유령이라는 설이다.

퇴치 및 대처 방법이 지역마다 다양하다. 100점짜리 시험지를 내밀면 기겁하여 달아나며 "보라색 휴지를 줘"라고 하면 그냥 물러간다고 한다. 또는 외로움을 탔던 아이였기 때문에 선물을 공양해주거나 말동무가 되어 주면 된다는 훈훈한 방법도 있다.

만화 〈화장실의 하나쨩〉, 애니메이션 〈지박소년 하나코 군〉, 영화 〈하나코〉가 이 괴담을 모티브로 한 작품이다. 1998년 개봉한 츠츠미 유키히코 감독판 영화의 경우, 하나코가 사악한 악령으로 묘사되며 공포스럽다. 영화판 〈학교 괴담〉 시리즈에선 붉은 원피스를 입은 초등학교 저학년 정도의 여자아이의 모습으로 나온다. 섬찟한 악령으로 묘사될 때도 있고, 마음씨 상냥한 영혼으로 묘사되기도 한다. 〈지옥선

생 누베〉에서는 제2차 세계대전 당시 건물로 쏟아지는 공습을 피해 화장실로 들어갔다가 폭발로 인한 화재로 사망한 여자아이로 등장한다. 연재 개그 만화 〈괴담 이즈 데드(怪談イズデッド)〉에서는 학교의 7대 불가사의 중 하나로 등장한다. 담배를 꼬나물고 시종일관 시니컬한 표정을 짓는 소녀 유령이다.

그 밖에 열리지 않는 화장실 칸에 있던 아이가 문이 열린 순간 변기 속으로 끌고 들어간다는 이야기가 있다.

4) 이타코(イタコ)

이타코는 일본 동북 지방의 북부에서 구치요세(口寄せ)6)를 내리는 무녀이자 무의 일종이다. 샤머니즘을 바탕으로 하는 신앙풍습이다. 구치요세는 영적 감작에 따른 여러 인종, 동물을 불러낼 수 있다고 여겨진다.

이타코의 어원에 대해서는 다양한 설이 있다. 첫째, 오키나와의 유타(ユタ)와 음운론적 공통성이다. 둘째, '신을 받들다'라는 뜻의 '이쓰쿠(いつく)'가 변한 이치코(イチコ)에서의 변화이다. 셋째, 신께 위탁을 하는 위탁 무녀와 아이누어에서 '말하다'라는 뜻의 '이탁(イタク)'에서의 변화이다. 넷째, 신내림 무구(ムグ) 중에 널빤지(板, 이타)가 있었다는 등의 통설이 있다.

동북 지방의 남부에서는 옛 센다이번(仙台藩, 이와테현 일부와 미야기현)7)에서 오가미사마(オガミサマ), 야마가타현에서 오나카마(オナカマ),

---

6) 사람들의 요청에 따라 무녀가 신령이나 사령을 사람의 몸에 옮겨 붙게 하여 그 뜻을 말로 전하는 술법이다. 사령을 빙의시키는 매개자는 무녀뿐만 아니라, 그 장소에 있는 다른 누구나 인형 등도 사용되며, 사령이나 생령이나 신, 정령, 동물령도 불러낼 수 있다.

후쿠시마현에서 미코사마(ミコサマ)로 불린다. 후쿠시마현·야마가타현·이바라키현에서는 와카사마(ワカサマ)로도 불린다.

이타코에게는 영적인 힘을 가진다고 여기는 사람도 있지만, 실제의 구치요세는 심리상담적인 면도 있다. 고객의 심정을 읽어내는 힘은 필수이지만, 주로 죽은 자 혹은 조령(祖靈)과 살고 있는 자와 교감할 때 중개하는 것이다. 같은 씨족 신을 섬기는 무리들의 모임이나 축제 등에 불려와 죽은 자와 조령의 말을 전하는 역할을 하였다고 전해진다. 과거 텔레비전 방송에서 마릴린 멀로(Marilyn Monroe)의 구치요세를 할 때, 마릴린 멀로의 영(靈)은 완전한 시모키타(下北)[8] 방언으로 대화에 답하였다.

이타코는 점칠 때 수주나 염주를 사용한다. 일부 이타코는 교령(交靈)할 때에 악기를 쓰기도 하며, 악기는 아즈사유미(梓弓)라고 불리는 활 모양의 악기가 많다. 그 외에 왜금(倭琴), 태고 등도 사용한다. 이들은 농촌신앙 등에서 쓰인 일본 고대음악의 흔적으로, 일본 전통음악사에서 현존하는 가장 오래된 것이다.

이와테현 남부에서 미야기현 북부의 무녀로 조직된 야마토종(大和[9]宗)인 다이조지(大乘寺)의 유래에 따르면, 구치부쿠(クチブク)라고 불리는 강신굿(降神굿)[10]은 구모전설(救母傳說)에서 유래한다고 한다. 야마토종에서는 구치요세의 도구로 인경(引磬)[11]을 사용하지만, 무녀의 주위에 삼실을 단 가래나무로 된 활과 복숭아나 버들을 두고서 의례

---

7) 일본 에도시대의 번으로 무쓰 국 미야기군 센다이성에 거점을 두었다.

8) 일본 혼슈 최북단의 시모키타 반도로 유명하며 아오모리현의 북동부에 위치한다.

9) 야마토는 옛 땅 이름으로 지금의 나라현에 해당된다.

10) 몸에 내린 신을 맞이하여 무당이 되고자 신에게 비는 굿이다.

11) 쇠붙이로 된 방울.

공간을 갖춘다.

이타코는 구치요세 이외에도 오시라아소바세(オシラアソバセ)를 지낼 책임이 있다. 오시라아소바세란, 동북지방의 민간신앙인 오시라사마(おしら様)의 신체(神體)인 두 인형을 즐겁게 하는 것이다. 오시라사마는 각 가정에서 모신다. 일부 지역에서는 그 가정의 가족을 대신하여 이타코가 오시라 제문(おしら祭文)을 낭독한다. 오키나와현과 가고시마현 아마미군도에서는 '유타'라는 영능력자가 이타코와 닮은 영적 상담을 생업으로 하며, 관혼상제 그 자체를 다루는 일도 많다.

5) 포창신(疱瘡神, 호소가미)

포창신은 역병신의 일종으로, 포창(疱瘡, 천연두)을 일으킨다고 믿어진 악신이다. 헤이안시대 『속일본기(續日本記)』[12]에 따르면, 포창은 덴표(天平) 7(735)년에 신라에서 일본으로 건너왔다. 당시 외교를 담당한 대재부(大宰府 다자이후)가 큐슈의 지쿠젠 국(오늘날의 후쿠오카현)에 위치하여, 외국인과의 접촉이 많은 이 지역이 포창의 유행원이 된다. 이점이 대재부로 좌천된 스가와라노 미치자네[13]와 후지와라노 히로쓰구[14]에 대한 어령신앙과 결합하여 포창은 원령이 일으키는 재앙으로 생각되게 되었다.

---

12) 『속일본기』는 나라시대(710~794)와 헤이안시대(794~1185)에 편찬한 편년체 정사인 6국사의 하나로, 『일본서기』에 이어 두 번째로 편찬되었다.

13) 스가와라노 미치자네(菅原道真, 845~903)는 헤이안 전기를 대표하는 시인이다. 이전 일본 한시문과 달리, 서민의 고통과 빈곤을 대표하고 궁중의 음모를 그리며 자신의 뜻을 다 펴지 못한 원통함을 토로했다. 또, 불교를 서정시의 주제로 승화시켰다.

14) 일본 나라시대 때(8세기) 야마토 정권의 실세였던 후지와라노 일족이 규슈 세력을 모아 반란을 일으킨다.

니시키에 신문 『일신진사지(日新眞事誌)』에 실린 역병신 목격담. (코바야시 에이타쿠 그림)

근세에는 포창이 신라에서 건너온 병이라는 이유로 삼한정벌의 신인 스미요시 삼신(住吉三神)[15]을 모심으로써 병이 낫기를 빌기도 했고, 오히려 포창신을 모시면서 병이 낫기를 빌기도 하였다. 간세이시대의 고전『총주우기』에는 "우리 지역에서는 포창을 다스리는 집은 반드시 포창신 부처(夫妻) 2인을 어당에 제사 지내고, 민간에서는 이것을 상신(裳神)이라고 한다"고 기술되어 있다.

삿갓신(笠神), 우명신(芋明神 이모묘진; 芋는 토란)이라는 별명으로도 불렸다. 이는 포창이 심한 딱지를 만들어내는 데서 유래한다. 의학이 발달하지 않았던 시대에는 유언비어도 많았고, 포창을 의인화할 뿐 아니라 실제로 포창신을 목격하였다는 이야기도 나돌았다.

메이지 8(1875)년에는 인력거를 타고 가던 소녀가 어느새 인력거에서 사라져 있었는데, 붉은 옷을 입고 있었다는 점에서 그 소녀는 사실 포창신이었다는 등의 이야기가 니시키에 신문『일신진사지(日新眞事誌)』의 기사에 실려 있다.

6) 이노코(亥の子)

이노코는 일본에서 음력 10월의 첫 해일(亥日, 돼지의 날)에 서일본의 농촌에서 하는 추수제이다. 이노코모치는 일본에서 음력 10월의 첫 해일 해시에

---

15) 스미요시 대사의 제신인 3신 우와쓰쓰노오노미코토(表筒男命), 나카쓰쓰노오노미코토(中筒男命), 소코쓰쓰노오노미코토(底筒男命)의 총칭한다.

먹는 떡이다. 이 떡을 먹으면 병에 걸리지 않는다는 중국의 속신에서
유래한다.

이노코모치는 '현저병(玄猪餠)'이라고도 불린다. 멧돼지는 다산의 특
성이 있다. 이 떡을 먹으면 자손이 번영한다는 의미를 지니고 있다.

3. 일본의 귀신과 요괴

1) 가미카쿠시(神隠し)

가미카쿠시는 '행방불명'을 의미한다. 직역하면 "초자연적 존재(가
미)에 의한 숨겨짐(카쿠시)"이라는 뜻으로, 단순 잠적이 아닌 원인불명
의 실종과 같은 뉘앙스다. 아이의 행방불명이나 실종을 신(神)적인
존재가 아이를 숨겼다고 생각한 것이다. 실제 일본어에서 행방불명은
유쿠에후메이(行方不明, ゆくえふめい)라고 한다.

많은 경우 행불자는 신역으로 사라진 것으로 생각되었다. 신이 숨
겼다는 의미로 민간전승에 가깝다. 산이나 숲 등지에서 사람이 실종
될 경우 신이 데려갔다고 해석해서 가미카쿠시라 불렀다. 아이가 대
상인 경우가 많아 7세 이하 아동은 신의 영역에 있기 때문에 가미카쿠
시를 당하기 쉽다고 하였다.

애니메이션 〈센과 치히로의 행방불명〉16)의 원제목도 〈센과 치히로
의 행방불명(千と千尋の神隠し)〉이다. 옛날에는 아이가 사라졌다고 하

---

16) 미야자키 하야오 감독의 극장 애니메이션으로 2001년 일본, 2002년 국내에서 개봉하였다.
장르는 애니메이션 판타지 어드벤처이다.

면 되찾기도 어렵고 대부분 뭔가 변을 당했기 때문일 테니, 산짐승에 잡아먹혔다거나 나쁜 사람에게 끌려갔다는 것보다는 "(귀)신이 감췄다"라고 체념하는 편이 부모 마음이 덜 괴로우므로 생겨난 표현이다.

조몬시대 이전부터 일본에는 신과 영혼의 존재가 믿어지고 있었다. 현세와 단절된 경계 너머로 여겨지던 신역은 화복

(禍福)을 가지고 신령이 쉽게 넘어올 수 없도록 하는 금줄이 쳐져 있곤 하였다. 신령이 이쪽으로 넘어오는 것뿐 아니라 사람이 그쪽으로 넘어가는 것 역시 금기시되었다.

2) 바케모노(化け物) 또는 오바케(お化け)

우리말의 '귀신'에 해당하는 일본어 단어는 '바케모노'가 있는데, 그 줄임말인 오바케(お化け)다. 일본어로 '귀신'은 주로 '오니가미(おにがみ)'로 훈독하는데, '도깨비'라는 뜻이다.

일본 민속에서, 본래 갖추어야 할 모습에서 크게 벗어나 변화한 것, 또는 그 변화를 말한다. 소위 '괴물'이라고도 하지만 정확히 일치하는 것은 아니다.

극단 사계가 2022년 4월부터 도쿄·미나토구의 JR동일본 사계 극장(가을)에서, 호소다 마모루 감독의 장편 애니메이션 영화 〈바케모노의 아이(괴물의 아이, The Boy and The Beast)〉(2015년 공개)를 원작으로 한 신작 오리지날 뮤지컬을 상연한다고 발표하였다.

3) 아메온나(雨女)

아메온나는 '비를 부른다'고 하는 일본의 요괴이다. 또한, 그 행동이 비를 부른다고 여겨지는 여성도 이렇게 부른다.

원래 아메온나는 기도에 의하여 비를 내리게 하는 고대 중국 무산 (巫山)의 신녀(기도사)를 가리킨다. 그것이 일본에 전래되어 '비를 부르는 성가신 요괴'로 변하였다고 한다. 태어난 지 별로 안 된 아이가 비오는 날에 행방불명되어, 그 아이를 잃어버린 여성이 아메온나가 되어 울고 있는 어린이의 곁에 커다란 자루를 매고 나타난다는 설도 있다.

또한 '비를 부르는 성가신 요괴'라는 말도 있지만, 가뭄이 계속될 때에 비를 내려주어 '비를 원하는 사람을 도와주는 요괴'라는 신성한 '비신(神)'의 일종이라는 설도 있다.

나가노현 시모이나군에서는 '아메온바(雨おんば)'라고도 하며, 비가

내리는 밤에 나타나 어린이를 유괴하는 요괴, 혹은 비가 오는 날에
방문하는 신이 타락하여 요괴화한 것이라는 설도 있다.

　여성이 무언가(외출이나 중요행동 등)를 하려고 하면, 당연히 비가 내
리게 하는 사람을 '아메온나'라고 부르게 되었다. 남성은 아메오토코
(雨男)라고 불린다. 또, 이와 유사한 개념으로 '하레온나, 하레오토코
(晴れ女, 晴れ男)'가 있다.

아메온나(雨女)

아메온나(雨女)

유키온나(雪女)

4. 일본의 기복(祈福)

1) 귀복(龜卜)

　귀복은 거북 배딱지를 사용하는 점복의 일종이다. 거북 배딱지를
가열하여 난 균열 형상을 보고 점친다. 점복을 위해서 쓸 거북 배딱지
는 건조시켜 얇게 가공한 것이다. 배딱지에 상처나 구멍을 낸 곳에
태운 '하하카 나무(波波迦, 일본 귀룽나무)' 혹은 '하하키(箒, 벚나무 등의

나무쪽)'를 밀어붙여 난 균열 형상으로 길흉이나 방위에 대하여 점친다. 배딱지 자체를 굽지는 않는다.

귀복은 나라(奈良, 710~794)시대에 전래되었다. 궁중에 관한 점복으로, 이때까지 꽃사슴 어깨뼈가 쓰이고 있던 후토마니(太占)가 귀복으로 바뀌었다. 당시 지배층은 쓰시마국(對馬國)·이키국(壹岐國)·이즈국(伊豆國)에 있던 우라베(卜部)[17]들을 신기관(神祇官) 관할 아래 조직하고 귀복을 실시하고 그 기술을 전승하게 하였다. 우라베의 기술은 비밀리에 이루어졌고 또, 구전되었으므로 재료(거북의 종류나 배딱지의 부위 등)나 기술에 대하여 아직 모르는 부분이 많다.

귀복은 오늘날에도 궁중 행사나 각지 신사에서 실시되고 있다. 궁중 행사에서는 대상제(大嘗祭)에서 사용하기 위한 벼와 조를 채취할 땅의 방위를 결정할 때 쓰인다. 2019년(레이와 원년) 5월 13일에 황거(皇居) 궁중 삼전(宮中三殿)에서 '재전점정의 의식(齋田點定の儀)[18]'이 실시되었다. 2018년에는 도쿄도 오가사와라촌에서 푸른 바다거북 배딱지가 조달되었다.

2) 후토마니(太占, ふとまに)

후토마니는 전통적인 신도점의 시스템으로 점복의 일종이다. '太兆(후토마니)'나 '布斗麻邇(후토마니)'로도 표기한다. 사슴의 어깨 날을 가열하여 생긴 균열의 패턴을 해석하여 미래 사건을 예견한다. 이 관행

---

17) 고대의 점쟁이나 진기칸(神祇官)에 속하여 점치는 일을 하던 관직을 지칭한다.

18) 대상제(大嘗祭)에서 신들에게 햇곡식을 바치기 위한 신성한 밭(齋田)을 결정하는 의식이다. 전국에서 선정된 신성한 밭(齋田)은 두 곳에 마련된다. 천황가의 제사를 위해 행해지는 귀복은 대상제로 사용할 벼를 채취할 땅을 결정할 때 사용하는 점 방법이다.

은 중국에서 수입된 점술의 도입보다 이전인 것으로, 고고학적 증거에 의하면 조몬시대로 추정된다. 후토마니는 여전히 신사에서 수행되고 있다.

숫사슴 어깨뼈를 '하하카(波波迦)[19]'의 껍질 숯불에 구워서 그 뼈 겉에 날 균열 모양으로 점친다. 사슴 뼈를 씀으로 '시카우라(鹿占)'로도 부른다. '후토'는 미칭이다.

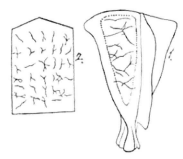

甲龜 (2)　 骨肩鹿 (1)
후토마니

고대 일본에서 행해졌다. 『고사기』[20)에서는 이자나기노 미코토(伊弉諾尊)와 이자나미노 미코토(伊弉冉尊)가 국토를 생성했을 때, 어쩌면 좋은 아이를 얻을 수 있을지 물은바, 아마쓰 가미(天津神)가 후토마니로 점쳐서 알려 줬다고 한다.

『위지왜인전(魏志倭人傳)』[21)에서 "뼈를 굽기로써 길흉을 점친다(灼骨而卜 以占吉凶)"라고 하는 것은 이 후토마니로 추정한다. 이후 중국에서 귀복(龜卜)의 방법이 전해지고, 그것을 신기관(神祇官)이 관장해서 후토마니는 쇠퇴해 버린다. 그러나, 오늘날에도 도쿄도(東京都)에 있는 무사시 미타케 신사(武藏御嶽神社)와 군마현(群馬縣)에 있는 누키사키 신사(貫前神社)에서 실시되고 있다.

---

19) 가니와자쿠라·가바자쿠라·간바 등으로도 불리고 일본귀룽나무의 옛 이름이다.

20) 고대 일본의 신화나 전설 및 사적을 기술한 책이다. 덴무천황(678~686)이 『고사기』 편찬을 기획하여 서기 712년 정월에 완성한 일본에서 가장 오래된 문헌으로 알려져 있다.

21) 중국 위진남북조시대의 사학자 진수가 쓴 『삼국지』 「위서」에 담겨 있는 「동이전」 안에서 왜 및 왜인에 관한 내용을 적은 것을 위지왜인전이라 가리킨다.

5. 숫자와 색에 담긴 의미

1) 숫자와 일본의 미신

일본에서는 운이 좋은 숫자(7, 8)와 불행한 숫자(4, 9)가 있다. 먼저, 4는 시(死)처럼 들리므로 불길한 숫자이다. 따라서 4는 일본에서 '시', '욘'과 같이 두 가지 발음이 존재한다. 9는 오랠 '구(久)', 괴로울 '고(苦)'와 같은 발음으로 오래도록 아프다는 의미가 있다. 따라서 환자에게 쓰지 않는다. 병원과 같은 일부 건물에는 4층이나 9층이 없다. 산부인과 병동에는 시산(死産)처럼 들리므로 43호실이 없을 수 있다.

시니(死に)로 발음되는 42와 같은 특정 차량번호는 사용되지 않는다. 또한, 49는 시구(敷く, 깔다)처럼 들린다. 49는 죽을 만큼 괴롭다(死苦, 시쿠)는 뜻의 발음과 비슷하여 꺼린다. 42~56은 시니고로(死に頃, 죽을 시간)처럼 들린다. 24는 니시(二死, 2명의 사망)가 될 수 있다.

반면, 일본은 숫자 7을 운이 좋은 것으로 여긴다. 7은 불교에서도 중요하다. 아기의 일곱째 날을 축하하고 사람이 죽은 지 일곱째 날 영혼이 건너간다며 애도한다. 일본 민담에 등장하는 칠복신은 행운을 가져온다. 칠석(七夕)[22]은 7월 7일에 열리는 중요한 여름휴가이다.

한편, 8도 행운의 숫자이다. 이는 八[23]의 모양 때문이다. 이 모양은 밑바닥으로 갈수록 넓어지기 때문에 번영과 성장을 연상시키며 운이

---

22) 음력 7월 7일(일본은 양력 7월 7일) 행사한다. 소를 몰던 견우와 천제의 딸로 베를 잘 짜던 직녀가 사랑에 빠지면서 일을 게을리하여 은하수를 사이에 두고 떨어져 지내는 벌을 받게 된다. 이후 1년에 단 하루 칠월칠석에만 까치와 까마귀가 날개를 펴서 놓은 다리인 오작교에서 만난다는 전설이 있다. 일본 동북지방에서 열리는 칠석(七夕) 행사의 하나로 네부타 축제(ねぶた祭り)가 있다.

23) 八자 모양은 스에히로가리(末廣がり)로 밑으로 갈수록 넓어진다.

좋다. 일본인은 매우 미신적인 경향이 있으므로 행운의 숫자와 불운의 숫자가 중요하다. 누군가에게 4개나 9개를 주는 것을 선호하지 않는다. 선물은 3과 5로 주는 편이 좋다. 그 외에도 숫자와 관련된 다양한 미신이 있다.

(1) 별똥별이 사라지기 전에 소원을 세 번 말하면 소원이 이루어진다.

(2) 3월 3일은 여자아이의 성장을 축하하는 히나 마쓰리(ひな祭り)이다. 딸이 있는 집에서는 2월에 들어서면 히나(ひな)인형을 장식하기 시작한다. 3월 3일이 지난 후 장식을 빨리 치우지 않으면 결혼이 늦어진다는 미신이 있다.

(3) 사람 인자(人)를 세 번 손바닥에 써서 삼키는 척하면 긴장하지 않는다.

(4) 재채기를 한 번 하면 누군가 나에 대해 좋은 얘기를 하는 것이고 두 번 하면 나쁜 얘기를 하는 것이며, 세 번 하면 감기에 걸린 것이다.

2) 색깔과 일본의 미신

흰색(しろ)은 영적, 육체적 순결의 상징이며, 신의 신성한 색으로 여겨진다. 예부터 일본 천황은 신도의 주요 의식에 흰옷을 입었다. 전통적인 신도 결혼식에서 신부의 드레스와 머리 덮개는 흰색이다.

반면, 불교에서 흰색은 죽음을 의미하기도 한다. 흰색은 '셋푸쿠(切腹)'라는 사무라이 자살 의식에 사용되었다. 장례식 구역은 흰색과 검은색 줄무늬가 있는 커튼으로 표시된다.

검은색(くろ)은 전통적으로 일본의 남성적인 색이다. 사무라이 클래스에 자주 사용되었으며 오늘날에도 남성의 결혼 예복과 소년 축제(子供の日)에 사용된다.

신도 승려들은 깨달음의 상징으로 검은 모자를 쓴다. 검정은 불행, 불운, 두려움, 악을 의미한다. 검정은 유교 사회 계급에서 영감받은 사무라이의 대표 복장으로 사용되었다.

빨간색(あか)은 일본에서 매우 인기가 있다. 많은 신사와 사원이 빨간색이다. 이는 매우 고대의 의미를 가진다. 예부터 붉은 색은 악령을 쫓아내는 방법으로 여겨졌다.

옛날 신도 승려가 붉은 옷을 입었지만, 지금은 붉은 앞치마와 모자로 지장보살이나 기츠네(きつね) 조각상을 덮는 경우가 많다. 신도 축제 기간에는 붉은 천으로 덮인 테이블과 붉은 융단이 사용된다.

빨간색은 축제의 색이며 축제 구역은 빨간색과 흰색 줄무늬가 있는 커튼으로 표시된다. 빨간색의 상징적 의미는 평화와 가족의 번영이다. 가부키 연극에서 배우들의 얼굴에 붉은 줄무늬는 정의를 의미한다.

파란색(あお)은 일반 사람들의 색이었다. 옛날에는 평범한 사람들이 막부의 명령에 따라 밝은 옷을 입는 것이 금지되었다. 사람들은 기모노를 회색이나 파란색으로 입었는데 남색이 가장 많이 사용되는 천연 착색제였기 때문이다.

식물로 만들어진 이 기술은 수세기에 걸쳐 어머니로부터 딸에게 전달되었다. 그 기술은 여전히 존재하여 그 과정을 지켜보고 남색 그늘에서 아름다운 옷을 구입할 수 있다. 파란색은 신비로운 세계를 상징하기도 한다. 가부키 극장에서 악당 캐릭터는 파란색으로 표시된다.

보라색(무라사키, むらさき)은 전사의 색으로 귀족과 힘을 상징한다. 사무라이에게 바칠 수 있는 유일한 꽃은 창포뿐이었다. 창포의 날카로운 잎사귀는 칼(かたな)라고 하는 사무라이 검의 칼날을 연상시키기 때문이다.

금색(きんいろ)은 태양과 신의 능력과 자비를 상징한다. 금은 사원과 신사에서 자주 사용된다. 특히, 노란색은 돈이나 부의 상징으로 지갑을 고를 때 선호되는 색깔이다.

3) 시치고산(七五三)

한국은 백일과 돌잔치가 있다. 반면, 일본에서는 아이의 출생 후 약 30~33일쯤 되면 신사에 참배하여 아이의 성장과 장수를 기원하고 한국처럼 1년이 되면 돌잔치를 한다. 그 이후에도 홀수 나이가 될 때마다 성장을 축하하는 연중행사로 시치고산(七五三)을 한다. 3살(남녀 함께), 5살(남자 아이), 7살(여자 아이)이 되면 11월 15일경 신사나 절을 방문하여 아이의 성장과 건강을 기원한다. 원래 간토(関東) 지방에 한정된 풍습이었으나 점차 전국적으로 확산되었다고 한다.

기모노를 입고 기념 촬영하는 어린이들을 보면 항상 '치토세아메(千歲飴)'라는 엿에 든 봉투를 손에 들고 있다. 이는 긴 막대 모양의 엿으로 '치토세'라는 말은 '천 년' 즉 장수를 의미한다. 치토세아메가 처음 등장한 에도 시대에는 단맛이 귀했으므로 귀중한 선물이었다.

4) 길흉과 금기

일본에는 길흉을 가리키는 미신이 깃든 음식이나 물건이 많다. 주로 그 음식이나 물건 이름에 들어가는 음이 길흉과 관련된 단어의 음과 비슷하거나 일치하는 경우이다.

(1) とんかつ(돈가스)는 かつ(이기다)와 같은 음으로 시합 전에 먹으면 승리한다는 미신이 있다. 또 설날에 먹는 오세치(おせち) 요리에는 길

한 의미가 담긴 음식들이 많다. 검은 콩(まめ)은 부지런히 살다(まめに くらす), 다시마(こんぶ)는 기뻐하다(よろこぶ), 생선 도미(たい)는 경사스 럽다(めでたい)라는 말을 의미한다.

(2) 5엔(ごえん)짜리 동전을 가지고 다니면 좋은 인연(ご縁、ごえん)을 만난다는 미신이 있다. 또, 머리빗(くし)을 선물하기를 꺼린다. 숫자 9와 4가 쿠(苦)와 시(死)의 발음과 같아 기피하는 것처럼, 머리빗(쿠시) 은 일본어로 고통(苦)의 쿠(く)와 죽음(死)의 시(し)와 발음이 같아서 상대방을 고생시킨다는 의미가 있다.

(3) 화분은 병문안 갈 때 일본에서 선물로 절대 금물이다. 화분에 있는 식물 뿌리가 '병이 뿌리를 내린다'는 의미를 연상시킨다.

(4) 거울과 가위를 남에게 선물하는 것을 피한다. 거울은 깨지기 쉬워서 상대방과의 인연에 금이 갈 수 있고, 가위는 인연을 끊는다고 생각하여 절대 피해야 하는 선물이다.

(5) 다다미 경계선을 밟으면 대단한 실례이다. 다다미는 일본 가옥 바닥에 까는 돗자리이다. 다다미 가장자리에 그 집의 격식을 나타내 는 가문을 넣는 경우가 많다. 그것을 밟는 것은 조상과 집안 어른들의 얼굴을 밟는 것이다.

6. 칠복신(七福神, 일본어: しちふくじん)

일본은 정말 많은 수의 '신'들이 존재한다. 일본에서 인기 있는 행운 과 행복을 가져다주는 일곱 신 "에비스, 다이코쿠텐, 비샤몬텐, 벤자 이텐, 후쿠로쿠쥬, 쥬로진, 호테이"가 있다. 이들은 불교, 일본의 민간 전승, 중국의 도교 등에서 유래하였다. 각각의 신은 다양한 행운을

의인화한 것이다. 다이코쿠와
에비스 두 신만이 일본의 독창
적인 신이다. 벤텐과 비샤몬은
힌두교 신에서 유래했고 후쿠
로쿠주는 도교 신이다. 나머지
두 신은 중국에서 도래하여 널
리 숭배된 불교 신이다.

칠복신(七福神)

일본에 신을 모시는 신사와
절이 많은데, 각지에 칠복신을 모신 신사를 참배하는 것을 '칠복신
순례'라고 한다. 17세기 승려 텐카이(天海, 1536~1643)는 "부귀, 인기,
정직, 위엄, 경애, 장수, 대량의 미덕"을 상징하는 신들을 모았다. 칠복
신은 보물선을 타고 함께 여행하는 모습으로 종종 묘사되었다. 이를
'다카라부네(寶船)'라고 한다. 정월에 머리맡에 다카라부네를 그린 그
림을 두고 자면 길몽을 꾼다고 한다.

1) 에비스(惠比寿)

에비스는 어부와 상인의 신으로 노동을 관장하는 신이다. 칠복신
중 가장 인기 있는 신이다. 어부이며 뚱뚱하고 쾌활하다. 대개 큰 물고
기를 들고 있다. 후대에는 이익과 연결되면서 상업에 종사하는 이들
에게 행운을 가져다주는 신이 되었다.

에비스는 귀머거리여서 10월에 이즈모에서 열리는 신도 축제에 참
가하지 않았다. 대신 그를 기리는 축제가 그의 신전에서 열렸다. 매년
1월 10일은 전통적인 "에비스의 날"이다.

'토오카 에비스(十日えびす)'란, 매년 1월 10일과 그 전후인 8일, 11일

에 행해지는 에비스 신사의 제사이다. 에비스를 모시는 신사는 오사카, 효고, 교토 등의 관서 중심 지역이다.

2) 다이코쿠텐(大黑天, 대흑천)

다이코쿠텐은 부와 농업, 상업교역의 신이다. 모자를 쓰고 사냥꾼 옷을 입은 모습으로 나타나며 번영의 상징물이 주변에 자리한다. 쌀자루에 서 있거나 앉아 있으며, 어깨에도 큰 쌀자루를 메고 손에는 소원을 들어주는 떡메를 들고 있다.

다이코쿠텐은 삼보(三寶)를 사랑하고 음식을 넉넉하게 하는 신이기도 하다. 다이코쿠텐은 일본의 지폐에도 들어갔는데, 1885년 메이지 시대에 발행한 화폐에 들어갔다.

3) 비샤몬텐(毘沙門天, 다문천왕, 비사문천)

비샤몬텐은 사무라이 신이며, 전쟁의 신 비샤몬은 힌두교 신에서 유래한다. 그는 선한 권위를 상징한다. 무사이며 항상 완전무장을 하고 전투에 대비한다. 손에 각각 창과 보탑을 들고 있으며 갑옷을 입고 있는 무신의 모습으로 악귀와 액운, 가난을 쫓는 신으로 여겨진다. 창과 소형 탑을 들고 있는데 이는 무사와 전도자라는 두 임무를 상징한다.

비샤몬텐의 원형은 인도 시바신의 화신인 쿠베라이다. 중국과 일본

등에서는 사천왕 중 하나로 북방을 지키는 수호신이다. 일본 민간에서 특히 불교 신앙과 혼합되어 악귀를 쫓음과 함께 복을 가져온다는 의미가 더해졌다.

4) 벤자이텐(弁財天, 변재천)

벤자이텐은 지식, 예술, 미, 음악의 신이다. 칠복신 중 유일한 여신이다. 원형은 인도의 물의 여신인 사라스바티이다. 인도에서 중국을 거쳐 일본에 밀교가 전해지면서 지혜, 예능, 음악, 학문의 신으로 여겨지게 되었다.

비파를 안고 있는 하얀 피부의 아름다운 미인의 모습으로 당나라풍의 옷을 입고 있는 것이 특징이다. 사랑의 여신으로, 결혼할 때 행운을 가져다준다고 한다. 용이나 바다뱀을 타고 다니며 바다와 연관이 있어 신전은 바다 옆이나 섬에 위치하는 경우가 많다. 음악의 후원자이고 현악기를 연주한다. 비파를 치는 모습에서 '음악, 기예의 신'으로 여겨지지만, '예능, 학예, 지혜의 신'으로 널리 알려져 있다.

요시노(吉野) 군에 있는 덴카와 촌(天川村)의 랜드마크 중 하나는 덴카와 다이벤자이텐 신사(天河大弁財天社)다. 이 신사는 7세기경 지어졌는데, 벤자이텐 여신을 모시는 신사이며, 일본 3대 벤자이텐 신사 중 하나이다.

5) 후쿠로쿠쥬(福祿壽, 복록수)

후쿠로쿠쥬는 행복, 부, 장수의 신이다. 본래 도교의 현자인 후쿠로쿠주는 장수와 지혜, 명성의 신이다. 약간 나이 많은 노인으로 몸통과

다리가 짧다. 그의 매우 길고 좁은 대머리
는 지성을 나타낸다. 전통적으로 장수와
연관된 동물, 즉 학과 사슴, 거북을 동반
한다.

　중국 도교사상의 선인에서 유래한다.
후쿠(福)는 '행복'을, 로쿠(祿)는 '녹(수입)'
과 '출세'를, 쥬(壽)는 '수명'과 '장수'를 나
타낸다. 즉 후쿠로쿠쥬는 '장수와 복덕의
신'으로 머리통이 위로 길고 이마가 넓으
며 흰 수염을 길게 기른 노인의 모습이다. 보통 한 손에 지팡이를
들고 있다.

6) 쥬로진(寿老人, 수로인)

　지혜, 인망, 장수의 신으로서 백발노인
의 모습으로 주로 그려진다. 쥬로진은 후
쿠로쿠주의 대자(代子)이며 장수와 행복
한 노년을 약속한다. 긴 흰 수염은 나이가
많음을 나타낸다. 지팡이를 든 모습으로
묘사되는데 이 지팡이에는 각 개인의 수
명을 포함한 세계의 모든 지혜를 담은 두
루마리가 붙어 있다. 쥬로진 역시 중국 도
교의 신선에서 유래한 신이다.

　남극성을 신격화한 화신이다. 손에는 불로장생의 약이 든 호리병과
지팡이, 또는 복숭아를 들고 다닌다. 또 사슴을 주로 동반하는데 이때

사슴은 장수를 의미하는 상징이라 한다. 후쿠로쿠쥬와는 상징적으로 겹치므로 동일시되기도 한다.

7) 호테이(布袋, 포대)

풍요와 건강의 살찐 행복한 신으로 호테이는 뚱뚱한 대머리 승려이다. 긴 주머니와 작은 망을 갖고 다닌다. 불룩한 배는 탐욕이 아니라 만족과 온화하고 선한 성품을 나타낸다. 즐겁게 웃으면서 주머니 위에 편안히 앉아 있는 모습으로 묘사되는 경우가 많다.

호테이는 칠복신 중 유일하게 실존 인물에서 유래한다. 중국 당나라 때 실존했던 선승인 '포대화상'이 원형이다. 미륵보살의 화신이라는 이야기도 있다. 배가 나오고 조금 살집이 있는 모습으로 한 손에 부채, 다른 한 손에 큰 보따리를 들고 다니며, 부귀영화와 재복을 담당한다.

7. 에비스(えびす, ゑびす)

에비스는 일본의 칠복신의 하나로, 에비스 신사에서 모셔진다. 보통 왼손에는 도미를 오른손에는 낚싯대를 들고 있는 어부의 모습을 하고 있다. 원래는 어업의 신이지만 옛날에는 잡은 물고기로 쌀을 살 수 있었으므로 차츰 장사, 사업 번창의 신으로도 여겨지게

되었다.

일본 삿포로 맥주의 유명한 브랜드인
'YEBISU'가 바로 칠복신 에비스를 가리
킨다. 또, 초봄의 축복 재주로서 에비스
인형을 춤추게 해 보인 거리 공연이나 그
연예인도 에비스(에비스마와시)라고 부른
다. 외래의 신이나 도래의 신으로, 객신,
문객신, 번신이라는 신이다. 신격화된 어업의 신으로서 옛날에는 고
래라고도 하여 고래를 포함한 큰 물고기 칭하였다.

1) 집합신

바다로부터 가까스로 도착한 고래를 포함하여 표착물을 신앙한 것
이다. 집합신 신앙이나 표착신이라고도 한다.

에비스는 일본의 신으로, 현재는 칠복신의 일원으로서 일본 유래의
유일(그 외는 인도나 중국 유래) 복신이다. 옛부터 어업의 신이기도 하며
이후에 유수신도 된다. 이, 융, 호, 질자, 에조, 혜비수, 혜미수 등으로
도 표기되며 에비씨, 에베씨, 베씨 등으로도 호칭된다. 일본에서 제일
큰 에비스 석상은 마이코로쿠 신사에 모셔지고 있어 장사 번성의 신
사이기도 하다.

에비스라는 신은 다수 있어, 이자나기, 이자나미의 아이인 히루코
나, 혹은 오쿠니누시의 아이인 고토시로누시로 여겨지는 것이 많다.
또, 외래의 신으로 여겨지기도 해, '에비스'를 '융'이나 '이'라고 쓰는
것은 중앙정부가 지방의 백성이나 동국의 사람을 '에미시'나 '에비스'
라고 부르고, '융'이나 '이'라고 쓴 것과 같고, 이방의 사람을 의미한다.

이처럼 다양한 측면이 있으므로, 에비스를 모시는 신사지만 제신이 다른 일이 있다.

에비스의 최초 기록은 헤이안시대 말기의 『초보자류초』이다.

에비스의 본래의 신격은 사람들 앞에 나타나는 외래물에 대한 신앙이며, 바다의 저편에서 오는 해신이다. 일본 각지의 어촌에서는 돌고래나 고래, 고래상어 등을 에비스라고도 부르고, 현재에도 어업신으로 모시는 지역이 다수 있다. 주로 표착한 고래, 옛날에는 고래를 '집합신'이라고 부르는 일이 있다.

"고래 모이면 나나우라 적신다", "고래 모이면 나나우라 활기찬다" 등과 같이, 일본 각지에는 고래의 도래로 생각하지 않는 부수입을 얻거나 기근으로부터 벗어나거나 하는 전승이 많다. 특히 노토 반도나 사도 섬이나 미우라 반도에 신앙이 남아 있다.

해외로부터의 표착물(생물의 유해 등도 포함)을 에비스라고 부르는 지역도 있어, 고기잡이 때에 표착물을 얻게 되면 풍어가 된다는 신앙도 있다고 한다. 고래 등의 해양생물을 에비스라고 부른 이유로는, 고래 등이 출현하면 가다랭이 등의 어획 대상어도 함께 출현하므로, 고래가 풍어를 가져온다고 여겨졌기 때문일 것이다.

어업에 사용하는 그물의 낚시찌를 정월 등에 모시는 지역이 있지만, 시코쿠의 우와지마 주변이나 오키 등에서는 그 낚시찌를 '에비스아바'(아바는 낚시찌)라고 부르고 있어 에비스가 어업신을 나타내는 좋은 사례이다. 큐슈 남부에는 어기의 처음에 바닷속으로부터 에비스의 신체로 하기 위한 돌을 줍는 풍습이 있다고 한다. 이러한 민간신앙은 에비스의 본래의 성격을 나타낸다고 볼 수 있다.

2) 복신

　헤이안시대 말기에는 에비스를 시장의 신(장이 열리는 곳을 맡은 신)으로서 모신 기록이 남아 있어 가마쿠라 시대에도 쓰루가오카하치만궁[24] 경내에서 장이 열리는 곳을 맡은 신으로서 에비스를 모셨다고 한다. 따라서 중세에 상업이 발전함에 따라 장사 번성의 신으로서의 성격도 나타났다고 여겨진다. 동시에 복신이라고도 신앙되게 되어, 이윽고 칠복신의 1주로 여겨진다. 복신으로서의 에비스는 포근한 웃는 얼굴로 묘사되고 있다.

　에비스 신은 귀가 어둡다고 여겨져, 신사 본전의 정면을 참배하는 것 외에 본전의 뒤편으로 돌아 징을 두드려 기원하지 않으면 안 된다고 여겨진다. 이 때문에, 이마미야용 신사 등에서는 본전의 뒤에는 징이 준비되어 있다.

　민간신앙으로서 알려지는 것이 '에비스 강'이다. 에비스 강은 에비스를 신으로서 제사 지내, 오곡풍양·장사번성·아내안전을 바란다. 에비스는 『고사기』와 『일본서기』[25]에 나오지 않는 신으로, 옛부터 『고사기』와 『일본서기』 안에 해당하는 신을 찾는 설이 여러 가지 나왔다. 히루코, 사대주신, 소명히코나신, 야마사치히코 등의 여러 설이 있다. 에비스를 모시는 전국의 신사에서는 에비스설과 고토시로누시노카미설이 압도적으로 많다.

---

24) 쓰루가오카하치만 궁(鶴ヶ岡八幡宮)은 가나가와현 가마쿠라시에 있는 일본 신사이다.
25) 신화시대부터 697년까지를 기록하고 있는 『일본서기』는 일본에 끼친 중국 문명의 영향을 반영하고 있다. 『고사기』와 함께 일본에서 가장 오래된 역사서이다.

3) 히루코(蛭子)

일본 신화의 신으로 『고사기』에서 언급된다. 이자나기와 이자나미의 사이에서 태어난 첫 번째 신이다. 그러나 이자나기와 이자나미가 성교할 때 이자나미가 먼저 말을 했기 때문에 불구의 몸으로 태어나 갈대 바구니에 넣어져 흘려 버려진다. 이때 어떤 형태였는지는 해석이 다양하다. 대체로 인간 형상을 갖추지 못할 정도로 뼈가 없는 혹은 팔다리가 없는 거머리와 같은 몸이라고 해석된다.

한편, 『일본서기』에서는 미하시라우즈노미코(三貴子) 이전에 태어났지만, 첫 아이는 아니다. 아와지시마 다음으로 태어났지만 3살이 되어도 다리가 나지 않아 결국 아메노이와쿠스노후네(天磐樟船)에 실려 버려지는 유사한 이야기가 실려 있다. 유사한 이야기가 두 번째로 태어난 신 아와시마(アワシマ、淡島神)에게도 있다. 불구로 태어나 갈대 바구니에 넣어져 흘려버려졌다. 이 경우도 히루코처럼 정확히 어떤 형태였는지 불명확하다. 히루코와는 달리 인간 모습은 갖추었지만 남자도 여자도 아닌 몸이었다는 해석이 있다. 일설에는 이 신이 아마테라스(天照)의 여섯 번째 딸 혹은 스쿠나히코나(すくなひこな)라는 설이 있다. 아와시마를 모신 신사에서 부인병 치유를 시작으로 여성에 관한 기원을 한다. 일설에는 히루코가 복의 신 에비스라는 설도 있다. 히루코 계열의 에비스를 모시는 신사의 총본산은 니시노미야 신사이다. 에비스를 히루코라고 보는 설은 가마쿠라 시대 무렵에 나타났다. 『고사기』와 『일본서기』 신화에서 히루코는 3세가 되어도 다리가 서지 않아서 흘려버려졌다고 여겨진다. 그 신화로부터 히루코는 어딘가의 땅에 표착하였다는 신앙이 탄생하여 히루코가 바다로부터 오는 모습이 바다의 신인 에비스의 모습과 일치하였으므로, 두 신은 동일시되었다고 한다.

에비스를 이사부로라고 부르는 것은 『일본서기』에서 세 번째로 태어난 것에 의하지만, 이것은 무로마치 시대부터 나온 설이다.

〈요괴헌터〉 시리즈에서 히루코는 인류와의 싸움에 패해 봉인된 요괴로 묘사된다. 작중에서는 신의 모습보다 피 튀기는 학살을 즐기고 다니는 악령이다. 가재, 게 등의 갑각류와도 같은 다리와 거미와 같은 생김새를 하고 있으며, 때로는 인간의 모습으로 변모하기도 한다.

4) 사대주신(事代主神)

니시노미야 신사가 에비스설의 총본사이다. 이에 대해, 사대주신으로 하는 대표격은 이마미야 신사이다. 사대주신은 신탁의 신으로, 『고사기』와 『일본서기』 신화에도 직접 물과의 관련은 없다. 그러나 『고사기』와 『일본서기』 신화의 나라 양도의 항으로, 대국주신(大國主神)의 사자가 사대주로 나라 양도의 요청을 수락할지를 묻기 위해 방문했을 때, 사대주가 낚시를 하고 있었다고 한다.

에비스가 바다의 신인 것이 결합되어, 동일시되게 되었다고 한다. 칠복신의 그림으로 에비스가 낚싯대로 도미를 낚아 올린 모습으로 그려지는 것은, 이 사대주신의 전승에 근거한다. 또, 사대주의 아버지인 오쿠니누시노 미코토가 대흑천과 습합한 것으로, 에비스와 대흑천은 부모와 자식도 된다

에비스 신앙이 태어나기 이전부터 사대주신을 모시고 있던 신사에서 이후에 에비스를 모신 것도 다수 있다. 반대로, 메이지 유신 때, 국학의 신도 이념에 의해 에비스나 히루코라는 신격을 경시해, 제신명을 사대주신으로 고치고 유서를 고쳐 쓴 신사도 존재한다.

8. 일본 신화와 민간신앙

일본 신화는 8세기 초까지 구전되어 오던 이야기를 3권의 책으로 정리한 일본의 가장 오래된 역사서인『고사기』를 비롯하여 일본 최초의 칙선(勅撰) 역사서인『일본서기』등에 여러 이야기가 실려 있다. 이는 당시 야마토(大和) 정권이 자신들의 계보를 신으로부터 온 것으로 정당화시키기 위한 의도로 만든 요소가 강하다고 한다.

일본 신화는 태평양전쟁 당시, 전 국민을 군국주의에 동원하기 위한 교육 수단으로 쓰여, 패전 후에는 학교 교육에서 제외된다.

일본 신화의 시작은 남매인 이자나미라는 여신과 이자나기라는 남신으로부터이다. 두 신에게 인간계에 내려가 세상을 창조하는 임무가 주어진다.

1) 일본 신화의 특징

일본 신화에는 세계의 다른 신화와 유사한 면도 많지만, 다른 신화에서 찾아볼 수 없는 특징도 있다. 첫째, 신화 전체의 중심에 자리한 최고의 여신 아마테라스 오미카미의 성격이다. 아마테라스 오미카미는 일본 고유의 종교인 신도 최고의 신이다.

태양의 여신 아마테라스가 최고의 여신으로 여겨진다. 아마테라스는 천상의 신계에서 최고의 위치에 있음에도 여성성으로, 남성성을 지닌 다른 지역의 최고신들과는 구별된다.

둘째, 고대의 한국 신화와 일본 신화는 깊은 관련성을 보인다. 산신 신앙과 산에서 마을로 신을 맞이하는 축제나 제사가 일본 문화 속에서 큰 의미를 갖는데 그런 풍습은 강릉 단오제의 산신 맞이 장면에서도 찾아볼 수 있다. 산에서 마을로 내려온 신목(神木)을 둘러싸고 벌어지는 축제는 일본 나라(奈良)에서 매년 행해지는 와카미야제와 매우 흡사하다. 『삼국사기』와 『삼국유사』 등에 남아 있는 신화의 단편들을 통해서도 일본 신화가 한반도에서 많은 영향을 받은 것이며, 한국과 일본 문화는 공통된 기반에서 비롯된 것임을 확인할 수 있다.

8세기 초 일본의 『고사기』와 『일본서기』의 원형은 아마도 3세기 정도 이전의 것으로 그 시기에 일본이 가장 밀접한 관계를 가졌던 지역은 한반도였다. 당시 일본보다 선진문화를 지녔던 한반도에서 많은 사람들이 일본으로 건너갔다. 이들을 통해 한자를 비롯한 불교, 유교, 그리고 사원건축, 불상 등이 전해졌다. 따라서 일본 신화에 대한 인식은 일본 문화나 일본인의 사고방식을 이해하는 데 도움이 될 것이다.

셋째, 일본의 『고사기』와 『일본서기』에 수록된 신화 체계에서 다카마노하라계 신화와 이즈모계 신화는 두드러진 대립과 갈등을 보이고 있다. 이는 단순히 신화 상의 문제만이 아닌 이 신화를 가지고 있던 집단들 간의 대립과 갈등을 나타내는 것이다. 이 문제에 대해 일본 신화학계는 지신 계통의 이즈모계 신화는 일본에 원래부터 살던 종족들이 가졌던 것이고 천신 계통의 다카마노하라계 신화는 내륙 아시아에서 한반도를 거쳐 들어간 민족이 지니고 있던 것이라고 한다.

일본의 지배계층 문화만이 한국과 관련을 가지며 기층문화는 남방에서 들어온 독자적인 문화임을 강조하는 듯하지만, 기층문화적인 것이라고 하는 이즈모계 신화 역시 한국과 불가분의 관계에 있다. 이즈모계 신화가 한국의 동해안을 따라 내려와 신라를 거쳐 이즈모(出雲, 현재 시마네(島根)현) 지역으로 들어간 집단이 가졌던 것에 반해, 다카마노하라계 신화는 서해안을 좇아 내려와 가락국을 거쳐 큐슈 지역으로 들어간 집단이 가졌던 것이다.

넷째, 신화에 나타나는 바로는 이즈모로 들어간 집단이 먼저 상당한 세력을 형성하고 있었는데 나중에 큐슈로 들어간 집단이 그들을 통합하였다. 이즈모계 신화의 주종을 이루는 스사노오노미고토 신화는 아마테라스오미카미와 오누이 관계에 있는 스사노오노미고토가 아버지인 이자나기노미고토의 명령을 제대로 이행하지 않아 지상 세계에서 추방된다. 그는 다카마노하라는 천상의 세계에 올라가 나쁜 짓만을 하다가 다시 추방되어 신라 지역에 천강하였다가 일본의 이즈모 지방으로 건너간다. 가는 도중에 오케쓰히메노카미를 살해하고 곡식의 씨앗을 얻는다.

이즈모에서 야마타노오로치를 퇴치해주고 지신인 오야마쓰미노카미의 딸 구시나타히메를 아내로 맞이하여 정착한다. 그 곳에서 지내다가 결국 그의 어머니가 있는 저승세계인 요미노쿠니로 간다. 이런 스사노오노미고토가 한국 동해안 문화와 관련된다고 추정할 수 있다.

일본의 신화가 집대성된 『고사기』와 『일본서기』의 자료들에는 스사노오노미고토의 악신적 측면과 선신적 측면이 동시에 나타나고 있다. 악신적 측면은 그가 사는 아시하라노나카쓰쿠니를 정복 대상으로 여겼던 다카마노하라계 사람들, 곧 그들의 왕권이 하늘에서 유래되었다고 하는 천손 강림 신화를 가지고 야마토 정권을 수립했던 사람들의 인식을 표현한 것이다.

이에 반해, 선신적 측면은 그보다 먼저 일본에 있던 이들이 그를 자신들의 어려움을 해결해주는 영웅으로 인식하고 있었음을 드러내는 것이다. 이즈모계 신화에 귀속되는 오케쓰히메노카미의 시체 화생 신화가 신라 지역에도 존재함은 한국 동부지방을 거쳐 간 세력이 이즈모 지방으로 진출하였다는 사실을 뒷받침한다. 한국 동해안 지역에서 일본 이즈모 지방과 그 인근 지역으로 이주할 때 여러 차례 다양한 해로들이 이용되었다. 그 가운데 이즈모로 진출한 집단의 세력이 가장 강력하였으며 그들은 스사노오노미고토를 조상신으로 받들고 있었다. 그리고 그들은 맥류, 잡곡 재배의 농경이 복합된 문화를 가지고 일본으로 건너갔을 것이다.

아마테라스 오미카미 신화는 이 지상에서 태어난 여신이 하늘에 올라가 태양신이 된다. 남동생인 스사노오노미고토의 난폭한 행위에 두려움을 느끼고 동굴 속으로 숨어버리자 신들이 여신을 맞이하기 위한 의례를 베푼다. 손자인 니니기노미고토가 지상으로 내려갈 때 벼이삭을 준다. 일본에서 이 여신의 신화는 라오스 미얀마뿐만 아니라, 한국에도 해와 달이 된 오누이 이야기가 구전되고 있다. 아마테라스 오미카미 신화가 한국에서 건너갔을 가능성도 제시되었다.

일반적으로 다카마노하라계 신화의 최고 신격은 아마테라스오미카미이다. 이는 『고사기』와 『일본서기』의 신대편에 수록된 일부의 신화자료에 일본 최초 천황이라고 일컬어지는 진무(神武, 이와레비코노미고토)가 이 여신의 손자인 니니기노미고토의 자손으로 기술되어 있다는 데에 기반을 두고 있다. 즉, 일본 천황가의 조상신은 다카마노하라라는 천상의 세계를 관장하는 아마테라스오미카미로 되어 있다는 것이다.

일본인들은 옛날이야기를 문화콘텐츠로 잘 만든다. 신화에서 이야기 탄생은 창조 신화에서 건국 신화로, 그리고 영웅 신화로 이어진다. 일본 국가대표축구팀 유니폼에 그려진 그림이 까마귀이다. 그 까마귀가 그려진 이유는 『고사기』에서 찾을 수 있다. 진무천황이 어느 날 길을 잃어버린다. 그때 물이 있는 곳으로 안내한 것이 세 발 달린 까마귀이다.

2) 일본 열도의 탄생

아주 옛날 하늘과 땅이 나누어져 있지 않아 음양이 분명하지 못하고 혼동되어 있는 가운데 일본인의 조상인 아메노미나카누시노카미가 다카마노하라에서 태어난다. 그리고 계속해서 여덟 신이 태어난 후 두 신이 태어난다. 바로 이자나기와 이자나미이다.

이자나기는 '꾀는 남자', 이자나미는 '꾀는 여자'라는 뜻이다. 태초 거대하고 기름기 많고 온갖 불순물이 섞인 혼돈의 바다가 있다. 남녀 신들 중 여덟 번째 쌍으로 혼돈의 세계로부터 땅과 하늘이 서로 분리되고 난 후에 이자나기와 이자나미가 나타난다. 신들은 이자나기에게 하늘의 구름다리 위에 서서 보석이 달린 창으로 태고의 바다를 휘젓게 한다. 이자나기가 그 바다를 휘젓다가 창을 꺼내자 창끝에서 물방울이 떨어진다. 떨어진 물방울이 응결되어 오늘날 일본 열도가 되었다는 이야기이다. 그 후 두 신은 섬에 내려온다. 이자나기와 여동생 이자나미는 섬에 내려와 하늘 기둥을 세우고 둘이 살 큰 집을 만든다. 둘 사이에 태어난 아이는 수족이 없는 히루코이다. 여기에서 3가지를 알 수 있다.

첫째, 자매가 결혼한 격이다. 근친상간의 결과 수족이 없는 히루코를 낳은 이야기는 경고의 의미를 담는다. 히루코는 거머리 아이라는 의미로, 신도에서는 에비스 신으로 알려져 있다. 거머리 아이란 뼈대가 없는 불구이나 미숙아였다는 것이다. 실제 근친혼을 경고하는 신화나 전설은 일본 외에도 타이완 등 많은 나라에 있다. 대만의 아미족 신화에서 대홍수의 난을 피해 살아남은 남매가 인간을 낳기 위해 결합한 결과 처음엔 뱀, 다음엔 개구리를 낳았다고 한다. 오키나와에서는 남매가 혼인하여 물고기와 조개를 낳았다는 이야기도 있다.

둘째, 내용이 대단히 솔직하다. 남녀의 성기를 상징하는 외설적인 내용도 엿보인다. "나의 남은 부분으로 그대의 부족한 곳을 막"겠다는 대목은 한국과 비교해 비교적 성 담론이 자유로운 일본 이야기의 역사를 떠올리게 한다.

셋째, 먼저 여성이 말을 거는 건 안 좋다는 대목에서 여자가 먼저 유혹하면 안 된다는 연애에 대한 고대인들의 생각을 엿볼 수 있다. 부창부수라는 여성천시 사상도 연관되어 있다.

이후 이자나기는 누이인 이자나미와 결혼하여 혼슈와 큐슈 그리고 시코쿠를 낳는다. 이자나미는 계속 아이를 낳는다. 여덟 아이를 낳는데 모두 지금 일본을 구성하는 섬이 되었다고 한다. 그리고 다시 여섯 아이를 잇달아 낳아 모두 14개의 섬이 태어났다고 한다. 섬들을 낳은 두 신은 그 섬들을 다스릴 신을 낳기로 한다. 35명의 신을 낳는다. 집을 짓는 데 필요한 돌과 땅의 신, 돌과 모래의 신, 사람들이 드나드는 문의 신, 바람으로부터 집을 보호하는 신 등이 있다. 이 신화 안에 홋카이도는 없다. 홋카이도는 일본 땅이 아니었다. 화인(和人)들이 거기를 점령한 것은 15세기이다. 오키나와는 임진왜란 때까지 류큐라는 나라가 있었다. 지금도 자치를 주장하고 있으며, 아직도 반자치이다. 오키나와는 식민지 중의 식민지이다. 『고사기』신화에 따르면, 혼슈, 큐슈, 시코쿠 3개만 이자나기가 창을 저어 만든 일본 열도이다.

3) 일본의 상징이 된 신화

일본 국기를 그릴 때 하얀 종이에 한가운데 둥근 원을 그리고 빨갛게 칠하면 된다. 실로 간단한 일본의 국기는 태양을 상징한다. 그 태양은 일본 신화에 나오는 최고신 아마테라스를 상징한다. 아마테라스는 일본 신화에서 최고신이면서 태양신이다. 일본이 제국주의로 치닫던 시기에 일본 국기는 빛이 퍼져 나가는 모양으로 표현되었다.

일본 신화는 우리에게 많이 알려져 있지 않다. 중국과 일본의 신화가 우리 신화나 역사와 깊이 연관되어 다루기가 쉽지 않다. 특히 일본 신화는 신라의 왕자가 등장하기도 하고 직간접으로 한반도와 연관이 된다. 특히 일본 신화는 8세기 정리되는 과정에서 많이 가공되었다고 본다.

어쨌든 일본 신화는 태초의 신이 따로 있지만, 흔적만 남고 실제로는 이자나기와 이자나미라는 두 신으로부터 시작된다. 두 신은 신들의 명령에 따라 세상에 내려와 먼저 지금의 일본을 구성하는 땅을 낳고 그 땅을 다스릴 신들을 낳았다. 여신인 이자나미가 불의 신을 낳다가 불에 타 죽는다. 이자나기는 아내를 그리워하여 죽은 자의 나라인 황천으로 이자나미를 찾아간다. 이자나기는 이자나미에게 다시 지상으로 돌아가서 못다 끝낸 신들을 낳는 일을 계속하자고 조른다.

그러자 이자나미는 저승의 신에게 의논 할테니 절대로 자기의 죽은 몸은 보지 말라고 부탁하였다. 약속을 어기고 썩어서 구더기가 득시글거리는 이자나미의 몸을 본다. 이자나미에게 정이 떨어져서 도망친다. 망신을 당한 이자나미는 저승의 군대를 풀어 쫓아왔다. 이자나기는 천인석이라는 돌을 세워 이승과 저승을 구분 짓고 서로 넘나들지 못하게 하였다.

이자나기는 황천국에서 돌아오자 몸에 붙은 더러움을 털어버리기 위해 수중 목욕재계를 한다. 옷과 소지품에서 여러 신이 태어나고 헹군 몸에서도 신들이 태어난다. 마지막으로 이자나기 왼쪽 눈을 씻자 아마테라스가, 오른쪽 눈을 씻자 츠쿠요미가, 코에서는 스사노오가 태어난다. 이자나기는 이들 고귀한 신들의 탄생을 기뻐하며 아마테라스에게는 다카마노하라를 츠쿠요미에게는 밤의 나라를 스사노오에게는 우미하라(海原)를 다스리도록 명령한다.

4) 진무(神武) 천황의 탄생 신화

고노하나노사쿠야비메(木花之開耶姫)가 낳은 세 아들 중, 호데리(火照命)는 바다에서 고기를 잡으며 살았기 때문에 우미사치히코(海幸彦), 막내인 호오리(火遠理命)는 산에서 사냥을 했으므로 야마사치히코(山幸彦)라는 이름으로 알려져 있다. 호데리는 해신, 호오리는 산신으로 여겨지고 있다.

호오리는 형 호데리에게 서로 가지고 있는 도구를 바꾸어보자고 제안했고 호데리는 썩 내키지 않지만, 동생이 여러 번 부탁하자 겨우 승낙하였다.

호오리는 형의 낚싯바늘로 바다에서 물고기를 잡으려 했지만 한 마리도 잡지 못하고 낚싯바늘조차 바다에서 잃어버렸다. 호데리가 낚싯바늘을 되돌려달라고 하자 호오리는 자신의 검을 모두 낚싯바늘로 만들어 갚겠다고 하였다. 그러나 형은 자신이 갖고 있던 낚싯바늘이 아니면 절대 안 된다고 하였다. 곤란해진 호오리가 바닷가에서 울고 있을 때 시호츠치라는 신이 다가와 이유를 물었다. "왜 울고 있습니까?"

"이 배로 바다를 다스리는 와타츠미의 궁으로 가서 그 문 근처에 있는 우물 위 나뭇가지에 앉아 계십시오. 와타츠미의 딸이 다가와 도와줄 것입니다."

호오리가 와타츠미의 궁에 있는 나무 위에 앉아 있으려니 시호츠치의 말대로 와타츠미의 딸 도요타마비메가 다가왔다.

"아버지, 궁전 나무 위에 웬 잘생긴 남자가 앉아 있어요."

"그분은 천손 호노니니기의 아드님이시다."

와타츠미는 궁전으로 그를 초대하여 후하게 접대하고 도요타마비메와 결혼시켰다.

3년이 지난 어느 날 호오리는 잃어버린 낚싯바늘을 떠올리며 크게 한숨을 쉬었다. 호오리는 와타츠미의 궁에 찾아 온 진짜 이유를 말하였다. 와타츠미는 물고기들에게 호오리의 낚싯바늘에 대해 묻고, 도미의 목에 걸려 있는 것을 찾게 된다. 호오리가 와타츠미가 일러준대로 하니, 형 호데리는 점점 가난해지고 성격은 거칠어져 호오리를 공격하였다. 호오리는 바닷물을 밀려오게 하는 구슬과 바닷물을 빠지게 하는 구슬을 이용해 형을 항복시켰다.

이후 호데리는 하야토족(隼人族, 용맹한 사람)의 선조가 되었다. 와타츠미 궁에 남아 있던 아내 도요타마비메가 호오리에게 왔다. 임신한 그녀는 산달이 되어 천신의 아이를 바다에서 낳을 수 없으므로 지상에 올라왔다고 하였다. 바닷가에 가마우지 깃털로 지붕을 완성하기도 전에 아기가 태어났다는 의미로 우가야후키아헤즈라고 이름 지었다. 이 아이는 성장하여 도요타마비메의 여동생, 이모 다마요리비메와 결혼하였다. 둘 사이에서 초대 진무(神武)천황이 탄생하였다.

호오리 이야기처럼 주인공이 바닷속에서 잃어버린 낚싯바늘을 찾고 여성과 결혼해 돌아온다는 이야기는 태평양 주변을 중심으로 널리 퍼져 있으며, '잃어버린 낚싯바늘형' 신화라 부른다.

이 모티프를 일본에 전한 것은 호데리의 자손이라는 해양 민족인 하야토족이라 한다. 도요타마비메와 호오리의 결혼은 처가 악어였으므로 이류혼(異類婚)이라 한다. 이류혼은 '두루미 아내'를 비롯한 옛날 이야기에서도 많이 엿볼 수 있으며 대부분 비극으로 끝난다. 영웅적인 인물의 비범한 능력을 설명하기 위해 또는 신성함을 강조하기 위해 부모를 이류(異類)로 하는 이야기가 만들어졌다고 해석된다.

5) 〈센과 치히로의 행방불명〉과 현대의 신화

현대에는 그리스 신화와 같은 상징적 이야기들은 더 이상 존재하지 않지만, 그리스 신화 못지않은 상징적 의미를 함축한 수많은 이야기들이 존재한다. 문학이나 영상 작품들은 신화가 고대인들에게 해주었던 역할을 현대인들에게 해주고 있다.

미야자키 하야오의 장편 에니메이션 〈센과 치히로의 행방불명〉(2001)은 신화적인 이야기 구조로 현대인들에게 던져주는 메시지도 풍부하다. 이 에니메이션은 현대인의 신화이다. 신화는 그것에 귀 기울이는 이에게 깊은 의미를 담은 수수께끼를 던진다. 신화를 경청하는 자는 신 혹은 무엇인지 모를 고귀한 존재가 던지는 고귀한 물음을 해명하기 위해 노력한다. 그러나 신화가 던지는 수수께끼를 풀이하는 것은 매우 어렵다. 특히 〈센과 치히로의 행방불명〉는 일본 정령 신화의 전통이 들어 있어 더욱 어렵다.

〈센과 치히로의 행방불명〉는 도대체 오늘을 살아가는 우리에게 어떤 메시지를 주는 것일까? 센은 두 마녀와 달리 자기를 괴롭히는 존재들과도 친구의 관계를 맺으며 살아간다. 그녀와 함께 바다를 건너는 모험을 떠난 친구들은 그녀에게 친절과 도움을 아끼지 않은 하쿠나 가마 할아버지 등이 아니다. 오히려 방해꾼들인 유바바의 아들이나 부하 그리고 가오나시였다. 상대방을 탓하지 않고 그들을 그것 자체로 인정해주었으므로 그녀는 무사히 바다를 건너 무서운 마녀들의 마음을 돌릴 수 있었다. 센의 노력으로 두 마녀는 서로의 존재에 대해

다시 생각해 보는 계기가 되고 그들의 세계에서 무조건적 대립보다는 지혜로운 화해의 관계가 펼쳐진다.

타인에게 무관심하고 무분별한 인정 욕구만 지니면서 이기적인 행동을 자주 한다면 우리도 길을 잃어버린 존재들이다. 우리가 이러한 세계에서 벗어나 집으로 돌아가려면 서로의 잃어버린 얼굴과 이름을 찾아주어야 한다. 나와 다른 타인을 있는 그대로 인정하면서 협력하는 세계를 만들어야 한다. 센 혹은 치히로가 찾아낸 강을 우리도 찾아야 한다. 그 강에서 우리가 살고 있는 세계의 허물을 씻어낼 때 우리도 다시 집으로 돌아갈 수 있다.

9. 일본 신화에 나오는 신들

1) 벤텐(辯天)

행운과 부의 여신인 벤텐은 벤자이텐(辯才天)이라고도 부르며 음악과 웅변의 여신이기도 하다. 병적일 정도로 수줍음이 많다. 일본 주위를 둘러싸고 살아가는 용족 왕자와 결혼한다.

용은 함께 살기에는 역겨웠지만 의무감 때문에 마지못해 하면서도 결혼 서약을 지킨다. 이 결혼 때문에 용이 일본을 공격하지 않게 되었다고 한다. 나중에 일본에 불교가 전래된 뒤 불교의 신으로 큰 인기를 끌었는데 음악과 웅변, 부, 사랑, 미, 게이샤의 여신으로 숭배되었다. 또한 일본 섬 아래 살고 있는 흰 뱀들과 짝짓기를 해서 지진도 막아준다고 한다.

2) 스사노오(素戔嗚)

폭풍의 신이며 무질서한 힘의 화신인 스사노오는 '용맹하고 빠르고 성급한' 신으로 알려져 있다. 스사노오는 이자나기가 개울에서 목욕하며 코를 풀 때 태어났다고 한다. 이자나기가 세상을 나누어 줄 때 누나인 아마테라스에게 하늘나라를 주자 스사노오는 푸대접을 받았다고 생각한다. 그 후 아버지에게 반항한 죄로 쫓겨난 그는 아마테라스를 몰아내기 위해 긴 싸움을 일으켜 세상을 대혼란으로 몰

스사노오(スサノオノミコト)

아넣는다. 동생의 끔찍한 행위에 기가 질린 아마테라스가 동굴 속으로 숨는 바람에 세상에서 햇빛이 사라지게 된다.

하늘나라에서 쫓겨나지만 훗날 머리가 8개 달린 큰 뱀을 물리친다. 그 보답으로 그 왕국을 얻고 왕의 딸인 구시나다 공주와 결혼하게 된다. 둘 사이에서 태어난 딸은 의술의 신 오쿠니누시와 결혼하고 오쿠니누시는 일본 천황가의 조상이 된다.

1946년 일본 천황이 자신의 신성을 부정하고 1947년 일본 헌법에서 국가 신도를 폐지한 후 일본은 의회민주주의 국가가 된다. 천황은 상징적인 국가수반일 뿐 실질적인 정치권력은 선출된 수상에게 위임된다. 제2차 세계 대전 이후 3년간 미국이 통치할 때 사용이 금지된 일장기는 일본과 태양의 여신 간의 관계를 상징하는 오래된 유물이다. 많은 일본인은 일장기가 일본 군대가 아시아를 침탈하고 제2차 세계 대전을 일으킨 과거 일본의 군국주의와 제국주의를 상징한다고

생각한다.

3) 아마테라스(天照)

아마테라스는 일본 신화에서 가장 중요한 태양의 여신으로 별명은 '하늘을 빛나게 하는 위대한 신'이다. 아마테라스는 태초 창조신 이자나기가 개울에서 목욕할 때, 왼쪽 눈에서 태어났다. 이자나기는 아마테라스에게 하늘나라(모든 신의 거주지인 다카마가하라, 高天原)를 다스리게 하고 또 다른 남동생인 폭풍의 신 스사노오에게는 바다를 다스리게 한다.

아마테라스는 전설에서 일본의 초대 천황으로 나오는 진무 천황의 조상이라 한다. 그러니 일본 천황가 혈통은 모두 아마테라스에서 비롯한다. 아마테라스를 동굴 밖으로 유인하기 위해 사용된 거울, 보석, 칼은 일본 황실의 상징적인 보물이다.

4) 오쿠니누시(大國主)

오쿠니누시는 의학과 마술의 신으로 '위대한 나라 주인'이라는 뜻이다. 농업 의술에 재능이 많고 세상에서 일어나는 모든 일을 잘 알고 있는 난쟁이 신 스쿠나비코(少彦)와 함께 다닐 때가 많다. 오쿠니누시는 매우 흥미진진한 신화에 등장한다. 다친 토끼를 보고 그냥 지나친 70명의 다른 형제들과 달리, 가던 길을 멈추고 치료해주는 선행 덕분에 스사노오의 딸과 결혼할 자
격을 얻는다.

실은 다친 토끼가 한 신의 화
신이었기 때문이다. 분노한 형
제들은 오쿠니누시를 죽이지만
그에게 부활하는 능력이 있었
다. 스사노오는 딸의 결혼에 불만을 품고 사위가 될 오쿠니누시를
여러모로 시험한다. 그러나 오쿠니누시는 스사노오의 머리카락을 지
붕 들보에 매달고 스사노오가 아끼는 마법의 활고 수금을 취한다.
폭풍의 신 스사노오는 결국 사위 오쿠니누시의 능력을 인정하고 일본
중앙에 있는 한 지역을 다스리게 한다.

5) 와타쓰미(海神)

와타쓰미는 바다의 신으로 이자나기가 하계에 갔다 온 뒤 몸을 씻
을 때 생겨난 신이다. 진무 천황의 또 다른 조상으로 여겨지므로 일본
신화사에서 중요한 신이다.

6) 이나리(稲荷)

이나리는 벼의 신으로 농부의 보호자이다. 일본 거의 모든 마을에
이나리를 모시는 신사가 있다. 양 옆에 전령인 여우 두 마리를 거느린
채 수염을 길게 기르고 쌀자루 위에 앉아 있는 노인으로 묘사된다.
부와 우정을 관장하는 마음씨 좋은 신. 번영을 가져다주므로 상인들
도 이나리를 숭배하였다. 아내인 우케모치(保食)는 음식의 여신이다.

7) 이자나기(伊耶那﨑)와 이자나미(伊耶那美)

이자나기와 이자나미는 태초 혼돈의 바다에서 태어난 신의 후손이다. 이자나기는 여동생인 이자나미의 도움으로 사람을 만들어낸 신이다. 이자나기와 이자나미 사이에서 태어난 첫 번째 아이는 괴물이었고 두 번째 아이는 섬이었다. 이처럼 기묘한 자식들이 태어나는 것은 이자나미가 오빠보다 먼저 말을 했기 때문이다. 일본 관습에는 남자가 우선이며 일본에서 여성의 전통적인 역할을 어느 정도 짐작할 수 있다.

신화에 의하면 불의 신을 낳다가 죽은 이자나미는 위대한 창조의 여신이다. 이자나미의 몸에서 나온 구토물과 오줌, 배설물은 다른 신들이 된다. 하계를 찾아간 이자나기는 구더기로 뒤덮인 이자나미의 얼굴을 보게 된다. 화가 난 이자나미로부터 겨우 탈출한 이자나기는 몸에 묻은 흙을 씻어낸다. 왼쪽 눈에서는 아마테라스가 탄생하고, 오른쪽 눈에서는 달의 신 쓰키유미가 탄생한다.

10. 신도(神道, しんとう)

1) 신도란?

신도는 일본 지역에서 발생한 애니미즘 신앙을 바탕으로 한 토착 신앙이다. 신도라는 말은 '고등 정령이나 신의 길'이라는 뜻이다. 초기 일본인들은 자연 전체가 가미(神)로 가득 차 있고, 하늘 높은 곳에는 신이, 땅 위의 산, 호수, 나무속에는 정령이, 바다 속과 땅 밑에도 여러 힘이 존재하며, 세상 구석구석에 가미가 존재한다고 본다. 또, 전쟁을 승리로 이끈 위대한 장군을 신으로 섬기기도 하며, 우리나라의 이순신 장군을 신으로 섬기는 사람들도 있다.

일본의 토착 종교로서 원래 교리 체계를 갖추지 않았으나 2차 세계대전 전에 교리를 만들었다. 신도의 기본 성격은 일본인이 삶을 영위하는 동안에 세속을 초월한 존재들과 경건한 동맹 관계를 맺는다는 것이다.

선사시대 신도는 주로 조상 숭배와 자연숭배의 종교로 출발하여 근대에 이르기까지 민족 자긍심을 심어 주는 정도의 창조신화를 가진 종교였다. 그러나 메이지유신을 거치며 19세기 말에 이르러 신도는 역사상 가장 포괄적인 조상 숭배의 국가종교로 발전하게 된다.

천황의 가계는 해의 여신으로부터 내려왔다는 신화가 등장한다. 고관들도 해의 여신과 밀접한 관계가 있는 여러 신으로부터 이어졌다고 한다. 평민은 해의 여신과는 관계가 멀지만 역시 신의 자손이라 믿게 되었다. 이리하여 모든 일본인은 신성한 가족관계를 통해 천황과 유기적으로 관련되게 되었으며, 신도는 일본의 정신세계를 하나로 통합하는 이념으로 재정립되었다. 즉, 초기에는 자연물과 자연 현상 등을 신처럼 섬겼으나, 점차 조상이나 죽은 천황 등의 실존 인물들 또한 신으로 모시기 시작하였다.

2) 공동체 이익을 우선하는 신도

신도는 벼농사를 중심으로 한 농경사회의 성립과 함께 형성되어 오랜 세월 동안에 여러 형태로 변화되었지만, 그 기본은 곡물신(穀靈)과 조상신(祖靈)에 대한 신앙이었다. 일본인들은 곡물신과 그 역할을

보좌하는 여러 혼령(魂靈)을 맞이하여, 모든 지혜와 정성을 다해 모셨다. 사람들은 강림한 혼령과 함께 음식을 먹고, 술을 마시고, 가무를 하여 신을 즐겁게 한다. 혼령과 사이좋게 지냄으로 인해 복을 받고, 재앙을 일으키는 혼령의 분노를 달랜다. 이것이 축제 즉 마츠리(祭り)의 기본 구조이다.

신도는 시대에 따라, 헤이안시대(794~1192)에는 양부신도(兩部神道), 산오이치지츠신도(山王一實神道)가 성립되고, 중세에는 이세신도(伊勢神道), 요시다신도(吉田神道) 등이 일어났으며, 에도시대에는 스이카신도(垂加神道), 요시가와신도(吉川神道)가 유행하였다. 메이지시대 이후에는 교파신도(敎派神道)와 신사신도(神社神道)로 나뉘고, 그중 신사신도는 국가신도(國家神道)로서, 일본이 제2차 세계 대전에서 패하기 전까지 정부의 적극적인 보호를 받았다.

신사신도는 국가신도를 지지하고, 절대적 권위로서의 천황제를 수렴하는 피라미드형의 상하 계층적인 조직을 만들어 갔다. 교파신도는 세속적 권위에서 독립하여 종교 본래의 모습을 지키려고 하였다. 신사신도는 '신사는 종교가 아니다'는 논법을 사용한 '보이지 않는 종교'라는 초종교적인 위장을 통하여 실질적으로 신사를 국가의 제사로서 교묘하게 조직화해 갔다.

이에 반해, 국가신도에 편입되지 않은 교파신도는 천황과는 별개의 권위를 숭배하는 위험분자로 몰렸다. 그 본산인 대본교(大本敎)는 1921년과 1935년 두 번에 걸쳐 대규모의 탄압을 받았다. 특히 1921년 대본교가 사회체제의 근본적인 전환을 예언하는 다이쇼유신(大正維新)[26]을 주장하였다.

---

26) 大正천황 시대(1912~1926)의 정치상의 혁신이다.

일본 당국은 여기에 위협을 느껴 탄압을 가하였다. 따라서 근대국가의 형성에서 1945년 패전까지 일본은 이러한 국가신도로 인한 종교 탄압의 시대라고도 할 수 있다. 일본이 전쟁에 패하게 되자, 전쟁의 사상적 배경의 중심에는 신도가 있다고 생각한 연합군 총사령부는 정치와 종교의 철저한 분리를 시도하였다.

3) 신사

신사는 황실의 조상이나 신대(神代)[27]를 모시는 신전이다. 일본 전국에 8만여 개 정도가 있는 신사는 신도의 의식을 행하는 장소이다. 보통 목조의 사전(社殿)과 부속 건조물 등으로 구성되어 있다. 불교의 사원과 다른 점은 신사의 입구인 도리

신사의 입구(도리이, 鳥居)

이(鳥居)라는 목재 문이다. 윗부분이 연결되어 있어 참배객은 그 밑을 통과하여 경내로 들어간다. 도리이가 있는 곳부터 신성한 영역을 나타낸다.

신사와 신도의 관계, 신도와 불교의 관계를 고려하여 역사적으로 근대 이전 사회·경제·정치적 요인에 있어 신사의 3가지 유형은 첫째, 국가권력의 일익을 담당하거나 혹은 그 이데올로기적 지배기관으로

---

27) 신화시대에 등장하는 신, 왕실의 조상이나 신화에 등장하는 신, 국가에 공이 있는 역사적 인물이나 지역신(地域神)을 말한다.

기능한 국가적 성격을 지닌 유력 신사, 둘째, 개개의 영주 권력과 결부되어 민중 지배의 일익을 담당한 중소신사, 셋째, 민중의 소박한 신앙 대상이었던 기타 영세한 사당으로 구분해 볼 수 있다.

한편, 일본 각지의 축제(お祭り)도 신사를 중심으로 이루어진다. 우지가미사마(氏神様)는 자기들과 같은 조상신을 모시는 곳이며, 동족의식의 상징으로서, 생활공동체의 일원이라는 것을 확인해 왔다. 이러한 동족의식이나 생활공동체 의식을 확인하는 의식이 오마츠리(お祭り)이다. 매년 5월에 행하여지는 도쿄 아사쿠사(浅草)의 유명한 산자마츠리(三社祭)는 아사쿠사신사(浅草神社)의 마츠리이다.

(1) 오마모리(御守)

신사나 사원 등에서 수호 또는 액땜의 목적으로 파는 부적 중에서 가지고 다닐 수 있는 것을 말한다. 오마모리에는 신·불의 명칭이나 특수한 문자나 기호 등이 쓰여 있다.

나무 조각이나 나뭇잎 같은 물질이 오마모리가 되는 경우도 있으며 초자연적인 힘이 있다고 생각하고 있다. 오마모리의 목적은 가내안전, 장사의 번창에서부터 화재방지, 해충방지, 낙뢰방지 등 다양하다.

(2) 신단(神棚)·불단(佛壇)

일본의 지방에 가면 집안이나 방안에 신단(가미다나, 神棚)과 불단 두 개를 나란히 놓아두고 있다. 신크레티즘(syncretism, 혼교주의)을 나타내는 전형적인 예이다.

신단은 신도의 사고에 의한 것이다. 한가운데에는 신사에서 발행하여 신도에게 나누어주는 신부(神符)라는 부적(符籍)을 놓아둔다. 나무로 만든 간단한 선반에 불단에서 약간 떨어진 곳에 불단보다 높게 설치하는 것이 보통이다. 이는 국가신도를 강요했던 전쟁 전의 관습이 남아 있는 것이다. 국가신도, 즉 국가신(國神)은 모든 신의 위에 존재한다는 의미였다. 자기 집안의 선조보다도 먼 조상 또는 우지가미(氏神, 조상신)를 모셔 놓은 것이다. 따라서 영정 같은 것은 없으며, 신단에는 공물은 놓아두지만 향은 피우지 않는다.

불단은 불상과 위패를 안치해 놓고 예배를 드리는 단으로, 대개는 먼저 저세상으로 간 조상의 영정(影幀)을 걸어두고 있다. 불단에는 공물(供物)로서 과일이나 과자가 놓여 있고, 공양의 의미로 향을 피운다.

신도에는 팔백만신(八百萬神, 야오요로즈노가미)이라는 표현이 있듯이 수많은 신들을 신앙한다. 그 중 하치만(八幡)은 무사들 사이에서 큰 인기이며 신도의 전쟁신이다. 나라를 보호하고 어린이의 수호자이기도 하다. 일본 전국에 퍼져 있는 신도 사원의 3분의 1은 유명한 군 지도자였던 15대 천황 오진(應信) 천황과 동일시되는 하치만을 모시는 신사이다.

11. 일본의 종교

1) 일본 불교의 역사

일본에 불교가 처음 들어온 시기는 백제 성왕 때인 538년경이다. 쇼토쿠태자(聖德太子, 574~622, 573년부터 섭정)의 불교 장려책으로 불교는 일본에서 하나의 종교로 위상을 굳혔다. 7세기부터 국교로 인정되었다.

불교로 인해 전통 신도에도 불교적 색채가 더해진다. 나라시대에는 각 율령국을 대표하는 절을 두는 고쿠분지(國分寺)제도가 시행되고, 중국의 화엄종을 비롯한 6종파가 성행하였다.

헤이안시대에는 신도와 불교의 공존이 합법화된다. 헤이안시대 때까지 불교는 귀족 중심이었으나, 가마쿠라(鎌倉)시대 이후 교세가 농민들 사이에서도 퍼져 센고쿠시대에는 잇키를 주도하는 사찰도 생겼다.

호넨(法然, 1133~1212), 에이사이(榮西, 1141~1215), 신란(親鸞, 1173~1262), 도겐(道元, 1200~1253), 니치렌(日蓮, 1222~1282)[28] 등의 승려들이 민중에게 알아듣기 쉽게 불도를 설파하였다. 호넨은 정토종(淨土宗), 신란은 정토진종(淨土眞宗), 에이사이는 임제종(臨濟宗), 도겐은 조동종(曹洞宗), 니치렌은 일련정종(日蓮正宗)의 종조가 된다. 또 무사들을 중심으로 선종이 보급된다.

가마쿠라 불교에서 민중 불교가 발족하여 최초 전래 이래 약 600여 년을 거쳐 일본 불교의 탄생을 본다. 그 신불교의 개척자가 된 호넨은 정토신앙에서 순수한 정토종을 창립하였다. 호넨은 일심으로 단지 아미타불의 명호를 염송하는 것만을 철저히 행한다. 이 구칭염불은 기존 불교의 탄압을 받았지만, 점차 민중 사이로 퍼져나갔다.

가마쿠라 신불교의 대미는 니치렌의 법화종이다. 무로마치 이후 가마쿠라 신불교의 각 종파는 전국 규모로 확산되었으며, 민중들이 잇키(봉기)를 일으키는 데 영향을 주었다.

---

28) 니치렌 사상의 가장 큰 특징은 『법화경』 신앙이다. 말법시대의 중생들은 '남묘호렌겟쿄(南無妙法蓮華經)'라고 부르는(唱題) 것만으로도 성불할 수 있다고 가르친다. 1253년 4월 28일 아침, 니치렌은 떠오르는 해를 향해 '남묘호렌겟쿄'라고 외우고 법화경의 전도를 선언한다.

오다 노부나가(織田信長, 1534~1584)와 도요토미 히데요시(豊臣秀吉, 1537~1598)의 천하 통일과 함께 불교 종파는 세속의 무력과 권력에 굴복되었다. 메이지시대에 들어서면 신불분리로부터 폐불훼석(廢佛毀釈)에 이르기까지 불교는 약화되었다. 불교는 일부 예외를 제외하고는 습속처럼 전해지게 되었다.

신불분리령(1868)으로 국가는 국가신도를 중시하였다. 이로 인해 불교는 큰 타격을 입었다. 1945년 말 태평양전쟁의 패전으로 연합군의 권장을 받아 신앙의 자유를 보장되면서 불교도 회복하기 시작하였다.

2) 일본 불교의 수용과 변천

일본 불교 수용의 특징은 첫째, 황실로부터 민중으로 보급되었다. 둘째, 일본 고유의 자연주의 성격이 강한 주술적인 신앙이 강하게 결부되었다. 일본 전래의 고유 신인 가미(神)가 부처의 화신으로 인식되면서, 불교는 질병을 예방하거나 치료하고 평화를 보존하고 비를 내려 풍작을 기원하는 등 기복의 수단으로 이용되었다.

정토종에서 일본의 독자적인 불교, 정토진종(淨土眞宗, 일향종)이 탄생하였다. 정토종은 극락정토에 왕생하는 것을 아미타불에게 기원하는데 어디까지나 수행을 하고 성불을 염원하는 것이 그 전제이다. 그 수행을 아미타불이 크게 도와준다는 사고방식이다.

신란은 "염불을 읊는다(수행한다), 그 결과로 극락왕생한다"라는 부분을 "극락왕생한다, 그런 다음 염불을 읊는다(감사한다)"로 바꿨다. 정토진종에서는 "다른 수행은 전혀 필요치 않다, 염불만 열심히 하면 된다. 그것도 한 번이면 족하다. 나아가 입 밖으로 소리 내서 암송하지 않아도 되며, 마음속으로도 충분하다"는 단계까지 나아갔다.

3) 현대 일본의 종교

일본의 종교는 크게 신도, 불교, 크리스트교, 신흥종교 등으로 분류할 수 있다. 신도와 불교는 일본의 2대 종교이다.

"일본인은 과연 무종교인가?"

일본인 중에는 무종교를 표방하는 사람이 적지 않다. 그러나 이들이 종교를 부정한다거나 심각하게 생각한 후 자신이 무신론자라고 대답하는 사람은 극히 적다. 이것은 무엇을 의미하는가?

"당신은 믿고 있는 종교가 있습니까?" 수년 전 일본의 한 조사에 따르면 자신의 종교를 묻는 질문에 무종교라고 답한 일본인은 70% 정도였다. 그런데 무종교라고 답한 사람 중에서 75%가 신앙은 중요하다고 대답하였다. 결국 '개인적으로는 믿는 종교가 없지만 신앙은 중요하다'고 생각하는 사람이 50%를 넘는 셈이다. 이것은 많은 일본인들이 무종교라고 대답할 때에는 특정 종파의 신자가 아님을 말하는 것이며, 기독교 등에서 말하는 무신론자를 의미하는 것은 아니다.

"믿고 있는 종교가 무엇입니까?"라고 일본인들에게 물어보면 선뜻 대답이 나오지 않거나 무교라고 답하는 경우가 많다. 그러나 대다수 일본인들의 일상생활은 신도의 습속에 따라 생활하는 경우가 많다. 탄생에서부터 새해맞이, 결혼식 등의 행사는 신사(神社)를 중심으로 행해진다. 불교 또한 일본인에게는 매우 중요한 종교로, 장례식이나 제사 등의 의식은 불교 중심으로 행해지고 있다. '태어나면 신사에 참배하는 것으로 시작하고, 결혼식은 교회에서, 장례식은 절에서'라는 것이 일반적인 일본인들의 신앙형태이다. 또, 일본인들은 크리스마스에는 모든 사람들이 크리스마스를 즐기며 축하한다. 기본적으로 일본인들은 타 종교에 대해 매우 관용적이다. 신이 자신에게 이익이 된다면 특정 종교에 관계없이 필요 적절하게 섬기는 것이 일본 종교 문화의 특징이다. 결국, 일본인들은 하나의 신앙·신념체계를 가져야 한다는 서구 기독교인의 종교관과는 다른 종교관을 가지고 있다는 것이다.

일본인들에게는 가미사마(神樣)와 호토케사마(佛樣), 즉 신과 부처가 동시에 그것도 갈등이나 위화감 없이 공존하고 있다. 불교도 마찬가지이다. 각 종파의 교리나 본존은 당연히 다르지만, 같은 사람이 어떤 때는 석가 본존을 숭상하기도 하고 어떤 곳에서는 아미타여래(阿彌陀如來), 대일여래(大日如來), 약사여래(藥師如來) 등을 숭상하기도 하는 범신론적 종교관을 가지고 있다. 일본의 풍토에 적응하면서 발달한 일본인들의 연중행사·제례·장례 의식 등은 주위 여러 나라의 영향으로 유사한 점들도 많지만, 일본인들의 기질과 어우러진 의식과 신앙으로 그들만의 독특한 문화로 발전하였다.

조상 숭배는 조상의 혼령을 종교적으로 받들어 그 가호를 비는 것이다. 일본인의 종교심은 조상 숭배를 기반으로 하고 있다고 할 정도로, 신사는 물론 불교의 사원, 민간신앙이 모두 이 조상 숭배에 의하여 뒷받침되고 있다고 할 수 있다. 단지 신도가 조령(祖靈) 중심의 조상 숭배를 한다면 불교는 사령(死靈) 중심의 조상 숭배를 하는 셈이다. 대다수 일본인은, 자신은 무종교이며, 종교에 대해서 무관심하다고 생각하고 있다.

참고문헌과 읽을거리

강정식 외 7명, 『아시아신화여행 신화, 끝없는 이야기를 창조하다』, 실천문학
　　사, 2016.

길희성·류제동·정경일, 『일본의 종교문화와 비판 불교』, 동연, 2020.

김나미, 『청소년을 위한 세계종교여행』, 사계절, 2008.

김남수 외 9명, 『세계 신화 여행 아직 끝나지 않은 이야기』, 실천문학사, 2015.

김윤아, 「요괴 캐릭터 연구」, 『만화애니메이션연구』 16, 한국만화애니메이션
　　학회, 2009.

김윤아, 『미야자키 하야오』, 살림, 2005.

김윤아, 『영화 스토리텔링』, 아모르문디, 2016.

김윤아, 『예술로서의 애니메이션』, 일지사, 2010.

김윤아, 『포켓몬 마스터 되기』, 살림, 2003.

김화경, 『일본의 신화』, 문학과지성사, 2002.

노성환, 「일본『고사기』신화에 있어서 이자나미의 죽음과 3귀자(貴子) 탄생」,
　　『비교민속학』 6, 비교민속학회, 1990.

노성환, 『일본신화와 고대한국』, 민속원, 2010.

니콜라스 웨이드, 이용주 역, 『종교유전자』, 아카넷, 2009.

다나카 히로시, 「일본고대의 구비전승에 대하여: 『고사기』의 성립과정을 중
　　심으로」, 『비교민속학』 17, 비교민속학회, 1999.

동국대학교 세계불교학연구소, 『세계의 불교학 연구』, 씨아이알, 2016.

롤로 메이, 신장근 역, 『신화를 찾는 인간』, 문예출판사, 2004.

류상태, 『청소년을 위한 종교 이야기 세계종교의 문을 열다』, 인물과사상사,

2005.

류희승, 『일본인과 일본문화』, 재팬리서치21, 2012.

마쓰오카 세이고, 이언숙 역, 『만들어진 나라 일본』, 프로네시스, 2006.

마쓰오 고이치, 『日本の民俗宗教 일본의 민속종교』, 치쿠마(ちくま)新書, 2019.

문명재, 「일본 고전문학과 신의 세계」, 『국제지역정보』 9(3), 한국외국어대학
    교 국제지역연구센터, 2005.

사이구사 미쓰요시, 이동철 역, 『불교 입문』, (주)에이케이커뮤니케이션즈,
    2019.

서영화 외 5명, 『열여덟을 위한 신화 캠프』, 알렙, 2014.

시마조노 스스무, 최선임 역, 『종교학 세계명저 30선』, 지식여행, 2010.

아르눌프 지텔만, 『교양으로 읽는 세계의 종교』, (주)위즈덤하우스, 2006.

오강남, 『세계 종교 둘러보기』, 현암사, 2003.

오노 야스마로, 강용자 역, 『고사기』, 지만지, 2014.

오카 토모유키, 『일본 신화』, 다락원, 2007.

요시다 아쓰히코 외, 김수진 역, 『우리가 알아야 할 세계 신화 101』, 아세아
    미디어, 2002.

요시다 아쓰히코·후루카와 노리코, 양억관 역, 『일본의 신화』, 황금부엉이,
    2005.

이경덕, 『우리 곁에서 만나는 동서양 신화』, 사계절, 2006.

이노우에 노부타카 외, 박규태 역, 『신도, 일본 태생의 종교시스템』, 제이앤
    씨, 2010.

이로미, 『한국과 일본의 종교습합』, 황금알, 2019.

이소마에 준이치, 제점숙 역, 『근대 일본의 종교 담론과 계보』, 논형, 2016.

이와이 히로미, 『日本の神々と仏 일본의 신들과 부처』, 靑春出版社, 2002.

전용신 역, 『완역 일본서기』, 일지사, 1989.

케네스 C. 데이비스, 『세계의 모든 신화』, 푸른숲, 2009.

하시즈메 다이사부로, 오근영 역, 『세계는 종교로 움직인다』, 북뱅, 2014.

호시노 세이지, 이예안·이한정 역, 『만들어진 종교』, 글항아리, 2020.

황패강, 『日本神話의 研究』, 지식산업사, 1996.

小島櫻禮, 「イザナギ·イザナミの婚姻」, 伊藤淸司·大林太良 編, 『日本神話研究』2, 學生社, 1977.

伊藤淸司, 『日本神話と中國神話』, 東京: 學生社, 1979.

지은이 소개

공봉진: 부경대학교 중국학과, 부산외국어대학교 G2 융합학과 강사로 재직하고 있으며, 국제지역학(중국지역학)을 전공하였다. 중국 민족, 정치, 사회, 문화 등에 관심이 많고, 중국 민족정체성에 주된 관심을 갖고 있다. 주요 저서로는 『중국지역연구와 현대중국의 이해』, 『중국공산당 CCP 1921~2011』, 『시진핑 시대, 중국 정치를 읽다』, 『중국민족의 이해와 재해석』, 『중국 대중문화와 문화산업』(공저), 『한 권으로 읽는 중국문화』(공저), 『중국 발전과 변화 건국 70년을 읽다』(공저), 『키워드로 여는 현대 중국』(공저), 『G2 시대, 중국과 미국을 이끈 지도자들』(공저), 『중국 문화콘텐츠에서 문사철을 읽다』(공저), 『중국공산당이 세운 신중국! 중화민족에 빠지다』(공저) 등이 있다. 논문으로는 「중국의 문화굴기와 소수민족문화의 세계화전략」, 「중국 '문화굴기(文化崛起)'에 관한 연구: 화하(역사)문명전승혁신구를 중심으로」, 「중국 지방학과 구역문화에 관한 연구」, 「중국 시진핑 법치사상의 형성과정에 관한 연구」, 「고대 중국의 '화하족'과 '동이족' 기억 만들기」 등이 있다.

김혜진: 부산외국어대학교 G2융합학과 강의초빙교수로 재직하고 있으며 미국 소수 인종 소설을 주제로 박사학위를 취득하였다. 새한영어영

문학회 부총무이사를 맡고 있고, 묵아중국연구소 연구위원으로 있다. 미국 문화를 전공하여 미국의 문화, 사회, 역사에 관심이 많다. 미국 내 소수 인종 여성, 영어 글쓰기, 영어 낭독 관련 논문과 미국 문화, 문화유산 관련 저서를 집필하고 있다. 저서로는 『G2 시대, 중국과 미국을 이끈 지도자들』(공저)이 있다. 논문으로는 「『빌러비드』, 재기억을 통한 정체성 회복」, 「'침묵 깨트리기'를 통한 트라우마의 회복: 소설 『종군위안부』와 영화 〈아이 캔 스피크〉를 중심으로」, 「대학 교양수업에서의 초급과정 영어 글쓰기 교육의 실제: 패턴과 피드백을 중심으로」 외 다수가 있다.

이해수: 부산대학교 일어일문학과 일근대문학전공자로, 현재 부산 동래롯데백화점 문화센터 일본어 강사로 일하고 있다. 일본 나가노 국제학교(최상급반) 수료 후, 동래 세계외국어학원, 탑스 외국어학원, 여러 행정복지센터(동사무소)에서 일본어 강의를 하였다. 최근 부산대학교 일어일문학과 토대사업으로 일본강점기 역사관 연구인 '조선시보' 번역에도 참여하였다. 일본 유학박람회와 EJU감독을 비롯하여, 부산시립미술관, 부산국제영화제 등에서 동시통역 및 번역을 포함하여 일본과 관련된 다양한 일들을 해 왔다. 특히, 일본 김치회사 '기무치캉'(오사카 본점) 파견 근무 등으로 일본 현지 사정에도 능통하다. 또한, 부산대학교 사범대 생물교육학과를 졸업하여 생명과학과 융합과학 및 교육학 분야에도 관심을 갖고 공부를 계속하고 있다.

[지 은 이]

공봉진(부산외국어대학교 G2융합학과, 부경대학교 중국학과 강사)
김혜진(부산외국어대학교 G2융합학과 강의초빙교수)
이해수(부산동래롯데백화점 문화센터 일본어 강사)

한국과 가까우면서도 먼
중국·미국·일본의 민간신앙
© 공봉진·김혜진·이해수, 2022

1판 1쇄 인쇄__2022년 06월 20일
1판 1쇄 발행__2022년 06월 30일

지은이__공봉진·김혜진·이해수
펴낸이__양정섭

펴낸곳__경진출판
　　　등록__제2010-000004호
　　　이메일__mykyungjin@daum.net
　　　사업장주소__서울특별시 금천구 시흥대로 57길(시흥동) 영광빌딩 203호
　　　전화__070-7550-7776 팩스__02-806-7282

값 15,000원
ISBN 978-89-5996-994-4 93290